Mark Benecke
Mein Leben nach dem Tod

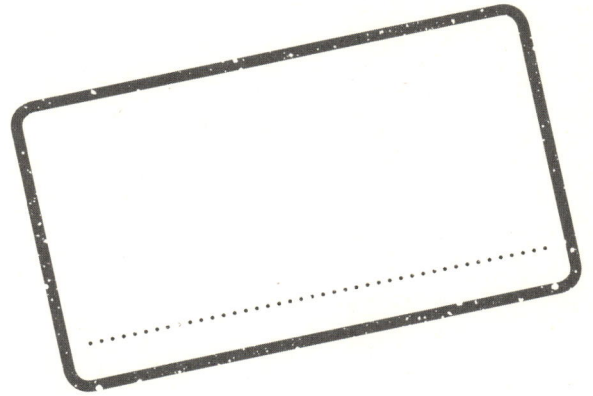

Weitere Titel des Autors

Mumien in Palermo
Mordmethoden
Lachende Wissenschaft
Mordspuren
Warum Tätowierte mehr Sex haben
Aus der Dunkelkammer des Bösen
Brandmal
Tracking Down the Culprit
Dem Täter auf der Spur

MARK BENECKE

MIT ANDREAS HOCK

MEIN LEBEN
NACH DEM TOD

WIE ALLES BEGANN

LÜBBE

Dieser Titel ist auch als E-Book erschienen

Originalausgabe

Copyright © 2019 by Bastei Lübbe AG, Köln
Lektorat: Anne Buentig
Umschlaggestaltung: Tanja Østlyngen
Einband-/Umschlagfoto: © Daniel Hammelstein
Satz: two-up, Düsseldorf
Druck und Verarbeitung: C. H. Beck, Nördlingen
Printed in Germany

ISBN 978-3-431-04133-0

11 10 9 8 7

Sie finden uns im Internet unter: www.luebbe.de

Bitte beachten Sie auch: www.lesejury.de/Autoren
http://benecke.com

INHALT

VORWORT

„Nothing is little"
(Sherlock Holmes)

Wenn ich Vorträge halte, liegt neuerdings ein Fragenbuch aus. Dort kann jede Zuhörerin und jeder Zuhörer hineinschreiben, was sie oder ihn neben dem Vortragsinhalt noch interessiert. Etwa die Hälfte der Fragen dreht sich um den Fäulniszustand von Leichen, um Gerüche oder Blutspuren. Oft fragen mich Menschen aber auch danach, wie mein Leben verlaufen ist.

Also setzten Andi Hock und ich uns in meiner Bibliothek zusammen und sprachen über mein Leben. Andi hat aus diesen Gesprächen die Teile herausgefiltert, die ihm besonders erzählenswert erschienen. Mir wäre nicht viel eingefallen, denn ich finde mein Leben ganz normal und hätte nicht gewusst, was ich außer kriminalistischen Untersuchungen aufschreiben sollte. Als ich den Entwurf für das Buch dann durchgesehen, geprüft und stark verfeinert habe, staunte ich und musste ziemlich viel lachen.

Die Geschichten mit den Liebespfeilen, meinen Tätowierungen oder der Ameise unter dem Stiefel des Täters waren mir gar nicht mehr richtig bewusst gewesen. Danke an Euch, liebe Zuhörerinnen und Zuhörer, für die Fragen im Fragenbuch, an Andi für seine menschliche und liebevolle Auswahl von Erlebnissen aus einem Meer der Ereignisse und natürlich an Sie, liebe Leserinnen und Leser, die nun erfahren, wie aus einem Kind mit Karohemd ein Kriminalbiologe wurde.

Dieses Buch ist übrigens weder ein Lehrbuch noch ein Lebenslauf, sondern es soll ziemlich locker Schlaglichter auf meinen bisherigen Weg werfen. Ich hoffe, Sie finden Gefallen an der Geschichte vom Jungen, der erst in die Forschung und dann ins Leben stolpert. Da mich mehrere Freundinnen und Freunde gefragt haben, ob sie in dem Buch vorkommen: Ich schreibe gerne einen weiteren Band mit Geschichten von Freundschaft und Begegnungen. Dieses Buch hier handelt – siehe Titel – davon, wie alles anfing.

Viel Freude beim Lesen!

Rom, im April 2019
Mark Benecke

Vorwort zur 7. Auflage

Dass meine Lebensgeschichte, die weder Krach noch Enthüllungen enthält, sieben Wochen nach Erscheinen in die siebte Auflage geht, ist ein angenehmes Zeichen.

Spuren und Tatsachen ermöglichen uns, in dunklem Gelände sicher voranzuschreiten.

Es freut mich sehr, dass Sie sich dafür interessieren.

Göttingen, November 2019
Mark Benecke

ANTE MORTEM

Dass ich keinen alltäglichen Job mache, ist mir klar. Ich bearbeite Umstände, die sich für die meisten Menschen ganz furchtbar anfühlen würden, weil sie furchtbar aussehen und furchtbar riechen, und weil möglicherweise etwas Furchtbares passiert ist. Ich untersuche Leichen, die tagelang bei voll aufgedrehter Heizung auf einem Sofa lagen und bei denen man den eigentlichen Menschen unter dem Insektenteppich nur noch erahnen kann. Ich sichere Spuren an Orten, gegen die eine Rastplatztoilette aus dem Jahr 1975 deutlich hygienischer wäre. Ich spreche mit Angehörigen, deren Kind von einem Sexualstraftäter verschleppt, vergewaltigt und zerteilt worden ist. Und ich treffe Serienmörder, deren Taten nicht einmal ein Drehbuchautor für einen Splatter-Film erfinden würde.

Natürlich ist das auch für mich etwas Besonderes. Jeder Fall ist neu und anders. Bloß sehe ich darin nicht das Grauen, bekomme keine Gänsehaut und spüre auch keinen Würgereiz, wenn ich zum Beispiel einen Speckkäfer auf einem fast vertrockneten Körper sicherstelle oder mich Blutspuren, Spermaflecken, Kotresten oder Hirnflüssigkeit widme, die mir an einem Tatort aufgefallen sind und die oft viel mehr über das eigentliche Geschehen aussagen, als es auf den ersten und manchmal auch den zweiten oder dritten Blick erscheint. Dabei bin ich weder ein Held, noch bin ich Superman. Ich bin nicht mal besonders mutig und habe beispielsweise Respekt vor Spinnen und hasse Haare im Abfluss. Zudem ekle ich mich vor Lebensmitteln wie Leberwurst und Milch: Wer mag schon gewürzte Leichen-Paste und flüssige Tierbaby-Nahrung? An einem Toten finde ich dagegen nichts Abstoßendes – ganz gleich, welche Farbe die Haut nach ein paar Tagen Liegezeit haben mag und wie viele Schmeißfliegen sich auf ihr schon niedergelassen haben. Denn das sind Hinweise aus einer Welt, die wir leicht übersehen – geheime Spuren im Offensichtlichen.

Daher kommt auch meine Abscheu gegen verdeckende Kalkspuren. Im Labor haben wir sehr hartes Wasser, sodass ich dort laufend irgendwelche Kalkecken entfernen muss, die sich minütlich im Waschbecken und auf den langen Edelstahltischen bilden. Am gruseligsten finde ich aber wie gesagt Haare, die sich im Sieb der Badewanne verfangen und nur mühsam herauspulen lassen. Das mache ich allerdings nicht selbst, sondern kann zum Glück meine Frau meist dazu überreden. Und dass man mich mit Fleisch jagen kann, hatte ich ja schon erwähnt: Ein Kotelett ist eine Leichenscheibe mit Leichenknochen, Gulasch sind Leichenmuskelwürfel, und eine Wurst ist reichlich Leichenfett in Leichendarm. Einen Tatort empfinde ich vielleicht deshalb nicht als eklig, weil dort für mich tiefer Frieden herrscht. Wenn ich irgendwo hinkomme, wo ein Mensch gestorben ist, auf einem meiner Tatortkoffer sitze und überlege, in welcher Reihenfolge etwa die Blutspuren an der Wand entstanden sein könnten, nachdem ich sie vermessen habe, dann bin ich ganz ruhig, konzentriert – und alles ist klar und geordnet. Es verändert sich nichts mehr. Da gibt es null Ekel und keine Angst.

Bei den meisten Menschen ist das anders. Selbst meine

Kollegen und Kolleginnen aus der Rechtsmedizin kennen Bereiche, die sie an die Grenze des Erträglichen bringen: Es gibt kaum Expertinnen und Experten, die sich auf die Analyse des Mageninhalts von Toten spezialisiert haben, weil das sogar für hartgesottene Forensikerinnen und Forensiker fast das Widerwärtigste zu sein scheint, was sie sich vorstellen können: zu untersuchen, was ein Verstorbener in den Stunden vor seinem Ableben wann und wie zu sich genommen hat.

Komisch ist nur, dass der Tod – vor allem der unnatürliche, durch Gewalt oder ein tragisches Unglück hervorgerufene und somit kriminalistisch bedeutsame Tod – auf viele Menschen eine gehörige Anziehungskraft ausübt. Früher war das entspannter. Da war der Tod normaler, weil die Menschen andauernd Leichen gesehen haben – in Kriegen, bei Krankheitswellen oder schlicht, wenn ein Verstorbener, wie lange üblich, zu Hause aufgebahrt wurde. Doch diese unmittelbare Begegnung mit dem Tod gibt es heute kaum noch. Deshalb suchen sie viele auf eine andere Weise – auch in meinen Vorträgen. Die Menschen wollen wissen, was am Rande der Wahrnehmung los ist, und wünschen sich vermutlich jemanden, der mit ihnen am Rand entlanggeht. Vielleicht möchten sie sich auch einen Moment lang dem Fremden und Bösen aussetzen, aber danach soll einer das Tor zur Hölle wieder zumachen. Manche meiner Zuhörerinnen und Zuhörer interessieren sich aber weder für meine Arbeit noch für den Tod. Sondern eher dafür, wie es wohl wäre, wenn sie selbst einen anderen Menschen umbringen würden; zumindest haben mir das einige Besucherinnen und Besucher schon erzählt. Sie versetzen sich während der Veranstaltung nicht nur in das Opfer hinein, sondern auch in den Täter. Diese Erkenntnis finde dann wiederum ich ziemlich gruselig, aber gut – damit muss ich leben und erkläre daher aus Sicht der Täter, dass sie zwar meist kein Mitleid benötigen, aber trotzdem gebeugte und traurige Figuren sind. Serienmörder-Fans könnten daher ebenso gut Lungenkrebs-Fans werden.

In Ermittlerkreisen gelten meine Kolleginnen, Kollegen und ich oft als Nerds, als Freaks, als Sonderlinge. Sachlich betrachtet gehen wir einem mies bezahlten Scheißjob nach, kennen keinen Feierabend, arbeiten mit allerhand siffigen Dingen, und während eine normale Polizistin oder ein Polizist für das Gute kämpft und die Welt vor dem Bösen beschützen will und soll, hat uns das alles nicht zu interessieren. Dennoch oder gerade deswegen übe ich meinen Beruf sehr, sehr gerne aus: Die Arbeit ist eben ruhig und klar.

Auch wenn es vielleicht niemand hören will, aber mir ist es wirklich egal, wem meine Arbeit nützt. Ich arbeite weder für die Guten noch für die Bösen. Ich weiß nämlich manchmal gar nicht, wie ich das in einem Krieg oder Beziehungsstreit festlegen soll. Dort halten sich ja alle für die Guten.

Schon gar nicht arbeite ich für die Gerechtigkeit – denn die gibt es gar nicht. Zumindest habe ich sie noch nie gesehen. Was ist schon gerecht daran, wenn ein Mensch, der zur falschen Zeit am falschen Ort ist, von einem antisozialen Narzissten missbraucht und erschlagen wird? Dass man den Täter aufhängt? Oder foltert und für die nächsten 50 Jahre in einem dunklen Loch einsperrt? Das alles bringt das Opfer nicht wieder ins Leben zurück und nimmt den Angehörigen auch nicht ihren Schmerz. Möglicherweise wurde auch der Täter selbst einst von seinen Eltern hart misshandelt. War das ihm gegenüber gerecht? Und vielleicht hätte das Opfer als Erwachsener selbst einen folgenschweren Fehler begangen, ein Baby totgeschüttelt oder eine alte Frau überfahren. Wer weiß das schon? Deshalb kann das, was wir als Spuren-kundler tun, keine Gerechtigkeit herstellen. Stattdessen kämpfe ich für die *Wahrheit*. Denn die gibt es: Ob eine Spur vorliegt oder nicht, das kann ich messen.

Vielleicht liegt mein Blick auf die Dinge darin begründet, dass ich Naturwissenschaftler bin. In der Biologie, also der Wissenschaft vom Leben, wissen wir, dass der natürliche Tod dazu dient, Platz für die nächsten Bewohner der Erde zu schaffen. Einer geht, einer kommt – so ist das nun mal. Aber so nüchtern betrachten das nur die wenigsten. Muss ja auch nicht sein. Ich verstehe, dass Menschen lieber an eine höhere Macht glauben, an Fügung oder an Schicksal. In mei-ner Welt ist dafür kein Platz.

Zugegeben, es gibt schon seltsame Arten, wie ein Leben enden kann. In diesem Zusammenhang fällt mir der Fall von Isadora Duncan ein, eine der berühmtesten Tänzerinnen zu Beginn des vergangenen Jahrhunderts. Ich beschäftige mich gerne mit Spuren aus alten Fällen, weil ich schlecht damit leben kann, lösbare Rätsel nicht zu lösen. Jedenfalls verließ die elegante Dame, die aus San Francisco stammte und das klassische Ballett durch ihren freizügigen Tanzstil auf den Kopf stellte, am 14. September 1927 ihre Wohnung in Nizza. Es war ein frischer Herbsttag, der Wind wehte vom Mittel-meer herüber, und sie trug daher einen riesigen, zwei mal zwei Meter großen Seidenschal. In einer nahen Bar nahm Frau Duncan einige Drinks, und weil es danach offenbar noch ein bisschen kälter war, holte sie sich einen zweiten Schal von zu Hause, bevor sie an der berühmten Prome-nade des Anglais in die offene Limousine ihres Lebensge-fährten Ivan Falchetto einstieg. Es war derselbe rote Schal, den sie bei vielen ihrer umjubelten Auftritte trug. Und weil diese Auftritte, die sie gerne ohne Korsett, barfuß und mit entblößten Armen und Beinen absolvierte, regelmäßig für Aufruhr sorgten, war auch der rote Schal einigermaßen berühmt.

Der Beifahrersitz des Cabrios war im Vergleich zum Fahrersitz leicht nach hinten versetzt, also hätte sich Falchetto am Steuer zur Seite wenden müssen, um seine Freundin zu sehen. Wahrscheinlich aus diesem Grund bemerkte er beim Anfahren nicht sofort, dass Duncans Schal, vielleicht durch den Wind, in die rechte hintere Felge seines Wagens geraten war. Duncans Kopf prallte durch die plötzliche Verkürzung des Stoffes gegen die Innenverkleidung des Wagens. Als Falchetto nach zwanzig Metern anhielt, stellte er fest, dass sich der Schal bereits so weit verdreht hatte, dass seine Begleiterin bewusstlos war. Im Krankenhaus wurden Brüche der Nase, der Wirbelsäule und des Kehlkopfes festgestellt. Außerdem waren Hals- und Kopfschlagader zerrissen. Isadora Duncan war tot, erdrosselt durch ihren eigenen Schal.

Traurigerweise waren schon ihre beiden Kinder bei einem ungewöhnlichen Verkehrsunfall vierzehn Jahre zuvor in Paris ums Leben gekommen. Der Fahrer des Autos, in dem die siebenjährige Deirdre, ihr vier Jahre jüngerer Halbbruder Patrick und deren Kindermädchen saßen, stoppte in einer Kurve, um ein entgegenkommendes Taxi vorbeizulassen. Dabei soff der Motor ab, und so musste der Chauffeur die wie seinerzeit übliche vorn am Fahrzeug befindliche Anlasserkurbel betätigen. Allerdings hatte er vergessen, den Leerlauf einzulegen. So machte das Auto beim Neustart einen mächtigen Satz und versank binnen weniger Sekunden im Fluss, der sich direkt neben der Straße befand. Wegen der starken Strömung gab es keine Rettung: Das Kindermädchen und Deirdre ertranken, der kleine Patrick starb wenig später im Krankenhaus.

Isadora Duncan wurde fünf Tage nach ihrem Tod verbrannt. Ihre Urne wurde auf dem Pariser Friedhof Père Lachaise neben den sterblichen Überresten ihrer insgesamt drei Kinder beigesetzt – ein weiteres Kind war direkt nach der Geburt gestorben. Der rote Schal, durch den die Künstlerin zu Tode kam, soll wenige Wochen später für 50 000 Franc an die Tochter eines amerikanischen Ananaspflanzers in Honolulu verkauft worden sein. Ich weiß das, weil ich den Fall vor über 20 Jahren mal für eine rechtsmedizinische Fachzeitschrift nachuntersucht habe. Das aber nur am Rande.

Denn was ich eigentlich sagen will: Man kann nie, wirklich nie, vorhersehen, wie und wann der Tod in unser Leben tritt. Selbstverständlich können wir uns möglichst gesund ernähren, Extremsportarten meiden oder einen weiten Bogen um Kriegsgebiete machen – und so unser Risiko verringern, einen Herzinfarkt zu erleiden, beim Gleitschirmfliegen abzustürzen oder vom Projektil eines Heckenschützen getroffen zu werden. Trotzdem könnte uns beim Entlanglaufen auf dem Gehweg das berühmte Klavier auf den Kopf fallen, das die Mitarbeiter der Umzugsfirma nicht ordentlich befestigt hatten. Obwohl es dafür zwar kein dokumentiertes Beispiel gibt, gibt es genügend Fälle, bei denen vom Baum fallende Kokosnüsse Menschen getötet haben. Am häufigsten hat es Kinder erwischt, die mit Fernsehern spielten. In den zehn Jahren zwischen 2000 und 2010 wurden über zweihundert schwer verletzt. Wir können von einem unbemannten Gabelstapler aufgespießt werden, weil der Kontakt im Sitz, der eigentlich verhindern soll, dass sich der Stapler von allein bewegt, im Laufe der Jahre ausgeleiert und feucht war. Auch das ein echter Fall.

Und es kann sich eben ein Schal in der Felge eines Autos verfangen und uns das Blut abschnüren. Deshalb ergibt es in meinen Augen auch keinen Sinn, sich im Alltag dauernd Sorgen zu machen, was alles passieren könnte. Für mich ist nur wichtig, was wirklich passiert ist. Und wenn das andere Menschen ebenfalls interessiert, freut mich das. Ebenso wichtig ist mir, dass aus meinen Vorträgen mit Fallbeispielen keine Grusel-Show wird. Denn Effekte gibt es in Horrorfilmen und -serien genug. Ich dagegen nehme meine Besucher mit auf eine Reise in meine Welt der Spurenkunde, in der ein winziges Detail – sei es die Larve einer Stubenfliege, eine Hautschuppe oder ein um einen Zentimeter verrutschter Couchtisch – ein spannendes Puzzle-Stück bei der Fallbearbeitung darstellen.

Das wissen fast alle, die zu meinen Vorlesungen kommen. Wer sich gegen seinen Willen in diese Welt der Spuren schleppen lässt, dem kann das natürlich blutig vorkommen. Doch die meisten meiner Zuhörer und Zuhörerinnen haben die Welt schon vorher ohne Zuckerguss gesehen, sonst würden sie nicht in die Trainings und Vorträge kommen. Ich bin Wissenschaftler und verwende zwangsläufig Methoden wie Sherlock Holmes, aber ich möchte kein Unterhaltungskünstler sein. Ab und zu bekomme ich Angebote von großen Managementagenturen, die mir anbieten, aus meinen Veranstaltungen Shows für tausende Zuschauer zu machen – in großen Hallen und mit viel Hokuspokus. Aber so bin ich nicht und bleibe daher lieber bei Menschen, die nicht den Nervenkitzel suchen, sondern Spaß an Spuren und der Wahrheit haben.

Unabhängig davon werde ich öfter gefragt, wie ich das alles aushalte, von welchen Erlebnissen ich träume – oder wie es sich anfühlt, einer Arbeit nachzugehen, bei der es vorwiegend um den Tod in all seinen Ausprägungen geht. Deshalb habe ich mich zu diesem Buch entschlossen, in dem ich davon erzählen möchte, wie für mich alles begonnen hat – und welche Ereignisse mich so stark geprägt haben, dass ich das wurde, was ich heute bin. Manche Antworten mögen schräg wirken, und vielleicht ist der ein oder andere ja auch enttäuscht, dass ich weder nachts schreiend aus dem Schlaf hochschrecke noch ein Zimmer mit Glitzer-Einhörnern besitze, um all die scheußlichen Bilder aus dem Kopf zu bekommen. Für mich ist das alles ganz normal. Ob ich das auch bin – »normal« –, das kann jeder selber entscheiden. Denn was »normal« überhaupt bedeuten soll, das verstehe ich nicht.

EINE TOTAL NORMALE KINDHEIT UND IHRE FOLGEN:

Wie ein Chemiebaukasten mein Leben veränderte

Um ein Haar hätte mein Leben eine ganz andere Wendung genommen. Aber der Reihe nach. Ich bin ein gebürtiger Bayer: 1970 kam ich in Rosenheim zur Welt. Wobei ich vorsichtshalber sagen möchte, dass ich auf meinen Geburtstag keinen Wert lege. Deswegen antworte ich auch grundsätzlich auf keine Glückwünsche oder sonstige Gratulationsbekundungen, die mich in sozialen Netzwerken (lese ich nie) oder per E-Mail (lese ich immer) erreichen. Irgendjemand hat mein Geburtsdatum mal auf Wikipedia eingetragen ... Wenn mir jemand schreibt, ist das nett gemeint. Aber es ist dann auch klar, dass die- oder derjenige mich nicht näher kennt.

Alle anderen Menschen in meinem Umfeld wissen Bescheid. Mir bedeuten solche Anlässe einfach nichts, weil sie ja nur eine vom menschlichen Kalender, aber nicht von wirklich exakten Zeitabständen vorgegebene Fantasie sind. Es ist wie bei Sternbildern, die wir nur deshalb zu sehen glauben, weil wir so verdammt weit weg von ihnen sind. Die »Jungfrau«, unter deren Sternbild ich angeblich geboren bin, ist beispielsweise eine bloß von der Erde aus zusammenhängend erscheinende Gruppe von Leuchtpunkten. Aus jeder anderen Ecke des Alls ergeben dieselben Sterne ein anderes Muster. Für mich sind Geburtstage und Sternzeichen daher Tage wie alle anderen: Ich arbeite, oder ich reise zur Arbeit. Oder beides.

Die ersten nicht ganz drei Jahre meines Lebens verbrachte ich in Rosenheim und Bruckmühl, besser gesagt in Heufeldmühle, einem kleinen Ortsteil im Mangfalltal. Es gibt dort keinen wirklichen Ortskern, keinen zentralen Platz mit Maibaum, Rathaus, Dorfkirche, Brunnen und so, aber es ist eine Gegend, in der andere Leute Urlaub machen – oder zumindest auf dem Weg in den Urlaub dran vorbeifahren. Die Alpen sind nicht weit entfernt, die Luft ist sauber und die Flüsse oft kristallklar.

Ich habe keine Erinnerungen mehr an diese Zeit. Das heißt nicht, dass ich meine bayerische Herkunft verdränge. Aber unser Erinnerungsvermögen setzt eben erst ab einem Alter von etwa drei bis vier Jahren ein. Die älteren Eindrücke sind alle weg, wenn man erwachsen ist – wie von der Festplatte gelöscht. »Infantile Amnesie« nennt man das. Was ich über diese Jahre noch weiß, stammt von ein paar Fotos. Die enorm großen bayerischen Eiszapfen sind mir als Einziges im Gedächtnis geblieben. Im Winter hingen sie vom Dach meiner Urgroßeltern, und vielleicht auch von der »Bayerischen Wolldeckenfabrik Bruckmühl« in Heufeldmühle herunter.

In dieser Fabrik, deren Wahrzeichen ein hoher Turm mit den Buchstaben »B-W-B« am Dach war und die mit fast 800 Beschäftigten im Prinzip der einzige Arbeitgeber vor Ort war, arbeitete meine Mutter. Sie stammt aus der Region. Ihre Eltern, also meine Großeltern, waren waschechte Oberbayern, und meine Mutter spricht noch heute mit der typischen Färbung, die man als Nicht-Bayer nur aus Heimatfilmen oder von Schlagertexten kennt. Ich liebe Dialekte jeder Art – von Erzgebirgssächsisch über Medellín-Spanisch bis hin zu algerischem Französisch. Wenn ich unterwegs bin, mache ich oft Videos mit Menschen, die diese

Dialekte, Akzente und Lautvertauschungen zum Glück sprechen. Wie unfassbar langweilig wäre die Welt ohne Vielfalt, auch in den Sprachfärbungen.

Als junge Frau lernte meine Mutter meinen »genetischen Vater« – so heißt das in der Vaterschaftskunde – kennen. Er arbeitete »im Berg« – so heißt das in Bayern – bei einer Seilbahngesellschaft als Techniker. Er stammt eigentlich aus Erfurt, aber irgendwie hatte es seine Eltern aus der DDR ins tiefste Bayern verschlagen. Später zog sie nach Köln, wo wir eine Patchworkfamilie mit meinem sozialen Bruder und meinem neuen Vater wurden.

Außer den Eiszapfen sind die Bilder meiner frühen Kindheit aus der Bilderbuchlandschaft aber, wie gesagt, von neuen Erinnerungen überlagert oder nicht mehr vorhanden. Ziemlich sicher ist, dass mir meine Mutter aus der *Häschenschule* vorgelesen hat, einem Kinderbuch aus den 1920er Jahren. Sie liebt das Buch, und es geht darin um eine Schulklasse, die – wie der Name schon sagt – aus lauter kleinen Hasen besteht und die von ihrem Hasen-Lehrer alles über Natur und Tierwelt beigebracht bekommen, zum Beispiel, dass Kohl gesund ist und man sich vor dem Fuchs hüten sollte. Stimmt ja auch!

Bis heute liebe ich Züge und fahre fast jeden Tag damit. Vielleicht beruhigt mich das Geräusch und Gerumpel von Zügen, weil die Wohnung in der Heufeldmühle direkt an den Bahnschienen lag. Am liebsten sind mir Nachtzüge, aber die sterben vielleicht aus. Hoffentlich nicht.

Bald zogen wir also nach Köln – der Grund war mein neuer Vater, der Ingenieur und Kollege meines genetischen Vaters bei der Seilbahn war. Die beiden sind Spezialisten für Fördertechnik, aber in diesem Fall beförderte, wenn man so will, die Seilbahn meinen neuen Vater direkt in die Arme meiner Mutter. Im stockkatholischen Bayern der frühen siebziger Jahre war das vermutlich nicht ohne. Aber meine Mutter hörte auf ihr Herz und zog es durch. So kamen wir nach Köln.

Ich weiß nicht, ob ich das seltsam fand oder nicht. Vermutlich habe ich die Dinge auch damals schon so akzeptiert, wie sie waren, weil alles andere vergeudete Energie bedeutet. Und die Dinge waren in diesem Fall eben so, dass ich nach einer kurzen Kindheit auf dem Land zwischen hohen Bergen und tiefen Seen in eine Metropole kam, die von Außenstehenden als hässlich und verdreckt bezeichnet wird. Ich liebe Köln, und für mich war dieser Umzug ein echter Glücksfall.

Unser vorübergehendes Zuhause bestand aus einer kleinen Wohnung an der *Nordsüdfahrt* – also an einer von Kölns breiten Straßen, die diese Stadt durchschneiden. Sie wurde nach der fast vollständigen Zerstörung im Krieg gewollt autofreundlich aufgebaut. Wenig später zogen wir nach Zollstock, einem Stadtteil südlich der Altstadt, in dem lustigerweise das damals neu gegründete »Bundesamt für den Zivildienst« seinen Sitz hatte und in dem darüber hinaus straßenweise die von mir seitdem sehr geschätzten Genossenschaftswohnblocks standen. Meine Eltern waren inzwischen auch verheiratet, und der Kontakt zu meinem genetischen Vater war wegen der großen Entfernung von fast siebenhundert Kilometern kaum mehr vorhanden. Aus dem bayerischen Buben wurde blitzschnell ein »Imi«. Das ist liebevolles Kölsch für alle Immigranten, also Menschen, die aus mehr als zehn Kilometern Entfernung zuziehen. Die nächste Stufe war der Kölsche Jung mit einer Schwäche für original bayerische Brezen, die man damals wie heute in Köln aber leider nicht bekommt. Wann immer ich in Bayern bin, muss ich sofort eine gescheite Brezen essen. Zumindest, wenn sie vegan ist. Ausgerechnet und nur in Berlin, also bei den von Bayern viel geschmähten »Saupreißn«, gibt es neuerdings einen Laden, der »gscheide Brezn« herstellt. So ganz wird man seine Herkunft nie los.

In Zollstock wohnten wir in einem – wie ich fand und finde – völlig abgefahrenen Plattenbau. Das Haus bestand aus zwei in Weiß gestrichenen Blöcken, einer hochkant, einer liegend, die wie die Flügel eines Riesenraumschiffes zwischen Grünflächen und dem alten Viertel gestrandet waren. Das Gebäude war nagelneu, und während ich heute eher überlege, welche wilden Pflanzen der Architekt wohl gegessen hatte, bevor er seinen Entwurf erstellte, empfand ich das Gebäude schon damals als total cool. Das lag auch daran, dass sich auf einer Seite direkt davor ein wirklich gigantischer, zerstrubbelter Park befand, in dem Hunderte Kaninchen und gefühlt Millionen von Vögeln lebten. Für uns Kinder war es das Paradies. Wir brauchten zu jeder Jahreszeit nur aus der Haustür des weißen Raumschiffes rauszugehen und standen mitten in der Natur, unter immer höher wachsenden Bäumen, Büschen und umgeben von hoppelnden und besonders in der Dämmerung tirilierenden Tieren. Ich habe solche fantastischen Konzerte später nur noch im Urwald gehört, allerdings von Zikaden und anderen Insekten. Die Zeit der Vögel neigt sich nun weltweit langsam dem Ende zu.

In unserem Wohnraumschiff sah es überhaupt nicht futuristisch aus. Pragmatisch, wie meine Eltern waren, richteten sie die Wohnung durch und durch funktional ein: mit vernünftigen Schränken und Regalen, einer zeitlosen Couch im Wohnzimmer und einem Küchen-Esstisch, an dem man auch Karten spielen und elektrische Bauteile zusammenlöten konnte. Bei uns war alles durchstrukturiert. Mein Bruder und ich hatten eigene Zimmer, aber meins hatte ein Klappbett, das tagsüber eingeklappt werden musste, damit ich dort arbeiten und experimentieren konnte. Das empfand ich nicht als Nachteil, sondern als lässig – wer braucht tagsüber schon ein Bett? Auch mein Extra-Schreibtisch, den mir mein Vater für chemische Versuche gebaut hatte, war klappbar. Ich habe wohl ein bisschen zu viel Zeit an diesen Tischen verbracht, denn von meiner früheren Lese- und Arbeitsposition mit dem linken, aufgestützten Arm ist mir ein dauerhaft überstehender Schlüsselbeinknochen geblieben. Doch das war es wert!

Die Strukturliebe meiner Eltern hatte ich schnell verinnerlicht. Vor allem meine Mutter ist hier – es fühlt sich schon fast genetisch an – verantwortlich für eine Vorliebe, die mir inzwischen bei meinem Beruf gewaltig hilft. Sie arbeitete in einem Büro und kümmerte sich dort um die gesamte Organisation, von der Korrespondenz bis zu Umbauten. Sie brachte mir bei, dass alles, was eine Schreibmaschine verlässt, auf Punkt und Komma richtig geschrieben sein muss. So war es nur folgerichtig, dass ich bei meinen ersten Versuchen, unsere Sprache auch schriftlich zu beherrschen, sämtliche Rechtschreib- und Kommaregeln von ihr gleich mitlernte. Sie hatte sich sogar eine von mir sehr bewunderte Liste erstellt, in der häufige Schreib-Hürden übersichtlich aufgelistet waren. Der Nachteil daran ist, dass ich die neuen, seit einigen Jahren gültigen Komma- und Kleinschreibregeln immer noch nicht kenne.

Auch sonst konnte und kann ich noch immer Einiges wirklich ganz, ganz schlecht: Singen zum Beispiel, Malen, Tanzen oder jede Art von Sport. Dinge, die mit Reden,

Schreiben und dem Zusammensuchen und Ordnen von Wissen zu tun haben, finde ich hingegen spitze.

Ich sortiere schon immer gerne. Selbst meine Comic-Hefte, deren Bestand immer größer wurde, habe ich bis heute nach Themen – hier: den Helden und Welten, in denen sie spielen – geordnet. Dass so etwas komisch wirken kann, habe ich erst als Erwachsener erfahren. Ich war natürlich auch leidenschaftlicher *Yps*-Fan, auch wenn das »Gimmick«, wie die wöchentliche Beilage hieß, manchmal nicht funktionierte. Totaler Quatsch war die Druckmaschine, für die man eine Moosgummi-Einlage als Ersatzteil benötigte, die aber niemand in Zollstock besorgen konnte. Selbst der Besitzer des damals noch bestehenden Spielwarenladens in unserem Viertel hatte Fragezeichen in den Augen, als der Junge mit dem gestreiften Hemd (die fand ich zeitweise besser als Karo-Hemden) und den zur Seite gegelten Haaren mit großem Ernst nach Moosgummi fragte. Der Windgeschwindigkeitsmesser fürs Fahrrad funktionierte auch von Anfang an nicht: Die Einzelteile waren unsauber gegossen und verkanteten sich sofort. Grrrr! Dabei hatte ich bestenfalls Geld für drei Hefte pro Monat, sodass ich mich natürlich umso mehr über solche Fails ärgerte.

Aber von vielen dieser »Gimmicks« lernte man wirklich etwas: beispielsweise beim Solarzeppelin, der bis in 50 Meter Höhe aufstieg, wenn man ihn in die Sonne legte, und der sich gleichsam von selbst aufblies. Ich habe ihn zwar nicht gekauft, aber das Prinzip hat mir später geholfen, die veränderte Entwicklung der Tiere und Bakterien in schwarzen Leichensäcken zu verstehen: Sie heizen sich stark auf und zersetzen das Gewebe dann entsprechend schneller. Auch die bekannten »Urzeitkrebse«, die eigentlich Salinenkrebse sind und als Zierfischfutter verkauft

wurden, beeindruckten mich wegen ihrer Widerstands-
fähigkeit: Immerhin konnten ihre Eier in trockener und
sauerstoffarmer Umgebung mehrere Jahre – angeblich sogar Jahrtausende – überstehen, bevor wir *Yps*-Leser sie ins
Wasser schütteten und die Tiere schlüpfen ließen. Als die
Zeitschrift dann vor ein paar Jahren noch einmal für große
Jungs wie mich erschien, durfte ich sogar im Heft ein Interview geben. Das hat mich wirklich unglaublich gefreut.

Ansonsten stand ich auf *Clever & Smart, Super-Meier, die
Provi-Star, Die Fantastischen Vier* und das meiste an Mar-
vel-Zeugs – allen voran natürlich *Spider-Man,* den ich bis
heute verehre. Aber dazu später mehr!

Noch heute sortiere ich meine Comics, Bücher, Zeit-
schriften, Bildbände und natürlich die Akten nach einem
sauberen System, um genau zu wissen, wo ich hineingreifen
muss, wenn ich etwas nachschlage. Und ich habe echt viele
Comics und Akten. Das sagen zumindest manche Gäste,
die mich immer fragen »ob ich das alles gelesen habe«. Bis
auf die Lexika: Ja, logo. Da ich keine Romane lese, mit Ausnahme von Sherlock Homes, stehen meine Bücher einfach
nur lange oder für immer im Regal. Mehr ist es gar nicht.

Ich fühlte mich wohl in Köln, aber womöglich hielt meine
Psyche dem Umzug und den sich daraus ergebenden Veränderungen dann doch nicht ganz stand. Vielleicht war aber
auch nur der Feinstaub – damals noch Smog genannt – ein
zu großer Schock für meine Lungen, die bislang nur die
saubere Heufeldmühler Luft gewohnt waren. Auf alle Fälle
bekam ich einige Zeit, nachdem wir Bayern verlassen hatten, einen elenden Husten, der nicht mehr wegging. Also
schickten mich meine Eltern zur Kur zurück dorthin, wo
man besser durchatmen konnte als zwischen Pohligstraße

und Kalscheurer Weg: nach Berchtesgaden. Wobei Kur eigentlich der falsche Begriff war, denn in dem Wort steckt ja der lateinische Begriff für Fürsorge. Doch die beiden Aufenthalte, die ich dort absolvieren musste, waren nur so mittelschick.

Das Gebäude lag außerhalb von Berchtesgaden und war, vielleicht als ehemaliges Kloster, zum Kinderkurheim umfunktioniert worden. Nonnen waren die Chefinnen, geschlafen wurde in Schlafsälen, die den Gemütlichkeitsfaktor eines Lazarettes hatten. Soweit ich mich erinnere, war es dort kahl und kalt, und zu allem Übel waren die Gottesfrauen nicht so herzlich, wie man sich Nonnen so vorstellt, sondern echt streng. Wobei ich natürlich nicht weiß, wie anstrengend ich für sie war. Sie hatten jedenfalls keine erkennbare Ahnung von Kinderseelen. Ich kann mich nur an Spaziergänge erinnern und daran, dass wir, wenn wir nicht brav waren, die Post unserer Eltern nicht erhielten. Einmal durfte ich auch im Vorraum der Toilette schlafen, weil ich offenbar eine große Klappe gehabt hatte. Diese unpädagogische Maßnahme war mir später noch nützlich, wenn ich beispielsweise schnarchenden Menschen ausweichen und meine Ruhe haben wollte. Ich mag keine Atemgeräusche ...

In den Kuren schauten meine bayerischen Großeltern mal vorbei, und ich hatte auch einen Kumpel gefunden, mit dem ich mich anfreundete. Auch der damals bekannte Bergsteiger Luis Trenker (→ Bild Seite 59) besuchte uns Kinder. Wir kannten ihn zwar nicht und wussten nur, dass es ein aus unserer Sicht alter Mann war, der sich in den Bergen auskannte. Er brachte uns den besten Knoten zum Schuhezubinden bei, den es gibt. Ich verwende den Luis-Trenker-Knoten noch heute jeden Morgen und habe ihn auch schon oft anderen gezeigt.

In eine der Kuren hatte mir meine Mutter als Bettlektüre einen großartigen Disney-Comicband als Überraschung mitgegeben. Als ich meinen Koffer auspackte, lag das querformatige Buch mit *Donald-Duck*-Geschichten von Carl Barks und *Mickey-Mouse*-Strips von Floyd Gottfredson obenauf. In diesen klassischen Geschichten tauchten neben Donald und der damals noch lässigen Mickey Mouse auch Flederohr, Hauptmann Setter a.k.a. Käpt'n Dobermann und Madame Triple-X auf. Die Einzelbilder waren auf die ungewöhnlich breiten Seiten ummontiert und das Buch mit einer Einleitung zur Formveränderung der Disney-Figuren über die letzten Jahrzehnte versehen. Das war der Beginn einer wunderbaren Freundschaft zwischen mir und den Bewohnern von Entenhausen. Zum Glück hat mich meine Buchbinderin lieb und fand es nicht seltsam, dass ich es vor einigen Jahren bei ihr restaurieren ließ.

Ich weiß nicht, ob die beiden Kuren meine spätere Fähigkeit ausprägten, sogar an höchst ungewöhnlichen Orten die Gegebenheiten hinzunehmen (rheinisches Grundgesetz: »Et is wie et is«) und zur Not halt das zu tun, was zu tun ist. Aber ich habe bei meinen Dienstreisen rund um die Welt an Orten einwandfrei geschlafen, gegen die mein Klosterschlafsaal wie ein gutes Hotelzimmer ausgesehen hätte, und mich nie darüber beschwert. Das hätte auch nichts gebracht, wenn irgendwo in Berlin oder Bogotá nichts anderes vorhanden war als eine alte Matratze auf dem nackten Fußboden. Dann legte ich mich eben darauf. Bis heute kann ich auch auf jedem Teppichboden schlafen, wenn der Untergrund nicht zu kalt ist. Vor ein paar Jahren habe ich sogar mal monatelang auf einem Feldbett geschlafen. Heutzutage habe ich immer eine Flasche Isopropanol dabei – damit kann man notfalls alle Oberflächen keimarm sprühen.

Was ich in Berchtesgaden auch noch lernte: wie man richtig fotografiert. Meine Eltern hatten mir eine Agfamatic-Pocketkamera mitgegeben, die wir »Ritsch-Ratsch-Klick-Klack« nannten. »Ritsch-Ratsch-Klick« – das »Klack« hatten wir dazuerfunden – hörte sich zwar lustig an. Die benötigten Pocket-Film-Kassetten zum Einlegen waren aber für mich sehr teuer. So überlegte ich mir genau, was ich fotografieren wollte, bevor ich auf den orangefarbenen, weichen Auslöser des flachen Metallgeräts drückte. Und schon hatte ich aus einer Einschränkung heraus erneut etwas gelernt: Verschwende nichts!

Zurück in Zollstock verlief unser Leben entspannt. Nur der Husten begleitete mich trotz – oder vielleicht auch wegen – der Kuren noch ein paar Jahre. Meine Eltern waren liebevoll, konsequent und freuten sich, wenn mein Bruder und ich mal vor die Türe gingen.

Mein biologischer Vater hatte mir ein Plastik-Mikroskop geschickt, vermutlich, nachdem er von meiner Mutter einen Hinweis bekommen hatte, was seinen Sohn im fernen Köln den ganzen Tag so beschäftigte. In dem Biologie- und Geologie-Starter-Set befand sich auch eine Packung mit Pflanzensamen, deren Feinstruktur ich prima vergrößern konnte. Mich interessierten auch die verlorenen Federn unseres Wellensittichs »Puckiline«. Deren Verästelungen sahen in fünfzigfacher Vergrößerung trotz grauenvoller Mikroskop-Linsen natürlich verdammt spannend aus. Zum Glück gab es ein sehr gutes Begleitbuch im Mikroskop-Kasten, in dem auch beschrieben wurde, wie man Schneeflocken in Lack fangen, Staubteilchen auf Tesafilm zählen und Vogelfedern dauerhaft »einbetten«, also auf einem Objektträger mit Deckplättchen versiegeln kann. Da das

Buch liebevoll gemacht und vor allem detailliert war, habe ich das gleiche später auch bei meinem Forensik-Kasten für heutige Kinder umgesetzt: gutes Begleitheft und – das war für den Verlag neu – eine vernünftige Lupe. Dafür habe ich wochenlang gekämpft, und zum Glück fand sich ein Hersteller, der solche Lupen für Kinder liefern konnte. Rand- und Farbverzerrungen nerven eben beim Vergrößern.

Als wir etwas älter wurden, spielten wir gelegentlich zusammen mit den anderen Kindern aus dem Betonraumschiff Rollhockey. Das kam damals in Mode, vielleicht, weil der Eishockeyclub »Kölner Haie« ein paar Jahre zuvor gegründet worden war. Spieler wie Erich Kühnhackl oder Udo Kießling waren sehr bekannt, was ich aber erst beim Stöbern für dieses Buch herausgefunden habe. Ich hatte von Sport keine Ahnung, und das hat sich auch nicht geändert. Unsere Ausrüstung bestand aus flachen Schlägern, Knieschonern und Rollschuhen, von elastischen Hochleistungstextilien keine Spur – die gab es damals wohl auch noch gar nicht. Obwohl wir mitten auf der Straße vor unserem weißen Wohnriegel spielten und nur kurz zur Seite rollten, wenn ein Auto unbedingt an uns vorbeifahren musste, regte sich niemand je über unseren Zeitvertreib auf. Im Gegenteil. Als mal eine gigantische Pfütze entstand, weil der Gully verstopft war und es in Strömen geregnet hatte, brachte uns die Mutter eines Nachbarn bloß ein paar Regensachen runter, und wir plantschten im knöchelhohen See herum. Der sportliche Ehrgeiz hielt sich dabei erkennbar in engen Grenzen.

In unserem Wohnzimmer gab es natürlich einen Fernseher. Dort liefen nachmittags *Dick und Doof*, *Western von gestern* oder irgendetwas von Walt Disney – es gab ja nur die drei Sender ARD, ZDF und WDR. Das ging meist genau so lange gut, bis unser Vater nach Hause kam und verständlicherweise etwas Ruhe wünschte. Abends schauten wir gemeinsam das, was allen gefiel: *Wetten, dass ...*, *Auf los geht's los*, *Dalli Dalli* und dergleichen – wie Millionen anderer Familien damals auch.

Urlaub machten wir in Spanien, wo ich meinen Comicbestand des Öfteren erweitern konnte. Ich verstand zwar nichts, aber die Zeichnungen waren wie bei Floyd Gottfredson (Mickey Mouse) oder Carl Barks (Donald Duck) hin und wieder klar von Könnern gemacht. Dort entdeckte ich beispielsweise *The Phantom* von Lee Falk sowie Will Eisners *Spirit*. Will Eisner, einen der besten Geschichten-Erzähler überhaupt, traf ich in den neunziger Jahren auf dem Comic-Salon in Erlangen. Sein von ihm auf der Comic-Messe mit Widmung unterschriebener Comic wird noch im Altersheim neben mir stehen.

Öfter besuchten wir auch Opa und Oma in Bayern und verbrachten dort ein bisschen Zeit an der frischen Luft. Wir lebten in einer ziemlich heilen Welt. Dazu passte, dass mein Bruder und ich wie fast alle Kinder Blockflöte lernten. Das war allerdings ein bisschen zu heile für unseren Geschmack und so ließen wir es schleifen.

Meine Eltern achteten darauf, dass mein Bruder und ich von Bildern verschont wurden, die sie als unangemessen für Kinder ansahen. Das betraf zum einen die damals sehr bekannte Musik- und Jugendzeitschrift *Bravo*, die wir ab einem gewissen Alter zwar lesen durften – aber nur die Teile ohne sexuelle Erklärungstexte, die vom »Dr.-Sommer-Team« stammten. Gleiches galt für zu ausdrückliche Foto-Love-Storys, die unsere Mutter vorsichtshalber aus den Heften entfernte, bevor wir sie von den Nachbarn erhielten. Auch Sendungen wie *Aktenzeichen XY* waren für uns Kinder komplett tabu. Die dort nachgestellten Verbrechensszenen galten meinen Eltern als zu drastisch. Ich bin, was das betrifft, in Ruhe und Frieden groß geworden. Wenn andere Kids am Montag auf dem Schulhof von der Sendung am Freitag zuvor berichteten, vielleicht vom Raubmord an einem Juwelier oder vom Überfall auf eine Sparkassenfiliale, dann interessierte mich das nicht. Bis heute habe ich keine einzige Folge von *XY* oder *Tatort* gesehen – und das nicht nur, weil ich kein Fernsehgerät besitze. Ich verabscheue Gewalt und schaue mir Spurenbilder nur an, wenn ich einen Fall bearbeite.

Es war wirklich noch eine andere Zeit damals, also vor vierzig Jahren, als es noch die alte Volksbadeanstalt in Zollstock gab, weil offenbar nicht alle Wohnungen in der Gegend über ein eigenes Bad verfügten. Die Welt war kleinteilig: Meine kaputten Wanderschuhe zeigte ich dem Schuster an der Ecke, der mir empfahl, sie wegzuwerfen. Im Kiosk neben dem winzigen Tante-Emma-Laden voller Konservendosen kaufte ich mir meine geliebten *Yps*-Hefte. Wenn das Taschengeld dafür mal nicht reichte, gab es dort zumindest Veilchenpastillen. Kiosk, Schuster und die Grundschule befanden sich nur eine Straße von zu Hause entfernt.

Im Gebäudekarree unserer Schule war auch eine damals sogenannte Sonderschule – ganz ohne Tamtam. Obwohl sich beide Schülergruppen in jeder Pause auf dem Hof vermischten, habe ich nie Mobbing oder Hänseleien bemerkt. Niemand von uns fand es auffällig, dass die Kids von nebenan »Sonderschüler« waren, zumal wir einander ja auch tagtäglich begegneten. Was an ihnen wohl so »besonders« war oder was an uns vermeintlich normal, hat uns nie jemand erklärt. Das Einzige, was wir ahnten, war, dass sie körperlich stärker als wir waren. Es war so, wie es war, und damit war es gut.

»Et is, wie et is« – dieser schon erwähnte und wohl typischste aller kölschen Sprüche traf unser aller Lebensgefühl perfekt, ohne dass wir die Formulierung kannten. Konrad Beikircher hat die rheinischen Spruchweisheiten erst 2001 gesammelt veröffentlicht, aber sie bestimmten schon damals unser Leben.

Gerade ich konnte mich damit identifizieren, denn mein Bruder und ich wären die leichtestmöglichen Mobbing-Opfer gewesen: Wir trugen keine Markenklamotten, beschäftigten uns vorwiegend mit uns selbst, interessierten uns nicht für Sport – und bei mir kam noch erschwerend hinzu, dass ich stets der Jüngste in meiner Klasse war. Aber auch hier galt, dass das alles weder an der Schule noch auf der Straße ein Thema war. Zumindest habe ich nie etwas mitbekommen. Nur einmal, in der Unterstufe des Gymnasiums, machte sich ein Mädchen über ein T-Shirt lustig, das mir mein Vater, ganz Ingenieur, von einer Firma für Aufzüge mitgebracht hatte. Ich fand das Teil mit technischem Aufdruck super: Ein T-Shirt von einem Fördertechnikhersteller! Es wirkte auf gleichaltrige Mädels aber offenbar nicht besonders sexy. Vor und nach diesem Spruch – den ich unerklärlich fand – habe ich nie wieder etwas Ernstes dazu zu hören bekommen.

Selbst den Kinofilm *E.T.* habe ich als wahrscheinlich einziges Kind in ganz Köln nie gesehen, vielleicht, weil ich die sechs bis acht Mark Eintritt fürs Kino nicht aufbringen konnte oder wollte: Mein Taschengeld ging immer schon für *Yps* und Comics drauf. Nachdem die Handlung von *E.T.* in den Unterrichtspausen allerdings tagelang haarklein nacherzählt worden war, wusste ich alles, was ich wissen musste. Als ich den Film dreißig Jahre später zum ersten Mal gesehen habe, fand ich ihn nicht schlecht. *Indiana Jones und das Königreich des Kristallschädels* fand ich nebenbei gesagt auch gut: Ich mag Steven Spielberg, auch wenn er viel geschimpft wird. Aber angeblich seichte Geschichten sind mit etwas Abstand betrachtet manchmal doch recht lehrreich. Die meisten meiner Fälle beginnen angeblich flach und unsinnig, bis wir uns das Ganze näher ansehen. Zu Recht sagt Sherlock Holmes: »Nothing ist little«.

Nicht nur wegen des *True-Crime*-Verbots daheim konnte ich mir nicht vorstellen, dass es irgendjemanden gab, der krumme Dinger drehen würde. Größere Gesetzlosigkeiten aller Art kamen bei den Gesprächen mit meinen Eltern und, soviel ich weiß, in der gesamten Gegend überhaupt nicht vor. Das Seltsamste, was ich in dieser Hinsicht erlebte, waren die Mofa-Kids aus der Nachbarschaft, die am späten Abend immer ihre wirklich endlosen Runden um den Parkplatz – das Rollhockey-Gelände – drehten. Oder der Diebstahl einer Flasche Zitronenlimonade vom Lieferwagen eines Getränkehändlers, den ich beobachtet hatte. Und vielleicht noch der etwas ältere Junge aus meiner Grundschule, der einen Ohrring trug.

»Was ist denn mit deinem Ring passiert?«, fragte ich ihn einmal, weil mir auffiel, dass sein Ohr an diesem Tag schmucklos geblieben, dafür aber deutlich gerötet war.

»Ach, den hat mir jemand rausgerissen«, sagte er nur, zuckte mit den Schultern und ging weiter.

Solche Begebenheiten fand ich merkwürdig. Ja, ein Mitschüler, der seinen Ohrring im Streit verloren hatte, eine geklaute Limo und ein paar harmlose Jugendliche, die jede

Nacht die Straße mit ihren frisierten Kleinkrafträdern auf und ab fuhren – das war die zumindest mir bekannte Kriminalität im Stadtteil Zollstock der späten siebziger und frühen achtziger Jahre. Ansonsten regten sich die Nachbarn höchstens darüber auf, dass mein Bruder und ich seine Heino-Kassette zu oft und ziemlich laut auf dem Balkon abgespielt hatten, weil mein Bruder für die Schulaufführung probte, in der er – blond, wie er war – den bekannten Schlagersänger darstellen sollte.

Meine einzige, zumindest indirekte Begegnung mit dem Kapitalverbrechen war der unmissverständliche Hinweis meiner Eltern, von fremden Männern keinesfalls Bonbons oder etwas anderes anzunehmen. Hintergrund dieser Warnungen waren vielleicht die Morde an vier acht- bis dreizehnjährigen Jungen im knapp fünfzig Kilometer von Köln entfernten Langenberg bei Velbert. Jürgen Bartsch hatte seine Opfer beispielsweise unter einem Vorwand, dass dort ein Koffer mit Diamanten stünde, in einen stillgelegten Grabungs- und Luftschutzbunker gelockt. Dort quälte, vergewaltigte und zerstückelte er sie. Die Taten hatten zwar schon gut zehn Jahre vorher stattgefunden, aber sie wirkten offenbar nicht nur bei meiner Familie immer noch nach. Das lag auch daran, dass Jürgen Bartschs Verteidiger Rolf Bossi und der Journalist Paul Moor ausführlich über den Fall berichteten und zudem das deutsche Strafgesetz durchrüttelten. Beide habe ich später getroffen, und mit Rolf Bossi durfte ich sogar einmal gemeinsam einen Fall bearbeiten.

Auch die anderen Kinder hörten von ihren Eltern immer wieder, sie sollten besser weggehen, wenn ein Unbekannter sie auf der Straße ansprach. Dass der Auslöser für diese Ängste ein Serientäter war, der vier Jungs umgebracht und um die tausend angesprochen hatte, sagte uns niemand. Das habe ich erst viel später und durch Zufall erfahren, als ich Bartschs Fall aus dem nordrhein-westfälischen Landesarchiv hervorkramte. Ein befreundeter Polizist stellte mir auch noch Dutzende Briefe des pädophilen Täters zur Verfügung, die dieser ihm aus dem Gefängnis und später der Psychiatrie in Eickelborn geschrieben hatte. Es war auch Jahrzehnte nach den Morden faszinierend zu ergründen, was im Gehirn des bei der Festnahme erst neunzehn Jahre alten Täters vor sich ging oder besser gesagt: was er in Hunderten Briefen und Gesprächen mit mehreren Menschen über sich gelernt hatte und berichtete.

Bartsch war ein oft freundlicher Mensch, der in der Psychiatrie andere mit kleineren Zaubertricks unterhielt und von seinen Mitpatienten so sehr geschätzt wurde, dass sie ihn zu ihrem Sprecher wählten. Seine Taten standen dazu in einem überklaren Widerspruch: Er versuchte, seine Opfer lebend zu häuten, und schlug sie grundsätzlich, bis sie laut schrien. Wenn die gefesselten und in der Höhle »gelagerten« Kinder aber Angst im Dunkeln hatten, stellte er für sie Kerzenlichter hin.

Eigentlich war Bartsch schon als Kind auffällig und verprügelte die Nachbarsjungen, deren Eltern dann aber von Bartschs Pflegeltern Schweigegeld bekamen. Die Ursachen seiner unheilbaren Wesensveränderungen sind weitgehend unbekannt. Schauen wir uns vergleichbare Täter heute an, so scheint es nur sehr selten rein körperliche Auslöser zu geben: Ein berühmter Fall ist der eines Mannes, der erst pädophil wurde, als in seinem Gehirn ein Tumor von der Größe eines Hühnereis heranwuchs. Als die Neubildung entfernt wurde, verschwand der auch für ihn abweichende sexuelle Drang wieder. In Fällen wie dem von

Jürgen Bartsch treffen wohl mehrere ungünstige Einflüsse zusammen: Seine Adoptivmutter schirmte ihn streng und unerbittlich von der Außenwelt ab, lebte an ihm ihren Kontrollzwang aus und badete ihn sogar noch, als er längst ein junger Erwachsener war. Im katholischen Internat wurde er von einem Priester geschlagen und später auch sexuell missbraucht. Was er im Mutterleib erlebte, wissen wir nicht – seine leibliche Mutter verschwand nach der Geburt im Krankenhaus.

Meine Daten zu Bartsch stellte ich im Jahr 2002 auf einem Forensiker-Kongress in Montpellier vor; kurz bevor ich sein kolumbianisches Gegenstück, Luis Alfredo Garavito, im Gefängnis von Villavicencio zum ersten Mal besuchte. Ich wollte besser nachvollziehen können, wie solche Täter ticken. Bartsch konnte ich nicht mehr fragen – er war 1976 bei einer freiwilligen Kastration gestorben, weil der behandelnde Arzt dabei die Narkosemittel vertauscht hatte. Garavito aber lebte, und drei Jahre nach meiner ersten Anfrage stimmte er schließlich einem ersten Gespräch zu. Er hatte zwar nicht vier, sondern etwa dreihundert Kinder umgebracht, doch die Art und Weise, mit der diese beiden Mörder ihre Taten begangen hatten, ähnelte sich bis hin zu Kleinigkeiten. Beide lockten Kinder, die sie anziehend fanden, mit Versprechungen tags von belebten Plätzen fort. Bei Bartsch war das beispielsweise der Kirmesplatz, bei Garavito waren es Marktplätze. Beide mochten ihre Opfer und quälten sie dennoch. Und beide zeigten sich nach den Taten unfähig, echte Reue zu empfinden. Sie wunderten sich nur, warum sie so waren, wie sie waren.

Es war spannend, sich »La Bestia« zu nähern, wie die Kolumbianerinnen und Kolumbianer meinen Klienten mit Abscheu und ohne Faszination nannten. Selbst einige Ermittler und Ermittlerinnen und sämtliche meiner Kolleginnen und Kollegen vor Ort wollten nicht mit ihm sprechen. Sie sahen ihn nicht als menschliches Wesen an. Eine Ärztin seiner Haftanstalt hatte sich sogar geweigert, ihm Blut für eine Untersuchung abzunehmen. Emotional war das verständlich, aber kriminalistisch war das eine Katastrophe, weil dadurch seine Taten nie hätten durchleuchtet und verglichen werden können.

Ich habe das Glück, alle Menschen im Gespräch grundsätzlich gleich zu behandeln, wenn sie ruhig reden möchten – egal, welche Vergehen sie auf dem Kerbholz haben oder welche menschlichen Nachteile sie sonst besitzen. Ich hatte ja nie gelernt, Vorbehalte anderen gegenüber zu empfinden, und nahm die Welt tief in meinem Inneren an, wie sie ist: schön, furchtbar, mit netten und schlimmen, großen, kleinen, dicken, dünnen, jungen und alten Menschen und allem dazwischen. Die Welt ist kein Disney-Film, sondern et is, wie et is. Nur weil jemand ein Mörder ist, bedeutete das ja nicht, dass er uns durch seine Aussage nicht doch noch helfen kann. Außer den Toten gibt es schließlich erstens noch die Angehörigen, die wissen wollen, was wirklich geschehen ist. Und zweitens möchten wir die Vorzeichen der Tat rechtzeitig erkennen, um künftige Taten gar nicht erst zu ermöglichen. Vorbeugung ist die wirksamste Verbrechensbekämpfung: Es gibt dann weder Täter noch Opfer noch Angehörige. Doch dazu müssen wir erst verstehen, wie die Taten abgelaufen und entstanden sind.

So gruselig Garavitos Morde waren, so aufgeräumt saß er mir im Knast jedes Mal gegenüber. Als ich beim ersten Besuch zusammen mit meinem Freund und Übersetzer Miguel die Zelle betrat, hätte ich Garavito fast nicht erkannt. Er wirkte gepflegt, mit sauberem, glattem Hemd, Brille, gut genährt und ganz verbindlich. Ich hielt ihn im ersten (und zweiten) Moment für den Gefängnisdirektor, der im Vergleich zu Garavito schwer abgerockt aussah. Garavitos Blick war freundlich und geradezu liebenswürdig. Er ist einer der höflichsten Menschen, die ich jemals kennengelernt habe. Er versuchte, sich jedes Detail unserer Unterhaltung zu merken, obwohl er sich nicht gut konzentrieren konnte. Da wir bei unserem ersten Treffen in einem Käfig saßen, kam er mir im Nachhinein tatsächlich ein bisschen wie Hannibal Lecter im *Schweigen der Lämmer* vor. Doch dieser Vergleich kratzt nur an der Oberfläche. Viele feine Töne, seine Gesten und das, was er *nicht* erzählte, machten jede Sekunde mit ihm zu einer ganzen Stunde an Neuverdrahtungen meines Gehirns.

Hätte ich nicht gewusst, was Garavito getan hatte, hätte ich ihn für einen harmlosen, netten Mann gehalten. Unsere Unterhaltungen waren dennoch oft eigenwillig. Er trug ein zerknicktes Foto von seiner »Familie« – eine ältere Freundin mit Sohn, denen er öfter von unterwegs Geld geschickt hatte – bei sich und weinte, wenn er es betrachtete. Sekunden später berichtete er aber vom Kaffee im Gefängnis oder Details seiner Taten, als ob ihm das alles dasselbe bedeutete. Heute weiß ich, dass das wirklich so ist.

Ich versuchte gar nicht, im Detail zu ergründen, warum er all die Jungs umgebracht hatte: Bei dieser Opferzahl war klar, dass das Töten sein gesamter Lebensinhalt gewesen war – und er unfähig, Mitgefühl für andere so umzusetzen, dass es keine fürchterliche Wendung nahm. Ähnlich wie Bartsch sagte mir Garavito – ich hatte gar nicht danach gefragt –, dass ihm eins seiner Opfer besonders in Erinnerung geblieben sei. Das Kind war früher sexuell missbraucht worden, und das tat Garavito, dem es jahrelang ebenso ergangen war, von Herzen leid. Es hinderte ihn aber nicht, das Kind auf eine wirklich finstere Weise zu töten.

Kurz gesagt: Ich wollte Garavito, mehr noch aber die Entstehungsgeschichte seiner Taten vor Ort verstehen. Irgendjemand musste diesen Fall einfach dokumentieren, sodass andere und ich selbst ihn mit anderen Fällen vergleichen konnten. Selbst der Staatsanwalt hatte nichts zum Fall veröffentlicht. Zwar hatte er mit Garavito gesprochen, sich dabei aber eine harte Posttrauma-Störung eingefangen: Als ich den Staatsanwalt in seinem Zuhause traf, war sein Redefluss nicht zu stoppen. Sein einziger Strohhalm war der Gedanke, dass Gott ihn ausgewählt hatte, um die Mordserie zu beenden. Die Wahrheit war allerdings, dass das Delikt zu unvorstellbar, die betroffenen Mütter zu arm und Kriminaltechnik als auch Computer nicht vorhanden gewesen waren. Garavitos Taten hatten zu offen – etwa an einem Straßenrand – stattgefunden, und die Leichen waren teils frei an Hügeln liegend »versteckt« worden. Garavito war zwar durch sein angepasstes Äußeres und seine Manieren unter dem Radar geflogen, aber er hatte Massen an Spuren hinterlassen: Haut, Sperma, Fasern, Kronkorken und vieles mehr.

Ich beschloss nach dem verständlichen und verzweifelten Wortschwall des Staatsanwaltes, ihn nie mehr auf den Fall anzusprechen. Auch mein Freund und Übersetzer Miguel schrieb nur einen Fachartikel mit mir und wollte danach nicht mehr zu nahe an die Sache herankommen. Da ich in Kolumbien eine befreundete, frühere Studentin kannte, die sehr gut Englisch und den örtlichen Dialekt von Garavito übersetzen konnte, konnte ich Garavito aber noch einmal mehrere Tage lang besuchen und Tests mit ihm durchführen.

Soviel ich weiß, hat Garavito jede ernsthafte psychologische Untersuchung abgelehnt. Bei beiden mehrtägigen Besuchen ging es ihm wohl um Schutz durch Aufmerksamkeit und bessere Haftbedingungen. Auch mit seiner Schwester, die ihn im Gefängnis besuchte und die ich dort traf, entstand eine gute Arbeitsbeziehung.

Als Garavito sich am letzten Tag meines ersten Besuches von mir verabschiedete, warnte er mich todernst vor den Gefahren, denen ich in der Hauptstadt Bogotá ausgesetzt sein könnte. »Sehen Sie sich vor«, sagte er. »Bei uns kommt es immer wieder zu Entführungen. Da muss man wirklich aufpassen.«

Diese Warnung zeigte für mich die ganze Widersprüchlichkeit des Mannes, der nicht nur seinen direkten Opfern, sondern auch Hunderten von Angehörigen das Herz gebrochen hatte. Als einer der Täter mit der höchsten gesicherten Opferzahl machte er sich Gedanken über meine Sicherheit – oder tat zumindest so. Trotzdem hatte er mehrmals unsere Kaffeetassen vertauscht, weil er Angst hatte, vergiftet zu werden – da wäre ihm mein Leben also egal gewesen. Vielleicht fühlte er wirklich eine Art Verbundenheit mit mir, weil er offen sprechen konnte. Wir werden es vermutlich nie erfahren, denn seit einigen Jahren ist es sehr still um ihn geworden.

Doch das alles will ich gar nicht ausführlich erzählen. Ich wollte nur sagen, dass es bei uns zu Hause, auf dem Schulhof und überhaupt ganz andere Themen gab als Mord und Totschlag. Das galt auch in unserer Kirchengemeinde, in der ich als Messdiener die eine oder andere Aufgabe übernahm und zum Beispiel die nur unwesentlich jüngeren Kommunionkinder während ihrer Kirchenfreizeit betreuen durfte. Als ich selbst noch in den Gruppen war, hörten wir dort Kassetten des Komikers Otto, bis wir sie Wort für Wort auswendig kannten, bastelten Girlanden aus Papier und gingen in der Natur spazieren. Es gab großartige Schnitzeljagden, auf denen wir Schlager auswendig singen mussten (»99 Luftballons«, »Major Tom«, »Tausendmal berührt«, »Ich will Spaß«). Das lief ohne weltanschauliche Vorgaben ab, einfach so, mit ein paar Gebeten, und so fröhlich und frei, wie es auf einer Freizeit nur zugehen kann.

Damit wir uns nicht falsch verstehen: Ich weiß, dass die Welt damals weder besser noch sicherer war. Das Risiko, im deutschsprachigen Raum Opfer eines Verbrechens zu werden, war nie geringer als heute. Das sind messbare Tatsachen, und so ist es auch egal, was uns irgendwelche Angsthasen vorgaukeln möchten. Aber die Wahrnehmung hat sich geändert. Seinerzeit kamen viele Themen bei uns Kindern gar nicht erst an. Nicht, weil die Welt so heil war – es wurde einfach nicht darüber gesprochen, und erst mit zunehmendem Alter bekamen wir mit, dass es auch noch andere, ernstere Angelegenheiten gab als das, was in unserer Nähe geschahen.

So erreichten etwa die Diskussionen zum NATO-Doppelbeschluss von 1979 – die Stationierung von Raketen mit Atomsprengköpfen in Westeuropa – irgendwann auch uns. 1982 fand die meines Wissens größte Demonstration Deutschlands in Bonn statt, und eine meiner Schulfreundinnen fuhr hin. Ich hatte wenig bis keine Ahnung, worum es genau ging. Als ab Ende 1983 dann die neuen Atomraketen aufgestellt wurden, trugen ältere Schüler auf unserem Schulhof mir riesig erscheinende Papp-Raketen in einer Art Trauerzug herum. Unsere Religionslehrerin trommelte richtig viele Schülerinnen und Schüler zusammen und zeigte einen älteren Film über die Folgen atomarer Explosionen. Das fand ich gruselig, aber wir waren längst im Bewusstsein aufgewachsen, dass uns Atomraketen jederzeit alle töten könnten. Ich hatte keine Ahnung, was einzelne Menschen dagegen tun könnten, und kümmerte mich mehr um die Naturwissenschaften. Oder sagen wir mal, ich fand schöne Anknüpfungspunkte.

Ob es am Lehrplan für nordrhein-westfälische Grundschulen lag oder ob unsere Sachkundelehrerin einfach eine Vorliebe für sehr praktische Experimente hatte? Auf jeden Fall erinnere ich mich noch genau daran, wie ich schon in der Grundschule auf einem Aufgabenblatt einer ganz normalen Sachkunde-Stunde eine spannende Frage fand: Dort waren ein Stapel Papier und eine Waage abgebildet. Diese konnte größere Gewichte messen, aber nicht das Gewicht eines einzelnen Blattes. »Was wiegt ein einzelnes Blatt?«, war die Frage, die auf dem Zettel stand. Die Lösung war, den gesamten Papierstapel zu wiegen, die Blätter zu zählen und die Aufgabe dann durch Teilen zu lösen.

Es gab viele solcher alltagstauglichen Übungen, die mich beeindruckten. Was passierte beispielsweise, wenn man von zwei gleich nassen Handtüchern eins in die Sonne hängt und das andere in den Schatten? Und was, wenn einmal der Wind weht und ein anderes Mal nicht? »Je wärmer es ist, desto schneller wird das flüssige Wasser gasförmig und verdampft«, sagte unsere Lehrerin. »Es sei denn, es ist schwül und die Luft ist schon feucht. Ihr wisst ja, wie sich das anfühlt. Dann dauert es länger mit dem Trockenwerden, weil schon sehr viele Wasserteilchen in der Luft sind und nicht mehr so viele nachkommen können.«

In einer Kunststunde sollten wir Menschen zeichnen. Die fielen – was für Kinder sicher ganz normal ist – eher lustig aus, das heißt, sie hatten falsche Körperverhältnisse. Den seltsamen Ernst meiner Lehrerin habe ich nicht vergessen. »Schau mal, Mark«, sagte sie, und ich merkte dabei, dass das irgendwie wichtig ist. »Stell dich doch mal gerade hin, lass die Arme hängen und prüfe, wo deine Hände am Körper liegen. Sieht das so aus wie auf deiner Zeichnung?« Sah es nicht. So lernte ich zu messen, statt zu glauben.

Aufgaben wie diese waren meine ersten Erfahrungen mit Naturwissenschaften, obwohl ich damals gar nicht wusste, dass es die gibt. Meine Grundschullehrerinnen und das menschenfreundliche Bundesland Nordrhein-Westfalen waren vielleicht dafür verantwortlich, dass ich mich immer stärker, aber immer auch mit kindlicher Unbefangenheit für die messbaren Dinge zu interessieren begann.

Das führte dazu, dass ich bald über den Unterricht hinaus viel mehr darüber wissen wollte, wie unsere Welt funktionierte. Die politischen, wirtschaftlichen oder gesellschaftlichen Zusammenhänge hatte ich weder gelernt, noch dachte ich an sie, aber die grundlegenden Dinge beschäftigten mich. Um dieses Wissen auch praktisch zu unterfüttern, musste eine ordentliche Ausrüstung her. Also wünschte ich mir von meinen Eltern und Großeltern erst einen Detektiv-, kurz darauf einen Physik- und schließlich auch einen Chemiekasten. Das kleine, aber annehmbare Mikroskop hatte ich ja auch schon erwähnt. Das alles waren in meinen Augen deutlich sinnvollere Geschenke als die Nicki-Schlafanzüge, die es sonst manchmal von Omas gab.

Zusammen waren die vier wunderbaren Kästchen Gold wert: Den selbstklebenden Schnurrbart oder die unfreiwillig komische Tarnbrille aus dem Detektivset brauchte ich natürlich nicht. Das Pulver, mit dem man Fingerabdrücke sichtbar machen konnte, und die dazugehörige Lupe dagegen schon. Zusammen mit dem Mikroskop, einer Pipette, den Reagenzgläsern, dem Esbit-Brenner und den Glasträgern aus den anderen Kästen ließ sich damit schon mal eine ganze Menge anstellen. Ich untersuchte jetzt alles, was ich finden konnte: Blätter, Staub und Insektenteile. Im Winter fing ich tatsächlich die schon erwähnten Schneeflocken mit Lack auf und schaute mir deren Aufbau in zigfacher Vergrößerung an. Heute habe ich dafür eine bessere Methode gefunden: Ich fange sie auf dem flauschigen Schal meiner Frau. Wenn man die Kristalle dann schnell mit einer guten Lupe fotografiert und nicht zu nah an sie herangeht, erhält man wunderschöne Ergebnisse.

Ich verfeinerte auch nach und nach meine Fertigkeiten in der Fotografie, deren Grundlagen ich ja schon ein paar Jahre zuvor während der Kur gelernt hatte. Mit einer weiteren, allerdings deutlich schlichteren Kamera aus dem Detektivkasten ließen sie sich noch weiter verbessern. Der Vorteil an dieser Kamera war, dass man die Filme selber rollen, einlegen und entwickeln musste. Mein Schulfreund Martin hatte später sogar eine winzige Dunkelkammer, in der wir die Fotos entwickelten. Das ist gar nicht so schwierig, und noch bei meiner Diplomarbeit in der Zoologie haben unsere technische Mitarbeiterin Renate und ich mit Freude unsere Fotos selbst entwickelt. Kleine spurenkundliche Anfänge waren also dank der Experimentierkästen schon bald gemacht. Und die Hintergründe ließen sich ebenfalls prima erforschen.

Zudem gab es am Kölner Neumarkt die damals bekannte Buchhandlung »Gonski«. Während man als fröhlich vor sich hin schmökerndes Kind in anderen Buchläden mit den immer gleichen Worten »Hallo, wir sind keine Bibliothek!« angesprochen wurde, ließen mich die Mitarbeiterinnen bei

»Gonski« gewähren. Sie taten einfach so, als wäre ich nicht
da. Das war zu einer Zeit, als es noch nicht schick war, in
Buchläden bei einem dort frisch gemahlenen und gebrüh-
ten Kaffee in Büchern herumzublättern. Bei »Gonski«, und
wirklich nur dort, durfte ich am Rand sitzen und lesen, solange ich wollte – und das tat ich auch. So entdeckte ich die
Bücherreihen des Kosmos-Verlages und ein Taschenbuch
von dtv junior, die Naturwissenschaften anschaulich und
verständlich erläuterten. Besonders die Titel von Hermann
Römpp und seinem Kollegen Hermann Raaf fand ich spitze.
Römpp hatte ein Standardwerk der chemischen Literatur
in vier Bänden geschrieben, das natürlich in keinem normalen Buchladen stand. Da er aber Experimente liebte,
hatte er auch die *Chemie des Alltags: Von Alkohol bis Zündholz*
und *Chemische Experimente, die gelingen* verfasst. Die laut
Umschlag »gefahrlosen Versuche mit einfachen Mitteln«
sind nach heutigen Maßstäben alles andere als gefahrlos,
aber das sah man damals anders. Ich bin unglaublich dankbar, dass ich zwar auf eigene Gefahr, aber dafür auch mit
Verantwortung für jeden Quatsch Seife kochen und Eisen
schmelzen lernte.

Als ich später ein Buch mit Experimenten für Jugendliche in dem Verlag, der auch die Geschichten Astrid Lind-
grens verlegt, veröffentlicht habe, musste ich den Wandel
der Zeiten lernen. Die extrem coole Lektorin ließ zwar alles
wörtlich, wie es war. Aber die Anleitungen zur LSD-Her-
stellung und zum Bau einer Atombombe wurden ohne weitere Diskussion gestrichen. Meine Meinung ist nach wie
vor, dass Jugendliche die nötigen Mittel gar nicht finden
werden, um diese beiden Experimente umzusetzen – es
ging mir nur um die Schönheit der wirklich schwierigen
Reaktionen. Doch da biss ich bei ihr auf Granit. Wahr-

scheinlich hatte sie recht. Das Buch ist eins meiner liebsten und wird bis heute immer wieder neu aufgelegt. Ich hätte mich gefreut, wenn Hermann Römpp das erfahren hätte – er starb allerdings schon vor meiner Geburt.

Da Römpp jedenfalls ein »echter« Chemiker war, erklärte er auch alles Wissenswerte über die chemischen Reaktionen und Verbindungen zu den Experimentier-Anleitungen. Manches war zu hoch für mich. Aber vieles fesselte mich, und ich wollte es unbedingt zu Hause ausprobieren. Am Anfang schrieb ich mir in der Buchhandlung die Experimente ab, aber nach und nach konnte ich mir das erste der Bücher auch leisten. Während ich diesen Satz schreibe, frage ich mich, was die Buchhändlerinnen wohl dachten, als der Tag meines ersten Kaufes endlich gekommen war.

Für die heimischen Versuche war die freundliche pharmazeutische Angestellte aus der Apotheke, in der ich schon als Kind immer Hustentropfen gekauft hatte, sehr hilfreich. Das Beste war, dass die Apotheke auf dem Weg zwischen meiner Schule, der Straßenbahnhaltestelle und unserer Wohnung im Raumschiff lag. (Wie sich viel später herausstellte, schmeckten die Hustentropfen einfach nur bitter, enthielten aber sonst keinen Wirkstoff. Unser tschechischer Hausarzt, dessen Patientinnen mir alle wie uralte Frauen vorkamen, tippte wohl damals schon auf eine eher harmlose Ursache meines Hustens. Im Nachhinein weiß ich auch, was sein Erfolgsgeheimnis war: Er hörte den Patientinnen und Patienten einfach zu, tastete sie ab, nahm sie ernst und half besonders den alten Damen dabei, über ihre Einsamkeit hinwegzukommen.)

»Hallo Mark, möchtest du heute wieder das neue *Junior*-Heft?«, hatte mich die freundliche Apothekenangestellte früher immer gefragt. *Junior* war eine kostenlose Kinderzeitschrift und ein brauchbarer Ersatz, wenn ich mein Taschengeld für die nächsten Wochen längst wieder für *Yps* oder andere Hefte ausgegeben hatte und dringend neuen Lesestoff benötigte. Die Comics darin waren nicht übel. Vor allem die *Popeye*-Strips, die ich mittlerweile als Gesamtausgabe besitze, hatten es mir angetan. Ab und zu fanden sich auch interessante Geschichten über Vulkane oder Tiere im Heft. »Ich bräuchte fünf Gramm Salpeter«, sagte ich – und dachte mir nichts dabei. Allerdings kann man mit Salpeter Schwarzpulver herstellen, und ich war daher froh, dass ich zumindest kleine Mengen von Chemikalien erhielt, die heute für Kinder nicht mehr zu haben sind.

Nun muss man dazu sagen, dass es damals keinen Anlass gab, düstere Absichten hinter dem Kauf von ein paar Gramm Salpeter zu vermuten. Zwar hingen in jeder Post-Filiale abgenutzte Plakate mit den Gesichtern der RAF-Täterinnen und -Täter, aber ich machte bestimmt nicht den Eindruck, als ob ich etwas anderes als Chemie im Kopf hatte. So lernte ich oft durch Zufall viel über chemische Stoffe. Beispielsweise, dass manche von ihnen aus der Luft Wasser anziehen und Seifen je nach Lauge flüssig oder fest werden. Besonders lustig finde ich, dass wahrscheinlich nach kurzer Zeit die Polizei an der Haustür klingeln würde, wenn sich jemand öfters Salpeter beschaffen wollte. Dass man sich aber bei Amazon legal kiloweise Pökelsalz bestellen kann, das ebenso zusammengesetzt ist, zeigt die Unkenntnis, die sich in unsere Köpfe geschlichen hat. Aber das ist ein anderes Thema. Der kleine Mark brauchte den Salpeter nur zur Züchtung von Kristallen und nach freundlicher, aber deutlicher Ermahnung auch ganz sicher nicht mehr zur Schwarzpulver-Herstellung. Ich freute mich einfach, dass ich experimentieren konnte.

Das Schicksal spann weiter seine Fäden. Ich freundete mich im Gymnasium mit einem Jungen an, dessen Vater – ich habe ihn später auf einem Kongress getroffen und vorher nie gesehen – Arzt war. Als er mitbekam, dass ein chemisches Labor in der Nähe aufgelöst wurde, sorgte er dafür, dass sein Sohn die Ausstattung erhielt. Da dem Sohn Experimentieren zu zweit offenbar Spaß machte und bei ihm zu Hause noch etwas Platz war, hatten wir nun auf einmal ein ziemlich gutes Labor zur Verfügung. Außer Abdampfschalen, einem voll funktionierenden Destillierapparat, Messkolben und Glastrichtern stand uns sogar ein richtiger Heizpilz zur Verfügung. Man kennt ihn aus alten Filmen, in denen Forscher komische Sachen machen: ein halbrundes Gerät, mit dem man den Inhalt eines runden Glaskolbens gleichmäßig erhitzen kann. Es hat also nichts mit den Dingern zu tun, die heute vor Kneipen stehen, damit man auch im Winter noch draußen sitzen kann. (Wie ich beim Schreiben dieses Buches gelernt habe, heißt der Labor-Heizpilz so, weil eine Herstellerfirma »Pilz« hieß.)

Erhitzen war und ist jedenfalls wichtig, wenn man chemische Experimente durchführen möchte. Wir mussten nur aufpassen, dass uns der Kolben vorher oder danach nicht zersprang, was durchaus mal vorkommen konnte und vor allem dann blöd war, wenn wir färbende oder riechende Flüssigkeiten erwärmten. Es ging aber meist gut. Leider musste mein Freund später die Schule verlassen. – Er hat sich später umgebracht.

In Zollstock herrschten zwar keine Laborbedingungen. Aber wenigstens hatte mein Vater die schon erwähnte klappbare und abwaschbare Arbeitsplatte angebracht. Das war sehr praktisch, weil so weder der Teppich meines Kinderzimmers noch das Holz des Tisches von violettem

Kaliumpermanganat oder ätzender Natronlauge angegriffen werden konnten. Was ich da so anstellte, war bisweilen wirklich heikel – obwohl bei den Experimenten aus den Büchern von »Gonski« ja der Hinweis »garantiert ungefährlich« stand. Doch ich frickelte nicht mit Cola und Mentos herum, was 2005 durch YouTube-Videos in Mode kam, sondern führte andere Versuche durch: Ich beobachtete die Reaktion von erhitzten Magnesiumstäbchen in Wasser (Stichflamme), entzündete Natriumhydrogencarbonat und Zucker mit Ethanol (schlangenartiges Gebilde, ein Klassiker) oder brachte Kaliumpermanganat mit Glycerin zusammen (Selbstentzündung). Aus Rotkohlsaft ließ sich eine Flüssigkeit mischen, die Säure von Basen unterschied. Sie stank nur leider sehr schnell, wenn ich sie stehen ließ.

Mein Vater war schon aufgrund seines Ingenieursberufes ein Tüftler. Er scheute sich nicht, auf dem Küchentisch mit dem Lötkolben zu arbeiten, und so wunderte sich bei uns niemand darüber, dass das jüngste Familienmitglied in seinem Zimmer mit chemischen Stoffen hantierte. Es interessierte meine Eltern auch nicht weiter, was genau ich da tat. Sie haben mich zumindest nicht ein einziges Mal nach Details gefragt. Oder ich war so tief in meine kleine Welt versunken, dass sie mich einfach in Ruhe ließen. Das eine schließt das andere ja nicht aus.

Zum Glück hatte ich Chemie bald auch als Schulfach. Das Humboldt-Gymnasium am Kartäuserwall lag nicht nur nahe der Kölner Innenstadt, sondern hatte auch einen kompletten Trakt mit naturwissenschaftlichen Lehrräumen und Laboren. Die Schulwahl meiner Eltern lag allerdings nicht daran, sondern gründete im Wunsch meiner Mutter, dass ich musizieren sollte. Da es im »Humboldt«

als einziger Schule weit und breit einen »Musikzweig« gab, bewarb ich mich dort mit meinen Blockflötenkünsten. Da niemand aus meiner Familie tagsüber Zeit hatte – meine Eltern gingen beide arbeiten –, marschierte ich zum vereinbarten Termin allein vor die zwei netten Musiklehrerinnen, die in einem winzigen Raum mit gebohnertem Linoleumboden, gleich neben dem Lehrerzimmer, an einem Tisch saßen und mich anschauten.

»Hast du niemanden, der dich begleitet?«, fragten sie verwundert.

»Nö«, sagte ich und packte meine Blockflöte aus.

»Oh. Na, was spielst du uns denn heute vor?«, fragte mich eine der Lehrerinnen.

»Ein Menuett von Bach«, antwortete ich wahrheitsgemäß, denn genau das hatte ich vorbereitet.

Ich sah in erstaunte Gesichter, aber das erstaunte mich nicht weiter. Ich wusste nicht, was an einem Bach-Menuett nicht in Ordnung sein sollte. Als mein Mini-Konzert vorbei war, war das Erstaunen auf der gegenüberliegenden Seite offenbar noch größer geworden.

»Sag mal, wie bist du denn auf dieses schöne Stück gekommen?«, fragte die andere Lehrerin. Sie erwartete vielleicht eine tiefgreifende Antwort zu Johann Sebastian Bach, zu Menuetten oder wenigstens zu Blockflöten.

»Keine Ahnung«, erwiderte ich wahrheitsgemäß und zuckte mit den Achseln. »Das Stück hat mir meine Flötenlehrerin gegeben.« Mehr wusste ich wirklich nicht.

Danach wurde ich für den musischen Zweig des Humboldt-Gymnasiums aufgenommen. Die Schule lieh mir sogar eine feine Querflöte aus Silber zum Üben und Lernen.

Was mir allerdings überhaupt nicht passte, waren die angekündigten Nachmittagsstunden in den Musik-Klassen. So entschied ich mich lieber für eine normale Klasse, die mich früher in den Tag entließ. Das war eine gute Entscheidung, denn so lernte ich mit genügend Abstand etwas über Ballett, klassische Musik und Schülerinnen und Schüler, die ganz anders aufwuchsen als ich. Hauptsächlich konnte ich mich nun aber mit *Dschingis Khan*, *Chris de Burgh*, *Queen* und *Die Ärzte* beschäftigen. Vermutlich war das besser so für alle. Denn dass meine musikalische Karriere nach kurzer Zeit wieder beendet war, bedeutete, dass ich mich den Naturwissenschaften widmen konnte. Wer weiß, welche Laufbahn ich eingeschlagen hätte, wäre ich im Musikzweig geblieben. Einige meiner damaligen Mitschülerinnen und Mitschüler sind zumindest Berufsmusikerinnen und -musiker oder Schauspielerinnen und Schauspieler geworden.

Nun war ich also Schüler am Humboldt-Gymnasium. Nach welchem der beiden Humboldt-Brüder meine Lehranstalt benannt war, war mir anfangs nicht klar. Vor der wirklich grauenhaften, kalten und höhlenartigen Toilette des Altbauteiles der Schule, die ich übrigens höchstens drei Mal im Leben betreten habe, stand eine lebensgroße Metallstatue des Naturforschers Alexander von Humboldt, der später auch eins meiner Leitbilder wurde. Anderswo befand sich die Figur seines älteren Bruders Wilhelm, der Geisteswissenschaftler und Bildungsreformer war. Wie erwähnt, besaß die Schule neben dem naturwissenschaftlichen (was für Alexander von Humboldt sprach) auch den musischen Zweig (was eine Begründung für Wilhelm von Humboldt als Namensgeber gewesen wäre). Da ich im Gebüsch am Eingang kurz darauf eine Marmorstatue von Alexander von Humboldt entdeckte, die stets mit rosa Farbe übergossen war, entschied ich, dass die Schule nach Alexander von Humboldt benannt worden sein musste. Wie so oft war auch das ein Fingerzeig, denn später wurde meinen Kollegen und mir der Alexander-von-Humboldt-Preis verliehen. Doch dazu später mehr.

Da auf meiner Schule so unterschiedliche Wissensrichtungen gelehrt wurden, war auch die Schülerschaft sehr gemischt. Wir hatten durchtrainierte Schönlinge, die ein damals noch ganz normal mögliches Sport-Abi anstrebten. Es gab anfangs zerbrechliche, später hart trainierte Mädchen, die unbedingt zum Ballett wollten und während der Klassenfahrten Korktabletten aßen, um ihren Magen zu füllen und nicht zuzunehmen. Es gab auch Normalos, die für Fußball schwärmten. Einige waren Kinder wohlhabender Eltern, die aber nie, wirklich niemals mit Statussymbolen angaben. Sogar die Tochter eines Bundespräsidenten war unter uns. Vor allem aber gab es Nerds wie mich. Zumindest kam es mir so vor. Wir waren eine Handvoll schräger Vögel, die allesamt ihren persönlichen Spezialinteressen nachgingen. Das konnten wirklich merkwürdige Dinge sein: So schrieb ich mir mit einer Freundin während des Unterrichts Briefe in Sütterlinschrift. Ich habe keine Ahnung, warum wir das machten, denn weder auf der Grundschule noch auf dem Gymnasium wurde diese Schriftform unterrichtet oder auch nur erwähnt. Aber ich schaute mir die Buchstaben von meiner zweiten Oma ab, die aus Ostpreußen kam und noch Sütterlin schrieb. Wir fanden es vermutlich lustig, dass kaum jemand anderes unsere Schulbriefe entziffern konnte. Trotzdem wählten mich meine Schulkameraden zum Klassen- und später auch zum Schülersprecher. Es hört sich sicher komisch an, aber ich kann bis heute nicht sagen, wie diese seltene Zusammenstellung von Spezialinteressen und sozialer Einbettung funktionierte. Ich denke heute, dass es für mich außerhalb von Köln ganz anders gelaufen wäre.

Während die anderen Kandidaten für den Posten des Schülersprechers oft richtige Schulpolitik durchzusetzen versuchten und teilweise mit echten Zehn-Punkte-Programmen zu den Wahlen antraten, hielt ich einfach nette, aus dem Ärmel geschüttelte und offenbar witzige Reden und gewann so die Mehrheit. Mir war es egal, ob vor der Schule ein Zebrastreifen eingerichtet werden sollte oder im Kiosk nebenan keine Zigaretten mehr verkauft werden durften. Ich fand das nebensächlich, aber ich fand schon immer, dass jeder alles sagen darf, solange er oder sie gesprächsbereit bleibt und sich gegebenenfalls widerlegen lässt. Selbst viele Jahre später, als ich für die PARTEI im Kölner Oberbürgermeisterwahlkampf und zur Europawahl antrat, habe ich jeden ausreden lassen, egal, welchen Unsinn er oder sie möglicherweise von sich gab. Ich lernte bereits am Humboldt, dass es in der Politik sinnvoller ist, Inhalte und Pläne zu überwinden und stattdessen sozial zu handeln, wann immer es nötig ist.

Nicht, dass ich falsch verstanden werde – meine Ämter waren für mich kein Spaßprojekt. Ich habe sie immer ernst genommen. Aber ich wollte mich eben nicht um das Schulessen oder die Neugestaltung der Fassade kümmern, sondern lieber um die Jüngeren. Ich wusste ja aus eigener Erfahrung, wie das ist, immer und überall der Kleinste zu sein. Und so war ich später in jeder einzelnen Pause umringt von Schülerinnen und Schülern, die eine, zwei oder drei Klassen unter mir waren, weil sie von mir einen Ratschlag, mit mir Quatsch machen oder Bonbons schnorren wollten und wussten, dass sie mich darum bitten konnten, ohne ausgelacht zu werden.

Ich war ein guter Schüler, auch – klar – in den praktischen Naturwissenschaften. Biologie und Chemie, das war mein Ding, und manchmal auch Physik. Ich war tatsächlich der einzige Schüler im gesamten Gymnasium, der in einer Umfrage eines unserer Lehrer als Lieblingsfach »Chemie« angegeben hatte. Ich hatte mal wieder keine Ahnung, warum alle, aber wirklich alle anderen Sport, Musik, Deutsch oder Geschichte genannt hatten. Informatik fand ich auch gut. Das Fach wurde in NRW nach dem Einzug der Heimcomputer in den Lehrplan aufgenommen und war vollkommen neu. Es ist mir vor allem deshalb in Erinnerung geblieben, weil mich der kauzige Lehrer fast ein ganzes Schuljahr lang kontinuierlich »Murat« nannte – vermutlich, weil er »Mark« bei unserer Vorstellungsrunde nicht richtig verstanden und ich dunkle Haare hatte wie ein Gastarbeiterkind. Aber ich klärte den Irrtum nicht auf, was hauptsächlich meinen Freund Klaus amüsierte, mit dem ich nebenher ein bisschen Musik machte und der Denkfehler ebenso lustig fand wie ich.

Wenn die jährliche Projektwoche anstand, gab es besonders schöne Tage. Einer unserer Bio- und Chemielehrer zeigte uns dort zum ersten Mal, wie man Erbsubstanz aus Pflanzen gewinnt und für das bloße Auge sichtbar macht. Das war unglaublich! Zu Hause machte ich dort weiter, wo ich in der Schule aufgehört hatte. Es klingt vielleicht schräg, aber während die anderen Jungs draußen lieber spielten oder mein Bruder sein Faible für Fischer-Technik fand, fand ich es großartig, Feldlinien mit Feilspänen darzustellen, Kristalle zu bilden oder Heuaufgüsse zu machen, Pantoffeltierchen, Amöben und andere Einzeller zu züchten und anschließend unter dem Mikroskop zu beobachten. Ich interessierte mich einfach dafür und fand es nicht weiter verwunderlich, dass die Experimente aus den Büchern wirklich klappten. Dafür waren sie ja gedacht.

Der Kreis zu Alexander von Humboldt schloss sich für mich, wie angedeutet, auf eine wirklich schöne Weise, als Achim Reisdorf und das Team, in dem ich mitarbeitete, vor einigen Jahren von der renommierten Senckenberg-Gesellschaft den Alexander-von-Humboldt-Gedächtnispreis verliehen bekamen. Es ging um ausgestorbene Fischsaurier und ob diese nach ihrem Tod an der Meeresoberfläche schwimmen, explodieren, auf den Grund sinken oder alles zusammen. Nun kann man natürlich sagen, dass es doch heute keine Rolle mehr spielt, was mit einem vor einhundert Millionen Jahren verstorbenen Ichthyosaurus genau passiert ist. Aber erstens ist das spannend, um die versteinerten Knochenreste zu verstehen, die bis heute zu sehen sind. Zweitens hören wir immer noch von angeblich explodierenden Walen. Es sieht auch wirklich so aus, aber das sind bloß Fäulnisgase von Bakterien, die Druck aufbauen. Eine echte Explosion ist es nicht. Und drittens habe ich mich wirklich geehrt gefühlt, obwohl mir Auszeichnungen ansonsten nichts bedeuten. Alexander von Humboldt war ein bemerkenswerter Mensch, der Forschungsreisen unternahm und überlebte, von denen ich bis heute gerne lese. Meine Lieblingsgeschichte ist die vom Orinoko-Papagei, der als letzter Überlebender eines ausgestorbenen Stammes im Urwald noch die örtliche Sprache der Menschen spricht. Humboldt hat den Papagei gefunden, und es gibt ein schaurig-trauriges Gedicht dazu. Ich zitiere es gerne, wenn es jemanden interessiert. In den letzten zehn Jahren war das aber kein einziges Mal der Fall.

Mit achtzehn hatte ich mein Abi in der Tasche. Auf der Abiturfeier spielte Klaus Gitarre, und wir sangen dazu eine selbstgeschriebene und nett gemeinte Hymne an unsere Deutschlehrerin. Damit war die Schulzeit auf einmal vorbei. Als Abschlussnote hatte ich irgendetwas mit Eins Komma, ich war der zweitbeste Schüler, aber das war und ist mir egal. Genauso unbedeutend erschien mir die Tatsache, dass ich gerade volljährig geworden war. Anderen ging es da anders.

»Mensch, das müssen wir doch alles mal feiern«, sagte mein sozialer Vater immer wieder. »Wollen wir nicht zusammen etwas unternehmen? Na, was meinst du?«

Ich wollte ihn nicht enttäuschen, aber ich konnte damals nicht erkennen, warum man Anlässe wie ein bestandenes Abitur oder das Erreichen der Volljährigkeit feiern sollte. Ich feiere bis heute wie erwähnt keine Geburtstage oder Abschlüsse, aber zumindest sehe ich mittlerweile ein, dass es vielen Menschen wichtig ist. Eine Party, in der ich im Mittelpunkt stand, hatte ich noch nie freiwillig veranstaltet, also spielte es auch 1989 für mich keine Rolle.

Im Gegensatz zu allen Gleichaltrigen um mich herum wollte ich bis heute auch nie einen Führerschein machen. Mein älterer Bruder besaß allerdings einen. Er hatte mich einmal in seinem etwas klapprigen Renault R5 mitgenommen, den er sich als erstes Auto zugelegt hatte. Dort kam er auf die Idee, mich probeweise eine Runde auf einem leeren Eisenbahnparkplatz fahren zu lassen.

»Ich weiß nicht recht«, zögerte ich.

Aber er ließ nicht locker.

»Komm schon, das macht dir vielleicht Spaß«, sagte er. Also probierte ich es.

Er ließ mich ans Steuer und versuchte, mir die grundlegenden Funktionen eines Kraftfahrzeugs zu erläutern. Aber ich begriff das nicht. Alles, was eine solche Koordination des Körpers erfordert, fällt mir seit jeher schwer. Und so war es für mich ein Ding der Unmöglichkeit, die Kupplung zu treten, einen Gang einzulegen, Gas zu geben und die Kupplung langsam »kommen zu lassen«. Ich hätte alle möglichen Reaktionsgleichungen und sogar das erste Drittel des Periodensystems der Elemente aufsagen können, hätte mich jemand nachts geweckt und danach gefragt. Zwei Pedale gleichzeitig mit den Füßen zu bedienen, bekam ich nicht auf die Reihe. Der Renault meines Bruders machte komische Bewegungen, und dann war der Motor aus. Irgendwann schaffte ich es zumindest anzufahren, doch ich verzichtete darauf, höherzuschalten. Wir schlichen im ersten Gang über den Parkplatz.

»Das ist mir zu gruselig, ich möchte das nicht«, sagte ich und meinte das todernst. Zum Glück hatte mein Bruder ein Einsehen. Er übernahm das Lenkrad und fuhr mit mir auf dem Beifahrersitz wieder nach Hause. Seitdem habe ich mich nie wieder an das Steuer eines Autos gesetzt und werde es auch in Zukunft nicht tun. Auch Achterbahnen, Schiffsschaukeln oder sonstige allzu bewegliche Attraktionen betrete ich grundsätzlich nicht.

Die erste Zeit nach der Schule verbrachte ich mit meinen Freunden und Freundinnen, die ich in den Jahren zuvor am Gymnasium kennengelernt hatte. Wir waren eine kleine Truppe aus Sonderlingen und unternahmen viel zusammen. Oft trafen wir uns im Kölner Weinkeller, einer Studentenkneipe, die täglich, auch an allen Feiertagen, geöffnet war. Manchmal fuhren wir gemeinsam weg, mieteten uns ein Haus irgendwo auf dem Land und quatschten den ganzen Tag, den ganzen Abend und die ganze Nacht.

Meinen Zivildienst machte ich in einem Innenstadt-Kloster im Kölner Stadtteil Ehrenfeld. Das war bei weitem nicht so merkwürdig wie die Kur mit den Nonnen. Aber die Mönche wussten nicht so genau, was sie mit mir anfangen sollten. Ursprünglich hätte ich einen Fahrdienst übernehmen sollen, was aber mangels eines Führerscheins nicht ging. Also trug ich die Gemeindepost aus, machte Botengänge und fertigte an meinem Arbeitsplatz im Keller des Gebäudes Drucksachen an.

Als ich ging, hatte ich den Spitznamen »Kellerkind«, und so war es auch. Ich verzog mich oft in die hintersten Ecken des Untergeschosses, vervielfältigte Pfarrbriefe, und wenn ich aus meinem dunklen Kabuff wieder ans Tageslicht kam, unterhielt ich mich mit sehr alten Menschen aus der Gemeinde und hörte mir deren meist kriegsverbogene Lebensgeschichten an, anstatt etwas Produktiveres zu erledigen. Ich fand es spannend, und die alten Menschen freuten sich. Die Klosterleitung sah in mir aber vielleicht eher einen eigenbrötlerischen jungen Mann, der stundenlang im Keller vor sich hin trödelte und zum Kirchenalltag wenig bis gar nichts beitrug.

Damals dauerte der Zivildienst noch zwanzig Monate und sollte nach einem Beschluss vom Januar 1989 auf zwei Jahre ausgeweitet werden. Doch die Vereinigung von Ost- und Westdeutschland bewirkte wenig später, dass die ganze Sache auf fünfzehn Monate verkürzt wurde. Mitten in meiner Dienstzeit war deshalb plötzlich Schluss mit dem Zivildienst. Ich marschierte zum Stichtag ins Büro und meldete mich ab.

»Ich glaube, das war's dann für mich«, sagte ich zu den beiden Mitarbeiterinnen, die ich sehr mochte, weil sie den Begriff »Wohlwollen« angenehm verkörperten.

»Ja, Mark. Das war's. Du kannst gehen. Da bist du jetzt aber froh, oder?«, fragte eine von beiden.

Das war ich, denn jetzt konnte ich meine Zeit wieder anders nutzen.

Luis Trenker

VOM BIOLOGIE-STUDENTEN ZUM DNA-EXPERTEN:

Was ein irischer Tintenfisch zu
meiner Laufbahn beigetragen hat

Nach dem Zivildienst zog ich zu Hause aus. Ich hatte zwar kein Geld – und damit meine ich: Ich hatte wirklich kein Geld. Also nichts, was ich für eine coole Bude oder eine halbwegs neue Einrichtung hätte verwenden können. Aber meine Mutter fuhr meinen ganzen Krimskrams in meine neue Wohnung, die neben der einer Freundin ihrer Arbeitskollegin direkt an einer großen Straßenkreuzung lag. Die Miete betrug um die 270 D-Mark, hatte keine Heizung und war blitzschnell vollgestellt mit Sachen, die ich mir zur Hälfte vom Sperrmüll besorgte und zur anderen Hälfte vom verstorbenen Vormieter übernahm. Nur mein Bett baute ich mir selber – es bestand aus zwei Euro-Paletten, auf die ich meine Matratze legte.

Mein neues Heim lag in Köln-Nippes, und wenn ich das Fenster öffnete, war es laut vom Verkehrslärm der Lastkraftwagen, die dort Richtung Schnellstraße fuhren. Nach hinten aber gab es einen sensationellen Hof aus Backstein. Niemand hielt sich dort auf, denn es hingen überall Wäscheleinen. Ich fand den Blick aus dem Küchenfenster in den Hof traumhaft und habe dort mit offenem Fenster Tage und Wochen mit Lernen verbracht. Draußen gab es ein paar Vögel, die auf den Dächern herumpfiffen, und einmal hielt ich eine winzige Tellerschnecke als Haustier, die in einem alten Marmeladenglas voller Algen unter Wasser lebte und regelmäßig zum Atmen auftauchte. So stelle ich mir bis heute Frieden vor.

Mir war klar, dass ich studieren wollte. Weil ich aber niemanden kannte, der zur Uni ging, wusste ich nicht, was. Naturwissenschaften hörten sich gut an – vor allem die Biologie. Der Grund dafür war einfach: Ich stand, wie schon erwähnt, total auf *Spider-Man*. Der Held der Geschichten war im Vergleich zu vielen anderen Marvel-Comics kein charismatischer Erwachsener mit übermenschlichen Kräften, sondern ein aus meiner Sicht ganz normaler Biochemie-Student namens Peter Parker; ein Kind, das von seiner Tante und anfangs auch von seinem Onkel aufgezogen wurde. Peter Parker ist – das wusste ich aber nicht – ein Nerd und Außenseiter und an seiner Uni als »Bücherwurm« abgestempelt. Boshaftigkeit und materielle Versuchungen sind ihm fremd, und darüber hinaus besaß er einen starken Willen, um sein Ding durchzuziehen: fotografieren, studieren und natürlich seine Stadt retten. Irgendwie passte das alles auch ganz gut auf mich, und ich erkannte mich vielleicht in dieser Figur wieder – bis auf die Tatsache, dass ich nicht in einem Labor von einer radioaktiv veränderten Spinne gebissen wurde. Parker hatte in New York studiert und kannte sich mit Biologie, Chemie und Ingenieurstricks aus. Grund genug für mich, das auch zu versuchen.

Aber ich hatte keine Ahnung, was es an Lehrangeboten gab. Also setzte ich mich an einem schönen Vormittag lange vor Semesterbeginn auf mein blaues Impro-Fahrrad, das ich mir aus Einzelteilen anderer Räder zusammengebastelt hatte, und fuhr los. Nachdem ich vor dem klotzigen Hauptgebäude der Universität Köln am Albertus-Magnus-Platz angekommen war, fragte ich die erstbesten Studierenden, die mir über den Weg liefen, wo gerade welche Veranstaltungen stattfanden. So geriet ich durch reinen Zufall kurz darauf in ein Philosophieseminar, in dem gerade mal zehn oder zwölf Studierende saßen. Niemand fand es komisch, dass gerade ein Typ hereinschneite, den keiner der Anwesenden zuvor gesehen hatte und der auch gar nicht für den Kurs eingeschrieben war. Auch der Professor nahm meine Anwesenheit gleichmütig zur Kenntnis. Und so setzte ich mich hin und hörte zu. Genau dasselbe passierte kurz darauf in Germanistik, wo ich mir anschließend im Sekretariat sogar eine Liste von literarischen Werken holen musste, die man als Germanistik-Student unbedingt gelesen haben sollte.

Ohne Witz: In meinen ersten Tagen schaute ich überall dort hinein, wo es mir halbwegs interessant vorkam – und kein einziger Mensch fragte mich, wer ich sei und was ich da mache. Heute wäre das wahrscheinlich undenkbar, aber damals ging es ohne Probleme. Ich fand das natürlich klasse, denn auf diese Weise konnte ich mir ein grobes Bild davon machen, was an der Uni so unterrichtet wurde und wo es mir gefiel. Schnuppertage, Kinder-Universität, Info-Abende oder dergleichen gab es seinerzeit nicht. Oder ich wusste es nicht. Der Hörsaal für die Chemiker befand sich in einem anderen Gebäude, deshalb ließ ich diesen Fachbereich, zufällig, erst mal aus. Die Biologen waren allerdings vor dem Hauptgebäude unterwegs, weil das Hauptgebäude auf dem Weg von der Straßenbahn zum großen Biologie-Hörsaal lag. Also ging ich unbefangen dorthin und fühlte mich sofort wohl.

Unter dem alten Bio-Saal befand sich nämlich eine begehbare ehemalige Hutablage. Sie beherbergte zum einen die Fachschaft. Darüber hinaus wurden der kleine Raum und das davorliegende Foyer praktischerweise auch als Party-Location genutzt. Zumindest ging es wenig später dort ganz gut ab. Nachdem ich mich umgehört und das erste Bier mit meinen künftigen Mitstudierenden getrunken hatte, wurde ich direkt eingespannt, gleich die nächste Fete zu organisieren. Das hatte ich schon im Gymnasium als Schülersprecher getan, und so fühlte ich mich auf vertrautem Boden.

Was mir jedoch leider niemand erklärte, war, wie das mit der Einschreibung funktionierte. Also schrieb ich mich ohne Beachtung möglicher Stundenpläne einfach in jene Fächer ein, die mir am naheliegendsten erschienen. Neben Biologie und Germanistik waren das Psychologie sowie Theater-, Film- und Filmwissenschaften – zumal in Köln gerade ein neuer Sender namens »RTL« seine Zelte aufgeschlagen hatte. Da ich den passenden Numerus clausus hatte, klappte die Einschreibung ohne Beanstandungen. Doch nur bei den Biologen fand ich es heimelig – nicht nur, aber auch wegen der lustigen Feiern vor der Hutablage.

Nach dem ersten Semester, in dem ich mit meinen verschiedenen wissenschaftlichen Welten jonglierte und mir alles, wirklich alles, der Reihe nach anhörte, kristallisierte sich heraus, dass ich weder Germanist noch Filmwissenschaftler werden wollte, sondern Biologe. Alles andere kam mir verstaubt und verkopft vor. Ich wählte nach dem Vordiplom das Gebiet, das meinem heutigen Berufsfeld schon recht nahekam – ohne dass ich es wusste: die Zoologie, die an der Uni Köln damals den Schwerpunkt »Experimentelle Morphologie« hatte.

In der Zoologie geht es um die Erforschung der gesamten Tierwelt – also um Entwicklungsgeschichte, Gestalt und Körperbau, Genetik, Verbreitung und Verhalten von allen Arten, die auf unserer Erde so herumkrochen, -flogen oder -liefen. Das flashte mich von Anfang an, da die Professoren, zunächst nur Männer, entspannt und wirklich gut waren.

Für zu Hause hatte ich mir dank der Güte einiger Buchantiquare, die mich teilweise bis zu zwei Jahre lang winzige Raten abstottern ließen und die ich noch heute regelmäßig mit Dank überschütte, einige Klassiker zugelegt. Die interessierten an der Uni niemanden, mich aber umso mehr: Brehms bekanntes *Thierleben*, das *Systema Naturae* von Carl von Linné, die Werke von Cuvier, Haeckel und Blumenbach. Die Zoologie war eine super Grundausbildung für die ganze Biologie, auch wenn die Vorlesungen immer schon sehr früh morgens begannen. Ich besitze immer noch viele der alten und großartigen Standardwerke, die teilweise aus dem 17. oder 18. Jahrhundert stammen, und staune bei der Lektüre oft mehr darüber, was damals schon alles bekannt war, als darüber, was wir heute wissen.

Als zweites Fach entschied ich mich für die in Köln ganz wundersam gelehrte Genetik. Das aber nicht wegen *Spiderman*. Sondern wegen *Blade Runner*. Dieser Film kam 1982 in die Kinos. Ich fand es irre, wie viele soziale und technische Abläufe Philip K. Dick, der Urheber der 1968 veröffentlichten Romanvorlage des Films mit dem Namen *Träumen Androiden von elektrischen Schafen?*, vorhergesehen hatte. Schon die Titelfrage, wovon eine künstliche Intelligenz wohl tatsächlich träumen würde – von anderen Androiden oder doch von »echten« Lebewesen? –, fand ich wunderschön. Aber Dick sah auch städtebauliche, Wetter- und Klimaveränderungen voraus, von denen im Erscheinungsjahr des Buches niemand wissen konnte, dass es sie in zwanzig, dreißig oder vierzig Jahren geben würde. Er erkannte, dass echte Tiere bald geklont verfügbar sein und »künstliche« Tiere keine Roboter sein würden, wie es damals viele Science-Fiction-Autoren dachten. In *Blade Runner* waren es biotechnisch veränderte Wesen. Und genau so ist es gekommen.

Das geklonte Schaf »Dolly« – das übrigens das einzige überlebende Tier von 277 Versuchen war – wurde erst 1996 geboren, also knapp dreißig Jahre nach Erscheinen von Dicks Roman. Heute werden Rennpferde oder Rassehunde wegen des guten Geschäftes, das man mit ihnen machen kann, massenhaft geklont, genauso wie Super-Nutztiere für eine ertragreichere Landwirtschaft. Sogar wir haben im Forensiklabor hin und wieder Anfragen von verzweifelten Menschen, denen wir ihr geliebtes Schoßtier unbedingt wieder erschaffen sollen. Es scheitert ehrlich gesagt gar nicht an der Möglichkeit, denn die besteht. Meist fragen uns die Klientinnen und Klienten aber zu spät, sodass das Material schon zu stark zersetzt ist, um es nach Korea ins Labor zu senden. Meist vergessen die Unglücklichen auch, dass viele Tiere während der Klonung sterben, bis ihr eines und einzigartiges Hündchen oder Kätzchen wieder körperlich auferstanden ist.

Vieles davon dachte sich Philip K. Dick schon vor fünfzig Jahren aus, und während der Mann auf mich wirkte, als hätte er ein wenig zu viel mit Bewusstseinserweiterung jongliert, sind seine Werke selbst vom heutigen Standpunkt aus treffend. Das zeigt auch die atemberaubende Fortsetzung des Filmes *Blade Runner* aus dem Jahr 2017, die Dicks Faden fantastisch weiterspinnt: Klima kaputt, einseitige Ernährung, Energieprobleme, Wasserschwemme. Es ist aber kein blöder Endzeitfilm, sondern kluge, tiefe Trance. Viele andere von Dicks Geschichten sind ebenso schön umgesetzt, etwa *Minority Report*. Die Frage dort: Ob es schlau ist, Verbrechen zu verhindern und zu bestrafen, bevor sie geschehen. Die im Film gezeigte Iris-Abtastung der Augen und persönlich angepasste Werbung sind ebenfalls wahr geworden.

Ich könnte ein ganzes Forscherleben damit verbringen, Elemente aus Dicks Romanen und dem Film *Blade Runner*

zu untersuchen, aber das bezahlt mir keine Forschungseinrichtung. Jedenfalls empfehle ich jedem, der die Streifen
nicht kennt, sie sich einmal anzuschauen. *Blade Runner* war,
wenn man so will, ein Schlüsselerlebnis für meinen weiteren Lebensweg. Die Unterscheidung von Androiden und
angeblich echteren Menschen passte zu meinen naturwissenschaftlichen Vorlieben. Ich wollte also mehr über Erbsubstanz, Gentechnik, Verhaltensforschung und mehr oder
weniger künstliche Intelligenz wissen.

Erfreulicherweise ist mir im Studium vieles aus *Blade
Runner* tatsächlich wiederbegegnet: Beispielsweise habe ich
im Psychologie-Teil meines Studiums meinen Probanden
Elektroden um die Augen geklebt, um ihre Augenbewegungen messen zu können, während sie sich an ihr Leben
erinnerten und davon erzählten. Augenbewegungen, Pupil-
lenerweiterungen und -verengungen sind gute Hinweise für
Emotionen aller Art. Das war nichts anderes als das, was der
Blade Runner Rick Deckard macht, um herauszufinden, ob
sein Gegenüber ein herkömmlicher Mensch oder ein Repli-
kant ist. Die Nexus-6-Androiden bestanden ja aus mensch-
lichem Gewebe und waren nur durch ihre Gefühle und Erinnerungen von echten Menschen zu unterscheiden. Mit dem
genetischen Fingerabdruck wäre das leichter gegangen.
Aber der wurde erst fünfzehn Jahre nach Erscheinen der Romanvorlage erfunden. Und das kam so.

Mein Kollege, der englische Human-Genetiker Alec Jeff-
reys, hatte 1984 entdeckt, dass jeder Mensch ein einmaliges
Erbsubstanz-Muster besitzt. Eigentlich forschte er an so-
genannten Minisatelliten. Das sind kurze Abschnitte der
Erbsubstanz, die sich seltsamerweise einfach wiederholen.
Niemand wusste damals, was das sollte – man nannte sie
Müll-DNA (»junk DNA«). Jeffreys untersuchte Blutproben

von verschiedenen Mitgliedern einer Familie und stellte dabei fest, dass zwar jede Probe einen anderen, unverwechselbaren Code aufwies, sie aber doch ausreichend Gemeinsamkeiten besaßen, um die Familienverhältnisse sicher nachweisen zu können. Wenige Jahre vor Beginn meines Studiums war Jeffreys damit eine echte Sensation auf dem Gebiet der Erbsubstanzforschung gelungen. Es war für mich das Selbstverständlichste auf der Welt, hier genauer nachzuhaken.

Es dauerte nur kurze Zeit, bis Jeffreys Entdeckung erst in der Vaterschafts- und Verwandtschaftsforschung und dann in der Kriminalistik eingesetzt wurde. Im Jahr 1983 war in einer englischen Kleinstadt die fünfzehnjährige Lynda Mann vergewaltigt und ermordet worden. Das Mädchen wurde erdrosselt an einem Fußweg, der von den Einheimischen »Schwarzer Pfad« genannt wurde, aufgefunden. Die Ermittler stellten zwar eine Spermaprobe in der Vagina der jungen Frau sicher, konnten aber nach der Untersuchung nur sagen, dass der Täter die Blutgruppe A besaß und dazu Merkmale, die nur bei höchstens zehn Prozent aller Männer vorkamen. Das traf auf viel zu viele Personen zu, um den Täter zu erkennen und herauszufiltern.

Rund zweieinhalb Jahre später geschah ein paar Kilometer weiter ein zweiter Mord: Dawn Ashworth wurde ebenfalls erdrosselt an einem Weg gefunden. Auch Dawn war erst fünfzehn Jahre alt, auch sie wurde vergewaltigt, und auch dieses Mal ergab die Analyse der Spermaspur die Blutgruppe A und ein eher seltenes Enzymprofil. Es konnte sich also um denselben Täter handeln – und die Polizei tippte auf den siebzehnjährigen Richard Buckland. Er war mit Dawn befreundet und hatte sich während seiner Befragung selbst widersprochen. Unter dem Druck des Verhörs gestand er die

Tat. Das vorherige Vergehen aus dem Nachbarort stritt er aber ab.

Weil die Universität Leicester, an der Alec Jeffreys forschte, nicht weit entfernt von den beiden Tatorten lag und sich seine neue Methode inzwischen unter Biologinnen und Biologen sowie bei der Polizei herumgesprochen hatte, wurde er in die Ermittlungen einbezogen. Jeffreys untersuchte die beiden Spermaproben und verglich sie mit dem DNA-Profil aus dem Blut von Richard Buckland. Es gab keinerlei Übereinstimmung. Trotz seines Geständnisses konnte es der Junge nicht gewesen sein!

So folgte die erste DNA-Reihenuntersuchung der Kriminalgeschichte. 5000 Männer aus dem gesamten Landkreis sollten freiwillig eine Blut- oder Speichelprobe von sich abgeben. Nach sechs Monaten aufwendiger Analysen stand jedoch fest, dass der mutmaßliche Doppelmörder nicht darunter war. Doch ein Zufall half weiter: Am 1. August 1987 belauschte eine Frau in einem Pub ein verdächtiges Gespräch. Darin erzählte ein Angestellter einer örtlichen Bäckerei einem anderen Gast, er habe für 20 Pfund Belohnung seine eigene Blutprobe im Namen seines Arbeitskollegen Colin Pitchfork abgegeben, einem vorbestraften Exhibitionisten. Pitchfork habe Angst gehabt, wegen seines kriminellen Vorlebens ungerechtfertigt behelligt zu werden. Die Frau meldete sich bei der Polizei. Pitchforks Erbsubstanz passte zu den Spuren. Nun endlich gestand der Täter, die beiden Teenager vergewaltigt und getötet zu haben. Alec Jeffreys Entdeckung erklärte nicht nur Einwanderungs- und Vaterschaftsfälle eindeutig und sachlich, bei denen es sonst immer endlose Diskussionen gab. Es galt bis ungefähr zum Jahr 1990 sogar der rechtliche Grundsatz, dass eine Vaterschaft *niemals* sicher sei. Das hatte sich durch Jeffreys Erfindung geändert. Außerdem konnte man nun Spuren vom Tatort ganz sicher anderen Tatorten sowie einem Spuren legenden Menschen zuordnen. Es war, als ob Licht und frische Luft in einen staubigen alten Speicher gekommen wären. Klarheit und Wahrheit statt Meinen, Erfinden, Verdrehen und Glauben – wie wunderschön.

Das Kölner Institut für Genetik lag damals direkt neben dem Institut für Zoologie. Es war nach dem Zweiten Weltkrieg gegründet worden und wurde nicht von einem Direktor geführt wie üblich, sondern gewissermaßen sich selber überlassen, weil man sich bewusst abgrenzen wollte von all dem hierarchischen und Rassenhygiene-Unsinn der Nazizeit.

Die dortigen Professorinnen und Professoren waren folglich das genaue Gegenteil von autoritär und obrigkeitshörig. Sie waren Freigeister, sehr kauzig, zugänglich und wirkten beinahe wie aus der Zeit gefallen. So unterrichtete uns unter anderem eine ältere Professorin, Ruth Ehring, deren abgeschabte Handtasche am Körper festgewachsen zu sein schien. Heute erinnert sie mich vom Aussehen und ihrem trockenen Ernst her an Amy Farrah Fowler, die Biologin aus der Serie *The Big Bang Theory*.

Dann war da noch Peter Starlinger, der Ende der sechziger Jahre springende Gene in Bakterien entdeckt hatte. In den vierziger Jahren hatte Barbara McClintock diese schon auf andere Weise in Mais erkannt und erhielt 1983 den verdienten Nobelpreis. In Berlin-Adlershof wurde kürzlich eine Straße nach ihr benannt, gleich neben dem Studierendendorf.

Außerdem gab es noch den leicht zerzausten Benno Müller-Hill, der als Einziger auch außerhalb der Uni zu sehen war. Sein Vater war Richter unter den Nazis gewesen und hatte ein

Tagebuch geschrieben (»*Man hat es kommen sehen und ist doch erschüttert*« – *Das Kriegstagebuch eines deutschen Heeresrichters 1944/45*), in dem er seine Sicht auf den Krieg schilderte. Ich hatte keine Ahnung, was genau Benno Müller-Hill im Labor machte, aber er beeindruckte mich am nachhaltigsten. Einerseits, weil er 1966 der erste Wissenschaftler war, dem es gelang, den sogenannten Lac-Repressor zu isolieren – ein Meilenstein in der biologischen Forschung. Bevor er seine Professur in Köln erhielt, hatte er im Labor von James Watson, dem Mitentdecker des Erbsubstanz-Aufbaus, gearbeitet. Beinahe hätte auch Müller-Hill für die Beschreibung des Lac-Operons einen Nobelpreis erhalten. Seine Arbeit stand in weltweit jedem Biologiebuch für Studierende, und unter uns Studierenden ging die Sage um, dass es ihn zermürbte, dass der höchste Wissenschaftspreis an ihm vorbeiging. Als er 2018 starb, war klar, dass er die Ehrung aus unerklärlichen Gründen tatsächlich nie erhalten konnte. Walter Gilbert allerdings, der mit Müller-Hill bei James Watson gearbeitet hatte, erhielt 1980 den Nobelpreis. Gilbert hatte mit zwei Kollegen herausgefunden, wie man die »Buchstaben«-Anordnung der Erbsubstanz entziffert.

Viel spannender als all das fand ich, dass Müller-Hill seinen stillen Protest gegen die Ablehnung der Ehrendoktorwürde für den Biophysiker Max Delbrück durch die Kölner Universitätsleitung dadurch ausdrückte, dass er ein offizielles Schreiben der Nazis gegen Delbrück vergrößert als einzigen Aushang in seinen Schaukasten hängte – dem Platz, an dem die anderen Professoren ihre wissenschaftlichen Errungenschaften, Studienmitteilungen und Ähnliches ausstellten. Das war mal ein Statement! Der volle Wahnsinn der Ablehnung wurde mir erst klar, als ich erfuhr, dass Delbrück 1937 vor den Nazis in die USA geflohen war, aber durch einen seiner ersten Nachkriegsschüler in Deutschland, den Genetiker Carsten Bresch, ab 1958 das erste molekular ausgerichtete Institut für Genetik Deutschlands errichtet hatte. Das war »unser« Institut an der Universität zu Köln! Von 1961 bis 1963 forschte Delbrück sogar am neuen Kölner Institut und erhielt 1969 einen Nobelpreis – aber außer dem Aushang von Müller-Hill war keine Spur von ihm in der Uni zu sehen: Keine Medaille, keine Plakette. Erst Jahre später habe ich verstanden, dass Universitätspolitik nichts mit der von mir bevorzugten Verneigung vor großen Forscherinnen und Forschern zu tun hat. In meinem Labor hängt jedenfalls nur ein Foto: das von Rosalind Franklin, ohne die Watson und Crick niemals so schnell den Aufbau der DNA erkannt hätten. In ihrer Nobelpreisrede erwähnten sie sie kaum. Selbst Forscher untereinander können also politisch handeln, anstatt sich an der Wahrheit zu erfreuen.

Einen letzten der Genetik-Professoren möchte ich noch kurz erwähnen, weil einer seiner Gedanken in mir erst zwanzig Jahre später voll erkeimte. »Was meinen Sie«, fragte mich Klaus Rajewsky einmal in einem ruhigen Moment, als ich ihn als Student für *Die ZEIT* interviewte, »wie viele Mäuse wir im Labor verwenden?« Ich hatte keine Ahnung, und als er mir die Zahl nannte, dachte ich mir noch wenig dabei. Heute habe ich begriffen, was ihn damals umtrieb: Die Zahl der Opfer. Ich setze mich seit Jahren öffentlich dafür ein, Tierversuche durch andere Verfahren zu ersetzen. Es ist eine der größten und am leichtesten zu vermeidende Dummheit unserer Zeit, dass wir Geld, das für Tierversuche verwendet wird, nicht zum Großteil für die Entwicklung besserer Techniken einsetzen. Denn die gibt es erstens schon, zweitens klappen sie ohne eingesperrte und operierte Tiere, und drittens sagen sie mehr über Menschen aus als Versuche, die an Nagetieren und Affen durchgeführt wurden. Rajewsky ging kurz darauf an die Harvard-Universität. Unter den Studierenden hieß es, dass die Kölner Universität es nicht geschafft hatte, seinen Vertrag zu verlängern. Auch er ist wohl nur knapp am Nobelpreis vorbeigeschrammt: Seine Entdeckungen zu sogenannten Knock-out-Mäusen verraten heute wie damals, was passiert, wenn man Gene ausschaltet.

Mit viel Abstand erkenne ich, dass meine Vorbilder aus der Forschung anderen auch komisch erscheinen könnten. Aber abgesehen davon, dass sie hervorragende Gelehrte waren, ist niemandem in unserer kleinen Studierenden-Runde aufgefallen, dass das so sein könnte. Wir fühlten uns unter den ganzen Spezialisten und Spezialistinnen normal. Keiner von ihnen hat in den ganzen Jahren auch nur einmal einen Kommentar über Kleidungsstile (ich trug damals wie erwähnt gestreifte oder karierte Hemden), Tagespolitik oder Stars und Sternchen gemacht. Wir waren bei der biologischen Sache, bei uns und bei den Experimenten.

Übrigens sprach man nur in der Genetik damals gerne Englisch. Das hat mir später sehr geholfen, denn Deutsch spricht auf der Welt nun einmal fast niemand. Die wissenschaftliche Gemeinschaft ist eine weltweite Gruppe, und so ist Englisch unsere gemeinsame Wissenschaftssprache.

Natürlich war die Ausbildung in der Genetik nicht kriminalistisch. So etwas hätte als »angewandt« und hemdsärmelig gegolten. Der einzige Professor, der ein wenig angewandt dachte, war der Mediziner Walter Doerfler, der in aller Herrgottsfrühe geistreiche und improvisierte Seminare abhielt. Das war für Medizinerinnen und Mediziner vielleicht üblich, wir arbeiteten aber lieber in die Nacht hinein anstatt im Morgengrauen. Da ich Anwendungen mag, schleppte ich mich in seine kleinen Veranstaltungen und lernte dort nicht nur viel über genetische Krankheiten – sein medizinisches Interesse –, sondern auch darüber, wie man Vorträge spannend und aus dem Handgelenk hält. Er brachte es fertig, selbst auf großen Veranstaltungen einfach ein paar kopierte Folien auf den Lichtbild-Projektor zu legen und zu erklären, was er da aus dem von ihm übersetzten Buch schief kopiert hatte und wie der Stand der Forschung war. Ich verstand: Bilder sind gut, und der Inhalt des Bildes und das, was heute erforscht wird, entscheidet. Bis heute halte ich Vorträge nur anhand von Bildern, ohne Text. Den im Bild erkennbaren Inhalt erkläre ich dann. So wird es nicht langweilig, und es darf auch mal ein bisschen schief sein.

Doch auch bei Doerfler galt, dass Forschung immer Spitzenforschung sein muss. Zur möglichen kriminalistischen Anwendung sagte er, nachdem ich ihn auf dem Innenhof der Universität ein paarmal abgefangen hatte, mit hochgezogenen Brauen und dünnem Lächeln: »Da fragen Sie am besten mal einen Rechtsmediziner.« Ungewollt hatte er mir übrigens auch eine weitere Flause in den Kopf gesetzt, denn ihn interessierte, ob sich Erbsubstanz aus der Nahrung im Magen und Darm »erhält«, also zersetzt wird oder nicht. Als ich mit meinem Kollegen James Clery später in New York erprobte, ob sich Erbsubstanz aus Spermien nach einer Vergewaltigung in Maden auf der ansonsten zersetzten Leiche befinden kann, hatte ich daher schon einige Informationen im Hinterkopf, die mir die Arbeit erleichterten.

In der Kölner Genetik lernte ich nicht nur die Grundlagen des Faches, sondern auch immer wieder in Einzelvorlesungen überraschend eingestreute, ganz neue Forschungsergebnisse. Das ist heute normal, wurde aber damals in anderen Fächern noch nicht so betrieben. Dort zählte oft auch der Blick in die Vergangenheit und auf die Geschichte des jeweiligen Faches. Das gefällt mir zwar, und daher rette ich weltweit alte Biologiebücher. Aber es ist wichtiger, nach vorn zu sehen. Der Großteil dessen, was wir derzeit wissen, ist in den letzten zehn oder zwanzig Jahren erforscht worden.

Es gab damals noch keine Studienpläne, nur große Richtungen, die wir abdecken mussten. Das Institut für Züchtungsforschung bot einen molekulargenetischen Grundlagenkurs mit Pflanzen an. Das war großartig, denn wie schon erwähnt, waren die Transposons, die springenden Gene, in Mais entdeckt worden, und an der Universität hatte niemand in der Genetik Platz, um viele Pflanzen zu züchten. Nun ging damals die Angst vor der »Gen-Tomate« um, über die wir schon lange lachten. Denn zum einen enthält jede Mahlzeit reichlich Erbsubstanz, und zum anderen schadet diese niemandem. So dachten wir zumindest damals. Sonst wären wir ja schon alle zu Salat, Weizen oder Weintrauben mutiert. Aus Walter Doerflers Versuchen wussten wir überdies, dass Erbsubstanz im Darm nicht völlig zerstört wird. Somit sind alle möglichen DNA-Stückchen wirklich überall unterwegs. Ich wollte mir das also alles vor Ort ansehen.

Das Problem war nur, dass diese Einrichtung nicht auf dem Uni-Gelände lag, sondern sich auf dem Gut Vogelsang befand. Und so weit draußen, wie sich das schon anhörte, war es leider auch: im Niemandsland zwischen Müngersdorf und Westfriedhof und für einen Fahrradfahrer wie mich unmöglich zu erreichen. Die Busse fuhren auch nur in einem Takt, der sehr viel Geduld erforderte – mehr, als ich sie zu haben gedachte. Hin- und zurückzufahren kostete einen halben Tag. Also fragte ich eines Tages während des Seminares, ob mich irgendwer mit zurück nach Köln nehmen würde. Eine sehr nette Mitstudierende sagte zu, und während unserer Autofahrt aus dem ländlichen Nirgendwo in die Stadt unterhielten wir uns über unser Studium.

»Und was belegt du sonst für Kurse?«, fragte ich sie.

»Ich war zum Beispiel mal in der Rechtsmedizin«, antwortete sie. »Da habe ich genetische Fingerabdrücke gelernt. Die Methode ist ja ganz neu, und die Medizinerinnen und Mediziner beherrschen sie nicht. Daher ist die Chefin in der DNA-Abteilung eine Biologin.«

Wie außerordentlich fantastisch, dachte ich.

Zunächst fragte ich also den einzigen Mediziner, den ich neben meinem alten tschechoslowakischen Hausarzt überhaupt kannte, was er dazu dachte. Das war Walter Doerfler. Ich sah ihm an, dass er nur einen blassen Schimmer von dieser eben erst angewandten Technik hatte. Aber er sagte zu meiner Freude: »Da fragen Sie doch am besten mal selber nach. Wenn Sie aber so etwas machen wollen, kann ich Ihnen das auch als Kurspraktikum für die Genetik anrechnen.« Volltreffer!

Ich sammelte also wie schon im Grundstudium in Ferien, die mich ohnehin nicht interessierten, sogenannte Scheine, die ich eigentlich erst viel später oder auch gar nicht gebraucht hätte. Ganz ohne Ziel und Plan schnupperte ich erneut in einen Bereich hinein, der mir ansonsten sicher verschlossen geblieben wäre. Die Methode wurde in der Biologie überhaupt nicht gelehrt. Ich war der Erste, der sie später – für meine Diplomarbeit zur Unterscheidung von Fadenwürmern – in der Zoologie an der Kölner Uni anwendete.

Übrigens interessierte sich vor dreißig Jahren kaum jemand für Kriminalbiologie. Es gab außer der verstaubten Serie *Quincy* (habe ich allerdings nie gesehen) keine Fernsehserien, die sich mit der Arbeit der Gerichtsmedizin auseinandersetzten, und es gab auch keine allgemein verständlichen Bücher. Auch die Serie *CSI Miami* (habe ich auch nur einmal, für einen Zeitschriften-Bericht geschaut) lief erst ab 2002, also viele Jahre nach meinem Studium. Keiner wollte etwas mit den Leuten zu tun haben, die sich von Berufs wegen mit dem unnatürlichen Tod und seinen vielen Ursachen auseinandersetzen. Nicht einmal bei den Medizinern war das Fach angesagt.

Das Kölner Institut für Rechtsmedizin befand sich in einem weiteren, diesmal aber mit Waschbetonplatten verkleideten Klotz zehn Fahrradminuten entfernt nördlich des eigentlichen Uniklinik-Geländes. Es war meilenweit von Glitzer-Darstellungen cooler Hightech-Behörden entfernt, wie man sie manchmal in Filmen sieht. Unsere Büro-Einrichtung im biologischen Keller bestand komplett aus Sperrmüll der Universität, der »Gebrauchtmöbel« hieß. Nichts passte zusammen, kein Stuhl zum Schreibtisch, und alles wackelte. Die Regale waren teils krumm, was auch daran lag, dass wir sie manchmal selbst anbrachten, aber keine Ahnung hatten, wie das ordentlich ging. Die Räume waren ehemalige Affenställe, in denen laut der älteren Mitarbeiterinnen einst Tierversuche im Dienste der Kriminalwissenschaft durchgeführt worden waren. Das war zwar nicht besonders gemütlich, aber sehr praktisch. Die Räume waren zum Teil bis unter die Decke gekachelt und ließen sich prima reinigen. Nicht von Blut oder so, sondern um zu verhindern, dass sich DNA-Spuren über die ganze Etage ausbreiteten. Auch diesen Gedanken hatte ich aus der Genetik aufgeschnappt:

In der Abteilung von Benno Müller-Hill war eine ganze Etage mit kleinen DNA-Stücken einmal so übersät, dass die Studierenden alles stilllegen mussten. Denn das Problem war, dass mittweilweile die DNA-Vervielfältigung entdeckt worden war (ein weiterer Nobelpreis – für Kary Mullis, den Walter Doerfler lässigerweiseweise sogar einmal eingeladen hatte, sodass ich einem Vortrag des schrägen Forschers lauschen durfte). Wir konnten daher nun Teile der Erbsubstanz kopieren. Diese Kopien sollten sich aber natürlich auf keinen Fall verselbstständigen. Zum Glück liebe ich es, Oberflächen zu putzen, und dabei verschwindet auch DNA.

Trotz oder vielleicht wegen dieser Rahmenbedingungen waren alle, denen ich in der Rechtsmedizin begegnete, großartige Menschen. Voran die Chefin, Dr. Mechthild Prinz. Sie gab mir gleich die wichtigste Regel ihrer kleinen Abteilung mit auf den Weg: »Diskutiere niemals mit der technischen Angestellten. Sie macht das länger als du, auch wenn manche Studierende sich für schlauer halten!«

Ich fand das sehr lustig, weil ich mich angesichts meiner Verehrung für alle Forscherinnen, Forscher, Entdeckerinnen und Entdecker bis heute niemals für schlau und erst recht nicht für schlauer als irgendwer halte. Ein paar andere – es könnten Medizinerinnen oder Mediziner gewesen sein – hatten aber vielleicht eine eher hierarchische Auffassung des Daseins und machten im Labor entsprechend einen auf dicke Hose.

Dann gab »Mecki« mir meine Aufgabe: Ich sollte ein Triplet, eine Zusammenstellung von möglichem Vater – *eine Vaterschaft ist nie sicher ...* –, Mutter und Kind genetisch prüfen. Die Hauptaufgabe des Labors in der Rechtsmedizin schien nämlich darin zu bestehen, Abstammungsgutachten, also Vaterschaftstests, anzufertigen. Ursprünglich machte man das noch mit Blutgruppenvergleichen, das heißt mit serologischen Untersuchungen und, wenn man damit nicht weiterkam, mit dem uralten Verfahren der Gesichtsvermessungen. Mit einer DNA-Analyse ging es aber nicht nur tausendmal besser, sondern auch viel sicherer: Die Vererbung von Blutgruppen ist ein unglaublich kompliziertes Gebiet, und der Vergleich von Gesichtern ist nicht sehr genau.

Also setzte ich mich auf meinen maroden Bürostuhl ins alte Röntgenlabor (damals waren die von uns verwendeten Stoffe noch radioaktiv) und fing an. Ich ahnte nicht, dass Mecki mir ein schönes Rätsel aufgegeben hatte: Es stellte sich im genetischen Fingerabdruck heraus, dass sich an einer Stelle der Erbsubstanz eine Mutation befand. Die war zwar völlig harmlos und vermutlich durch irgendeinen Umwelteinfluss entstanden, hätte aber rein mathematisch betrachtet dazu geführt, den Vater von einer möglichen Vaterschaft auszuschließen. Zur Sicherheit sah ich an anderen Stellen der Erbsubstanz nach und fand dort keine Erbgutveränderungen.

Die Hälfte der Erbsubstanz des Kindes stammte, abgesehen von der Mutation, vom »möglichen« – hier dem echten, genetischen – Vater. Vereinfacht gesprochen hieß das, dass der soziale Vater auch der leibliche Vater war, obwohl er es beim Blick auf nur eine Stelle der Erbsubstanz nicht gewesen sein konnte. Mit diesem Ergebnis ging ich wieder zu meiner Chefin. Sie kannte die Lösung natürlich längst, und ich freute mich gewaltig über das hübsche Experiment. Ich mochte die Menschen im Labor, und ich glaube, sie mochten mich. Doch niemand von ihnen mochte Leichen.

Der Raum, in den die ankommenden Toten gebracht wurden, befand sich auf derselben Etage wie wir, also im Souterrain des Institutes. Ich fand es logisch, dass dort Menschen untersucht wurden, deren Todesursache nicht klar war. Aber ich hatte keine Ahnung davon, wie es sich anfühlen würde, mit einer Leiche in Kontakt zu kommen, geschweige denn, sie zu begutachten. Ich kannte keine Leichenflecken, hatte noch nie eine Leichenschau gesehen und wusste noch nicht mal, wo genau sich Milz, Magen oder Leber im menschlichen Körper befanden. Bisher hatte ich mit Seesternen, Tintenfischen, Schnecken und Fadenwürmern gearbeitet.

Nachdem ich eines Tages in den Sektionssaal hinter der riesigen Milchglasscheibe spaziert war, um flüssigen Stickstoff für unsere Arbeit zu holen, stand ich völlig ahnungslos vor meinem ersten Toten. Ich fragte die beiden Präparatoren, ob ich mir das mal ansehen dürfe, und sie ließen mich gewähren. Das fand ich äußerst aufschlussreich. Fortan nutzte ich nun die längeren Pausen, die während der Entwicklung der Röntgenfilme und später während der Erbsubstanz-Vervielfältigung entstanden, um nach neuen Leichen zu schauen. Da meine Chefinnen aus dem DNA-Labor nicht darauf erpicht waren, das Reich der Toten zu betreten, überließen sie es mir gern, den dort gelagerten Stickstoff zu holen.

Schon nach kurzer Zeit bekam ich so das volle Programm des rechtsmedizinischen Arbeitsbereiches mit: Schusswunden, Stichverletzungen, stumpfe Gewalteinwirkung »gegen« den Kopf und so weiter. Es gab Tage, an denen ich mich über mich selbst wunderte. Einmal brachte uns ein Arzt beispielsweise ein Stück eines ungeborenen Kindes aus einer Leiche herüber. Die Frau auf dem Sektionstisch war auf unnatürliche Weise zu Tode gekommen und hätte in wenigen Monaten die Geburt ihres Kindes erwartet. Unsere technische Mitarbeiterin untersuchte den Fötus, um dessen DNA-Profil zu erstellen, was wiederum Rückschlüsse auf den Vater geben sollte. Denn der war möglicherweise verantwortlich für das Ableben der Frau, und das Motiv könnte die Schwangerschaft gewesen sein. Ich war der Einzige, der den Leichenteil nicht gruselig fand, weil ich schon damals nicht den sozialen Anteil der Tat sah, sondern nur das Einschussloch auf der Brust, den Einstich im Bein, die Schlinge um den Hals, die Strommarken an den Fingern oder eben in diesem Fall einen ungeborenen Menschen, dessen Erbsubstanz vielleicht aufzuklären half, was seiner Mutter widerfahren war. Woher diese Sachlichkeit kommt, weiß ich bis heute nicht. Aber ich kenne mittlerweile genügend Menschen, die wie ich eher auf die Spuren schauen als auf die höheren Fragen und Eindrücke. Manchmal ist das gut so, damit sich unser Blick auf das Wahre nicht durch Gefühle färbt oder trübt.

Schnell stellte ich fest, dass sich im Sektionsraum auch noch andere Gäste tummelten, die nicht eingeladen worden waren. Sie hatten es sich in Körperöffnungen und Wunden gemütlich gemacht und lösten stets eine leise bis manchmal auch weniger leise Abscheu beim diensthabenden Sektions-Team aus. Denn dieses musste die Insekten erst von den Leichen entfernen, bevor es mit der Leichenschau losgehen konnte. Es war damals noch nicht üblich, genauer gesagt, war es in Vergessenheit geraten, den kleinen Tierchen eine Bedeutung als Spuren beizumessen. Sie waren ein lästiges Übel, das von den Bestatterinnen und Bestattern, die uns die Toten brachten, nicht beseitigt wurde, weil es nicht ihr Job war und die meisten sich davor ekelten. Ich empfand das anders. Es musste ja einen Grund geben, warum sich die Tiere auf der Leiche befanden. Jedes Lebewesen hat eine Nische, auf die es im Wettbewerb mit den anderen Tieren über Jahrtausende hin sehr gut angepasst ist. Ein Maden-Teppich ist kein Zufall, sondern eine Information aus der Welt, die uns umgibt. Wir blenden Fliegen und Käfer gerne aus, aber sie sind länger auf dieser Erde als wir und werden es auch viel länger nach uns sein.

Um meine Eindrücke auszugleichen, begann ich, alles, was mir auffiel, auf Diafilm zu fotografieren – auch die Maden, Fliegen oder Käfer, die all die Körper besiedelten. Das war der erste Schritt zu meinem späteren Spezialgebiet, und bis heute verwende ich bei meinen Vorträgen einige Bilder aus dieser Zeit.

Parallel dazu las ich in der gigantischen Institutsbibliothek, die weit vor meiner Zeit an der Uni vom vorigen Chef, Günther Dotzauer, angelegt worden war. Dort gab es nicht nur Fachbücher, sondern vor allem auch aktuelle Ausgaben von Spezialzeitschriften, darunter solche für Kriminalistik. Sogar Fachliteratur aus der DDR war dort zu finden, weil Dotzauer eine Verbindung zu Otto Prokop pflegte – dem Gerichtsmediziner, der ab 1956 an der Humboldt-Universität in Ostberlin wirkte und dessen Biographie ich später verfassen durfte.

Vom alten Professor Dotzauer übernahm ich lange nach dessen Tod seinen alten Büroschrank, der auseinandergebaut auf dem Dachboden der Rechtsmedizin herumstand. Er diente einigen sehr jungen technischen Mitarbeiterinnen als Versteck für die Zigarettenpause. Irgendwann aber sollte das schöne Möbelstück entsorgt werden, doch das konnte ich nicht zulassen. Es steht bis heute in meiner Bibliothek, und ich behandle den barock wirkenden Schrank seither –

unter dem Augenrollen meiner Frau und meiner Mitarbeiterinnen – regelmäßig mit Möbelpolitur und Liebe.

Anfang der neunziger Jahre gab es keine Internet-Suchmaschinen – die erste, übrigens schon sehr gute Internet-Suchmaschine MetaCrawler wurde 1995 ins Netz gestellt. Studenten wie ich mussten sich in der Bibliothek manchmal tatsächlich durch Tausende Seiten lesen, um die eine Information zu erhalten, die sie gerade brauchten. Es gab zwar gute Register, aber am Rand des Randes – so nannte es Meckis Chef, Prof. Staak – wurden öfter auch die Stichworte dünn. Das machte mir Spaß: Es war spannend, sich durch das gesammelte Wissen aus aller Welt zu blättern. Durch die vielen Zeitschriftenartikel konnte ich mir Know-how aus England, Skandinavien und den USA aneignen – also aus Ländern, die in der molekularen Kriminalistik teils anders als wir in Deutschland arbeiteten. Vor allem die äußerst pragmatische Herangehensweise der dortigen Kolleginnen und Kollegen unterschied sich stark von der hiesigen: Dort wurde weniger die Person des Gutachters geschätzt, sondern eher eine durch Spuren hart beweisbare Tatsache. Auch die bei uns beliebten Rückgriffe auf alte Forschungsergebnisse waren dort eher unüblich. So kam es, dass ich den ersten Artikel zur Forschungsgeschichte von Insekten auf Leichen ab dem 13. Jahrhundert geschrieben habe: Ich mag die alte Literatur und wollte sie nicht dem Vergessen überlassen.

Das wichtigste Buch für mich war eines aus Skandinavien. Mein finnischer Kollege Pekka Nuorteva hatte darin das Kapitel über Insekten auf Leichen geschrieben, und ich habe es bestimmt zehnmal gelesen. Manchmal, wenn Mecki mich suchte, ging sie einfach direkt in die Institutsbibliothek, wo ich tatsächlich häufig auf dem Boden zwischen den Regalen saß und in den Fachbüchern schmökerte.

Eines meiner ersten praktischen Experimente im rechtsmedizinischen Bereich beruhte dann auch auf einem Bericht aus einem kriminalistischen Fachjournal, den ich in der Bibliothek gelesen hatte. Darin stand, dass der DNA-Gehalt in Strangmarken – das sind die Spuren am Hals, die entstehen, wenn sich ein Mensch erhängt – größer sein sollte als in einer normalen Gewebeprobe. Über diese Erkenntnis wunderte ich mich, denn mir leuchtete absolut nicht ein, warum sich ausgerechnet die Menge der Erbsubstanz verändern sollte, nur weil sich jemand einen Strick genommen und damit die Halsadern zusammengedrückt hatte. Nun hätte ich den Aufsatz einfach auf sich beruhen lassen können, aber es trieb mich um – und einen Kollegen, der sich ebenso wenig einen Reim darauf machen konnte wie ich.

Nachdem wir uns einig waren, wie wir vorgehen wollten, gingen wir zu den Leichen und suchten uns einige Tote aus, die Strangmarken am Hals aufwiesen. Das war leichter als gedacht: Schließlich ist ein Suizid ein unnatürlicher Tod, weshalb Menschen, die sich selbst töten, im Institut landeten. Und das waren nicht wenige – das Statistische Bundesamt ging und geht von über 10 000 Fällen pro Jahr aus, davon jeder Zehnte in Nordrhein-Westfalen. Deshalb hatten wir keine Probleme, entsprechende Versuchsleichen zu finden und von ihnen Hautproben zu nehmen. Außerdem besorgten wir uns Leichen, denen wir die Strangmarken künstlich zufügen konnten. Damit hatten wir, wissenschaftlich gesehen, genügend Stichproben für unseren Versuch. Die winzigen Hautproben wogen wir, bestimmten den DNA-Gehalt, zerschnitten sie in sehr dünne Scheiben und verbrannten sie nach vorherigem Wiegen zu Asche. Bei der Bestimmung der DNA-Menge stellte sich heraus, dass diese in den Strangmarken nicht höher war. Nur war die Gewebedicke der Haut und damit das Gewebegewicht der Probe durch das Zusammendrücken verändert. Der Bericht war also von einer falschen Grundannahme ausgegangen.

Wir veröffentlichten die Ergebnisse und hatten damit eine zwar richtige Messung (verschiedener DNA-Gehalt), die aber falsch eingeordnet worden war (Gewebedicke bleibt nicht immer gleich), widerlegt. Als ich den Kollegen des Original-Artikels kurz darauf bei einem Spaziergang während eines Fachkongresses traf und darauf ansprach, war er allerdings recht schmallippig. Ich lernte erneut, dass die Wahrheit selbst Forschern und Forscherinnen manchmal nicht so richtig gefallen kann, obwohl es doch unser Beruf ist, nichts als die messbare Wahrheit zu erkunden. Der Mann war Direktor eines anderen deutschen rechtsmedizinischen Instituts und fand es vielleicht komisch, dass ein junger Mensch mit löchriger Jeans, hässlichem Hemd, schlimmer Frisur – einem in der Medizin nicht verbreiteten Look – und Rasierwasserduft von 4711 ihn unbefangen von der Seite ansprach. »Soso«, sagte er nur. »Na dann.« Vielleicht hatte ich sogar Glück, dass er das Ganze nicht weiter ernst nahm. Damals waren die Wege noch sehr kurz, und wenn er sich wirklich geärgert hätte, hätte sich vielleicht auch unser Direktor geärgert. Doch wie so oft bekam ich – wie *Forrest Gump* im Kino – nicht mit, was um mich herum geschah, und freute mich weiter an meiner Forschung.

Experimente wie diese müssten heutzutage von einer Ethik-Kommission genehmigt werden. Die könnte ablehnen, Proben derart zu gewinnen. Als ich mit meiner Arbeit begann, war der Gedanke an die Angehörigen allerdings weniger und die wissenschaftliche »Probennahme« weiter verbreitet. Beispielsweise wurden noch Hände von Wasserleichen abgetrennt, um die Fingerabdrücke zu gewinnen, und Kiefer von Leichen wurden herausgesägt, um die Anordnung der Zähne für eine saubere Identifizierung zu bestimmen. Beides gilt heute als unschicklich, und ich verstehe das gut. So oder so, wir erkannten durch unser Strangmarken-Experiment einen Forschungsfehler, der sich bereits in die Fachliteratur eingeschlichen hatte.

Als mein Praktikum endete, war die Welt für mich zwar spannend und schön, aber der Tod faszinierte mich weder mehr noch weniger als vorher. Er war ein ganz normaler Begleiter meiner Arbeit gewesen, und ich konnte ihm nichts Dramatisches oder gar Mysteriöses abgewinnen.

Auch an der Kölner Gerichtsmedizin arbeiteten damals einige Menschen, die heute vermutlich als »Nerds« durchgehen würden und mit denen ich mich zu meiner Freude ganz normal von Spezialist zu Spezialist unterhalten konnte. Zwei der damaligen ärztlichen Mitarbeiter sind mir in guter Erinnerung geblieben: Professor Henssge, der das nach ihm benannte und weltweit verwendete Diagramm zur Bestimmung der Leichenliegezeit mittels der Abkühlung der Leiche entwickelte, und Professor Madea, der heute Leiter der Rechtsmedizin der Universität in Bonn ist und viele schöne Fachartikel und -bücher geschrieben hat. Ihm und seinem Kollegen Professor Brinkmann, der auch Bürge für meinen Eintritt in die Fachgesellschaft für Rechtsmedizin war, verdanke ich vielleicht auch, dass ich später das Kapitel im Standardwerk der Rechtsmedizin, dem *Handbuch der gerichtlichen Medizin*, über forensische Entomologie schreiben durfte. Es freut mich bis heute jedes Mal, dieses schöne, riesige Werk aufzublättern und darin – so wie damals in der Institutsbibliothek als Student – zu schmökern. Viele der hier genannten Professorinnen und Professoren sind schon tot, und ich bin froh, dass ihre großartigen Veröffentlichungen ihr Wissen versammeln und in die nächste und vielleicht auch übernächste Generation tragen und dort ihren Keim des Wissens säen.

Mein Spezialgebiet war mittlerweile die DNA-Analyse geworden. Das Schöne war, dass sich noch immer keiner über den jeweils anderen wunderte; ganz egal, was der oder die sonst so trieb und welche Gedanken er oder sie sich über seinen beziehungsweise ihren Job machte. Diese Stimmung fühlte sich gut an. Noch einmal – der Begriff des Nerds war damals nicht in Mode. Es gab keine *Big Bang Theory* und keine Nerd-Subkultur, keine Retro-Brillen und keine modischen Bärte. Wir machten einfach unser Ding, und der Rest der Welt das seinige.

Zurück in der Zoologie, vertiefte ich mich wieder in die Dinge, die dort bearbeitet wurden. In der experimentellen Morphologie lag ein Schwerpunkt auf eher unüblichen Lebewesen: zum Beispiel auf dem Gemeinen Süßwasserpolypen Hydra, weil man glaubte, dass diese kleinen Nesseltiere aufschlussreich auch für andere Bereiche unserer Arbeit sein würden. Das war auch so, denn man kann die Hydren durch ein Sieb drücken (habe ich nicht gemacht), ohne sie zu töten: Sie setzen sich einfach aus ihren Bestandteilen wieder neu zusammen. Das war zwar kurios und in der Tierwelt einzigartig, brachte die Kolleginnen und Kollegen aber auch nicht unbedingt weiter, weil die Verteilung der Botenstoffe im Körper noch nicht ganz verstanden war. Es dauerte noch zwanzig Jahre, bis zum April 2017, um die Güte dieser Forschung allgemein zu verstehen: Hydra war nun das erste

Lebewesen, dessen gesamtes Nervensystem vollständig aufgezeichnet wurde.

In der entwicklungsbiologischen Abteilung wurde mit Taufliegen und Zebrafischen experimentiert. Das begeisterte mich nicht, weil die Arbeit mit diesen Tieren sehr lästig war. Ich hatte schon im Zoologie-Kurs kaum die Unterschiede zwischen den genetisch unterschiedlichen Tieren im Mikroskop erkannt, während unserem Professor das schon mit bloßem Auge gelang. Zwar gewann Christiane Nüsslein-Volhard 1995 den Nobelpreis für ihre Forschungen zu genau diesem Forschungszweig. Aber da war mein Herz schon längst für die hemdsärmeligen Dinge, nämlich die Spurenkunde, entflammt.

Auf dem Freigelände der alten Zoologie stand ein altes Bienenhaus, das nicht mehr genutzt wurde. Nur einer der Professoren widmete sich dem Verhalten von Insekten, nämlich dem von Schaben. Aber auch das war mir zu kleinteilig, zu ungewiss und zu big-data-lastig. Außerdem musste man dort im Anfängerkurs lebende Tiere aufschneiden und deren Nerven freilegen. Das wollte ich nicht – weder als Kind noch im Studium oder jemals später habe ich Insekten geärgert oder für Nervenstudien getötet. Diejenigen Insekten, die mir in der Gerichtsmedizin aufgefallen waren – grün schillernde Fliegen, rotbeinige Schinkenkäfer und Käsefliegen –, spielten in der Zoologie an unserer und wohl auch allen anderen Universitäten als lebende, ökologisch eingenischte, informative Tiere, sozusagen als stumme, aber hilfreiche Kollegen und Kolleginnen, sowieso keine Rolle.

Nun hatte ich während meiner Zeit in der Rechtsmedizin ja eine Menge Dias gemacht, und mir war irgendwann aufgefallen, dass sich verschiedene Tiere in Nase, Mund und

Ohren der vielen Toten breitgemacht hatten. Es handelte sich oft um ganz unterschiedliche Arten, die da herumspazierten und -krochen. Die Gründe dafür kannte ich zunächst aber nicht, da ich nie genau wusste, wie, wo und wann die Toten aufgefunden worden waren, ob also das Fenster der Wohnung offen stand, die Heizung lief oder welche Pflanzen in der Umgebung des Fundortes wuchsen. Meine Begeisterung für die Vielseitigkeit des Lebens begann deshalb erst so richtig, als ich an anderen Wesen forschen durfte – an achtarmigen Tintenfischen und Buckelschnecken.

Im Rahmen eines vorgezogenen Kurs-Praktikums arbeitete ich Anfang der neunziger Jahre für drei Monate in Irland zusammen mit Professor Wilhelm Angermeier. Er war Psychologe, hatte schon mal Affen zur Vorbereitung der bemannten Missionen in den Weltraum geschickt und unterhielt nun auf der winzigen Atlantikinsel Furnish vor Galway an der irischen Westküste ein Verhaltenslabor, das in einer kleinen Steinhütte untergebracht war. Er lebte in einem Nachbargebäude. Angermeier hatte sich mit einem örtlichen Fischer angefreundet und kaufte ihm und seinen Kollegen regelmäßig die Tintenfische ab, die sie ansonsten schon auf See oder spätestens nach der Ankunft ihrer Boote im Hafen direkt auf den Steinen am Kai totschlugen. Die Fischer glaubten, dass Tintenfische – eigentlich sind es eher Schnecken – ihnen die Makrelen und andere Fänge wegfraßen. Angermeier hatte neben ein bisschen Aufklärung ein weiteres Argument, nämlich fünf britische Pfund pro Tintenschnecke. Er wollte die Tiere aber nicht essen, sondern hatte anderes mit ihnen vor. Einige Studierende und ich assistierten ihm dabei. Was ich sah, war erstaunlich und änderte mein Leben.

»Professor Bill« hatte in die Aquarien der Tiere jeweils ein kleines, durchsichtiges Glas mit dem Lieblingsleckerbissen aller Kraken gestellt: einen kleinen Krebs aus der Teilordnung der Krabben. Um die Tiere aus der Reserve zu locken, war das Glas manchmal mit einem durchsichtigen Deckel verschlossen und manchmal mit einem farbigen. Die neugierigen Kopffüßler spielten so lange an dem verschlossenen Behälter herum, bis sie begriffen hatten, wie der Mechanismus funktionierte. Kaum hatten sie den Deckel angehoben, schnappten sie sich ihre Beute und fraßen sie auf.

Damit aber nicht genug: Unsere cleveren Tintenfische konnten auch noch nach vielen Tagen diese Aufgabe lösen, ohne dass sie erst wieder langwierig erproben mussten, wie sich das Futterglas öffnen ließ. Sie hatten sich die Aufgabenstellung gemerkt und erkannten sie beim nächsten Mal sofort wieder. Außerdem, und das war fast noch spannender, entwickelte jedes Exemplar eine andere Methode, um ans Ziel zu gelangen: Ein Tier hielt mit dem ersten Arm das Gläschen fest, hob mit dem zweiten den Deckel hoch und angelte mit dem dritten die Krabbe heraus. Ein anderes dagegen schwamm mit voller Wucht gegen das Gläschen, bis es umkippte, wartete, bis die Krabbe herauskam, und ließ sich anschließend auf sie fallen. Jeder einzelne Tintenfisch jagte auf seine ganz persönliche Weise – und wenn er damit zum Erfolg kam, tat er das gerne wieder. Er hatte die Lösung gelernt und einen eigenen Stil entwickelt!

Die Tiere konnten aber noch mehr, nämlich beispielsweise mogeln. Sie schauten sich von den anderen ab, für welches rote Dreieck oder grüne Viereck es eine Krabbe gab, und lernten dann auf einmal unglaublich schnell. Die Tiere hatten uns ausgetrickst. Das nahm erst ein Ende, als wir Sichtbarrieren aufbauten.

Nachdem wir zudem festgestellt hatten, dass die Tintenschnecken uns nur durchs Anschauen von Fremden unterscheiden konnten und nicht nur mit uns spielen wollten, sondern sich sogar auf unserer Hand aus dem Aquarium trauten, fragten Professor Angermeier und wir anderen uns natürlich, wie intelligent, vernünftig und wissbegierig eine vom Menschen so weit entfernte Art sein konnte.

Um das zu beantworten, suchten wir uns für eine zweite Versuchsreihe etwas gewöhnlichere Schnecken aus, genauer gesagt: gestrichelte Buckelschnecken, die ebenfalls direkt vor unserem Inselchen vorkamen. Diese Tiere besitzen im Gegensatz zu den Kraken mehrere kleine und weit auseinanderliegende Minigehirne, die ziemlich schlecht miteinander verschaltet sind. Wir dachten, dass sie deutlich schlechter lernen würden als die Tintenfische und wollten herausfinden, zu welcher Gedächtnisleistung die Schnecken in der Lage waren. Das Problem war nur, deren Leistung auch zweifelsfrei zu erkennen. Denn die Tintenfische konnten wir für die gelösten Aufgaben mit der Krabbe belohnen, aber eine Buckelschnecke würde für einen ähnlichen Versuch zu ungeschickt und zu langsam sein. Bis sie eine Belohnung erhielt, verging zu viel Zeit, als dass sie noch einen Zusammenhang erkennen konnte.

Also »bestraften« wir sie sehr sanft. Da die Schnecken keine Verschlüsse öffnen konnten, verwendeten wir ein einfacheres Verhalten: Wir brachten sie in unser Labor und setzten sie auf eine Glasplatte. Nachdem sie sich dort festgesaugt hatten, tupften wir sie auf die immer gleiche Weise an. Daraufhin machten sie das, was Schnecken eben so machen, wenn sie sich bedroht fühlen oder genervt sind: Sie zogen ihre Fühler oder ihren ganzen Körper eine Zeit lang ein. Je öfter wir die Tiere antupften, desto seltener erschraken sie.

Doch manchmal hatten sie die Gewöhnung schon einen Tag später wieder vergessen und mussten erneut lernen, dass ihnen gar nichts Schlimmes widerfuhr. Doch das waren nur Einzelbeobachtungen, und in den Naturwissenschaften ist einmal bekanntlich keinmal.

Wir wollten es also genau wissen. Nachdem wir die Tiere fünf Tage lang darauf trainiert hatten, sich möglichst selten anzusaugen, ließen wir sie zuletzt einen ganzen Monat lang in Ruhe. Nach 30 Tagen schließlich setzten wir die Schnecken wieder auf die Glasplatte und warteten, was passieren würde. Und tatsächlich: Fast alle trainierten Tiere saugten sich deutlich weniger oft an, als sie es noch am allerersten Tag getan hatten. Sie hatten entgegen jeder Erwartung über einen Monat hinweg nicht vergessen, was passieren würde, wenn sie es sich auf der Platte gemütlich machten. Das war echt unglaublich!

Auch ein weiteres Ergebnis war bemerkenswert: Die Schnecken lernten das Verhalten oft schon beim ersten Durchgang, denn schon ab dem zweiten Tag saugten sie sich seltener an als am Tag zuvor. Damit unterschieden sie sich deutlich von uns. Wir Menschen lernen ein Verhalten oft erst nach mehreren Durchgängen, weil wir prüfen, ob auf eine bestimmte Handlung hin auch wirklich immer etwas Bestimmtes geschieht. Täten wir das nicht, würde jemand, der beispielsweise gerade ein Eis isst und zugleich eine Straßenbahn vorbeifahren sieht, denken, dass zwischen dem Eis und der Straßenbahn irgendein Zusammenhang bestehe. Aber wir besitzen ja auch über 80 Milliarden Nervenzellen und ein zusammengefasstes Gehirn. Die Schnecken nicht.

Wir verstanden, dass sowohl achtarmige Tintenfische als auch Schnecken – beides wirbellose und damit angeblich »niedere« Tiere – mit einem um Längen einfacheren Nervengeflecht als bei uns Säugern ein Gedächtnis haben, das ziemlich gut Belohnungen und auch unangenehme Reize einordnen und abspeichern kann. Das erstaunte mich mehr als alles, wozu ein Löwe, ein Hund oder meinetwegen ein Affe im Weltraum imstande war.

Als ich wieder von der einsamen irischen Insel zurück-kam, verfestigte sich der Gedanke, dass wirbellose Tiere auch deshalb faszinierend sind, weil sie – wie jeder einzelne Tintenfisch – echte Freunde mit einmaligen Persönlich-keitszügen oder wie die Buckelschnecken einfach ziemlich smarte Wesen sind. Warfen wir die Buckelschnecken nach den Experimenten beispielsweise ins Wasser, so kehrten sie oft an ihre weit entfernte Lieblingsstelle auf einem gro-ßen Stein zurück. Wir waren da ganz sicher, weil wir ihre Gehäuse mit Nagellack beschriftet hatten. Später stellte sich heraus, dass viele Tiere die Polarisationsrichtung von Licht erkennen und so wie Seeleute mit den Sternen und der Sonne navigieren können. Seither habe ich nie wieder eine Schnecke oder einen frittierten, gegrillten oder sonst wie zubereiteten Tintenfisch gegessen. Meine beiden Mitstudie-renden haben sogar geweint, als wir unsere Tintenfische am Ende der Versuche wieder ins Meer entließen.

Bis heute bewegt mich vor allem das Vertrauen der Tiere, das sie uns zeigten, wenn sie ohne Lohn oder Nachteile auf unsere Hände stiegen und sich einfach so an der freien Luft herumtragen ließen. Welcher Hund, welche Katze oder welcher Mensch würde sich von einem Riesen-Tintenfisch freiwillig unter Wasser ziehen lassen und darauf vertrauen, dass ihm dort nur Gutes passiert? Wohl keiner.

Die Zeit in Irland war ein weiterer Schritt zu meinem heu-tigen Beruf – und der erste zu meinem Dasein als Veganer.

Den letzten machte ich übrigens nach einer Tatortbegehung einige Jahre später: Eine polnische Sexarbeiterin war getötet worden, und ich sollte vor Ort die Blutspuren analysieren. Doch das, was sich in dem Raum abgespielt hatte, in dem noch die Kerzen brannten, die die Frau für ihren Kunden angezündet hatte, war spurentechnisch seltsamer als sonst. Das Blut des Opfers war wirklich überall – an den Wänden, auf dem Boden und an der Decke. Das Zimmer sah aus wie ein ungesäubertes Schlachthaus, und das Opfer war so heftig zusammengeschlagen und zerschnitten, dass der Geruch von Blut und Gewebe in der Luft lag. In diesem Augenblick wurde mir völlig klar, dass Gewalt gegen Lebewesen etwas völlig Irres ist. Ich aß auch zuvor schon keine Wurst oder Steaks, und blutige Tatorte hatte ich auch schon genug gesehen. Aber irgendetwas in mir veränderte sich, und seit diesem Tag kann man mich selbst mit edel verpacktem Fleisch vergraulen.

Dass ich später auch noch auf Käse und Milch verzichtete, hat mit solchen Erlebnissen aber nichts zu tun. Das lag einfach daran, dass ich mich im Laufe der Jahre, in denen ich mich viel mit dem Leid von Menschen, vor allem übrigens der Angehörigen, beschäftigte, auch immer stärker in das Leid der Tiere hineinversetzen konnte. In diesem Zusammenhang musste ich feststellen, dass es etwa Milchkühen und Schweinen in ihrer industriellen Umgebung sehr schlecht geht. Jungkälber erhalten per Verordnung zunächst einmal einen »Lebensraum« von 1,5 Quadratmetern zugewiesen, und zwei Jahre später nach der künstlichen Besamung und der sofortigen Trennung von ihrem Nachwuchs werden sie an über 300 Tagen im Jahr dreimal täglich in einem Melkkarussell an eine Maschine angeschlossen. Der Großteil aller klimaverändernden Treibhausgase stammt aus der Tierwirtschaft. Es ist alternativlos, auf eine pflanzenbasierte Wirtschaft und Ernährung umzuschwenken. Ich habe sogar meinen geliebten alten Ledermantel entsorgt. Danach fühlte ich mich wirklich besser, aber darum sollte es jetzt ja gar nicht gehen.

Die Wirbellosen waren nun mein Ding: Nach acht Semestern verfasste ich meine Diplomarbeit über genetische Fingerabdrücke verschiedener Nematodenstämme. Das waren etwa einen halben Millimeter große, durchsichtige Fadenwürmer. Es gibt Tausende anderer Arten, die sich an praktisch jedes Ökosystem dieser Erde anpassen können. Sie leben im Meer, in Süßwasserseen, am Polarkreis oder in der Wüste. Manche siedeln auch im menschlichen Darm. Die Tierchen sind wegen ihrer hohen »Generationsfolge« – sie haben viele Nachkommen und leben nur kurz – und weil sie außerdem durchsichtig sind, gute Forschungsobjekte. Man kann zusehen, wie und wann sich ihre Zellen im Körper verteilen. Für diese Entdeckung gab es im Jahr 2002 einen Nobelpreis. Mein Chef, der großartige Professor Einhard Schierenberg, hatte die stets festgelegte Anzahl der Zellen beim Schlüpfen des Jungwurmes bestimmt. Es sind genau 671. Ich allerdings untersuchte einfach, wie man verschiedene Gruppen der Würmer anhand ihrer DNA voneinander unterscheiden konnte. Die Methode dazu hatte ich aus der Rechtsmedizin mitgebracht. Eine Idee, welchen Job ich damit ergreifen könnte, hatte ich aber nicht. Es hatte mich aber auch nie jemand danach gefragt, was ich werden wollte. Ich forschte und mischte Techniken und Kenntnisse, weil ich es spannend fand.

Während des Studiums gab es keine Beratung oder Nachfragen zum Job. Niemand hatte je von mir wissen wollen, welchen Beruf ich irgendwann mal ausüben wollte. Das letzte Mal, als ich diese Frage hörte, war ich vielleicht acht oder neun Jahre alt. Das vermute ich zumindest, weil ich sie heute oft von Erwachsenen höre, die Kinder so etwas fragen. Ein einziges Mal wurde ich möglicherweise doch gefragt. Ich sammelte als Kind nämlich Karten mit Kochrezepten. Vermutlich hatte ich mal durchsickern lassen, dass ich Koch werden möchte: Ich fand es spannend, aus verschiedenen Zutaten etwas zusammenzubauen, und wer weiß, vielleicht hätte ich heute ein kleines, veganes Restaurant, in dem ich aus regionalen und saisonalen Zutaten lustige Gerichte zum Einheitspreis anbieten würde, und in dem kein Gast vorher wüsste, was bei ihm auf den Teller kommt. Haha! Zumindest geht es meinen Gästen heute so, wenn ich mal etwas koche.

Offenbar konnte ich auch meine Mutter schon damit anstecken, denn eines Tages zu Ostern servierte sie neulich anstelle eines Lammbratens ein veganes Überraschungsmenü aus einem Rote-Bete-Carpaccio und Ähnlichem. Mein Vater hätte zwar lieber sein Lamm gehabt, aber ich fand das echt großartig. Das liebevolle Video, das wir dabei gedreht haben, kursiert bis heute auf YouTube.

Jedenfalls kümmerte sich keiner um die künftige Laufbahn von Studierenden, zumindest nicht in der Biologie. Nach dem Abitur war ich aus Spaß mal zum Berufs-Informations-Zentrum des Arbeitsamtes gegangen und hatte dort in den Ordnern geblättert. Die standen zur freien Einsicht dort in Regalen, und ihr Inhalt war wirklich bizarr: Es wurden fast nur Industrie- oder Behördenjobs angeboten. Mein Lieblingsordner war der für eine »Laufbahn« beim Bundesamt für Verfassungsschutz in Köln. Es stand zwar nichts darüber im Ordner, was man eigentlich können muss, dafür aber die Gehaltsstufen und alle möglichen Details zur Organisation der Behörde. Bis heute muss ich darüber lachen, dass Kolleginnen und Kollegen aus Behörden einem gerne als Erstes eine Übersicht über den Aufbau ihrer Abteilungen zeigen. Wofür dieser Aufbau wichtig ist, habe ich nie verstanden. Was mich ernüchterte, war, dass alles, was die Ordner aufzeigten, streng gegliedert war in Lebenswege, Verdienstgruppen und formelle Voraussetzungen. Das interessierte mich überhaupt nicht. Ich wollte stattdessen wissen, um welche Inhalte es bei den entsprechenden Berufen ging. Das stand dort aber, wenn überhaupt, nur in steifen Hauptwörtern und Floskeln.

Bevor ich ging, füllte ich ein Formular aus, das abfragte, welche Tätigkeiten man gerne machte. Eine Frage lautete, ob man gerne Formulare ausfülle – das tat ich wirklich gerne, nicht nur in diesem Moment, sondern schon immer. Ich liebte zum Beispiel die orangefarbenen Überweisungsvordrucke, die es früher bei der Bank gab. Man musste dort ganz ordentlich einen Buchstaben oder eine Ziffer pro Kästchen eintragen. Daher war diese Frage auf dem Infoblatt des Arbeitsamtes eine der wenigen, die ich voller Überzeugung mit »Ja« ankreuzte. Ich erkannte aber, dass hier nicht getestet werden sollte, ob man akribisch ist, sondern ob man gerne eintönige Arbeiten durchführt. Das schien mir völliger Schwachsinn zu sein. An diesem Tag habe ich mir geschworen, nie wieder einen Fuß ins Arbeitsamt zu setzen und lieber lebenslang herumzuwurschteln. So habe ich es auch gemacht.

Nach meiner Diplomarbeit ging ich schnurstracks in meine gute alte Kölner Gerichtsmedizin und fragte, ob ich dort meine Doktorarbeit machen dürfe. Die Antwort lautete ja.

Das war eine tolle Zeit. Ich durfte beispielsweise die Urin-proben der Sportlerinnen und Sportler von den Olympi-schen Spielen in Atlanta im Jahr 1996 auf DNA untersuchen. Da die Erbsubstanz aus Urin wenig erforscht war, lief ich wochenlang durchs Institut und sammelte Urin der Mitar-beiterinnen und Mitarbeiter als Vergleichsproben ein. Das klappte gut, denn alle waren es schon gewohnt, hin und wie-der Blut und andere Körperflüssigkeiten für die Biologinnen und Biologen beizusteuern. Das Angenehme im ärztlichen Umfeld ist, dass es dort weniger Theater um alles Körper-liche gibt als anderswo. Ein Körper ist einfach das, was die Nerven – sozusagen die Seele – umhüllt und am Laufen hält. Eine entspannende Sicht.

Meine ehemalige Chefin war inzwischen zur Leiterin der DNA-Abteilung am Institut für Rechtsmedizin, dem Chief Medical Examiner's Office (OCME) in New York, berufen worden. Sie kannte sich mit genetischen Spuren aus, und Tatorte – Leichen wie Sexualdelikte – gab es dort genug. Da-her suchte das OCME Expertinnen und Experten, die unter den schlechten Bedingungen im Labor mitten in Manhattan an der 32sten Straße arbeiten wollten.

Finanziell betrachtet war meine Lage nach wie vor krass. Immerhin hatte ich in Köln aber eine sogenannte halbe Stelle, sodass meine Miete bezahlt war. Ich schrieb auch hin und wieder Artikel für *Die Zeit* und die *Süddeutsche Zeitung*, die in ihre Wissenschaftsteile gerne naturwissenschaftliche Entwicklungen der neuen oder ungewöhnlichen Art auf-nahmen. Das brachte mir ein bisschen Geld und sehr viel Spaß ein. Erklären, das wusste ich schon, ist die Kunst, et-was, das man wirklich verstanden hat, in kurzen Sätzen und ohne Fremdwörter darzustellen. Das Schreiben ist gar nicht so schwierig, aber etwas vorher wirklich zu verstehen und nicht nur so zu tun, das ist hart. Ich übe es bis heute, indem ich seit 1999 jeden – ja, jeden – Samstagmorgen live eine Mini-Sendung mit aktuellen Forschungsergebnissen im öffentlich-rechtlichen Radio mache. Egal, was am Freitagabend los war!

Zurück zum Geld: Meine Mutter hatte ein sinnvolles und strenges BAföG-Regiment geführt. Die Hälfte wurde gespart, da bei schneller Rückzahlung weniger Zinsen anfielen. Das kam mir nun zugute. Ich hatte Spaß an der Doktorarbeit, war wie schon in der Zoologie auch an den Wochenenden im Labor, und so wäre für weitere Nebenjobs sowieso keine Zeit gewesen.

Mittlerweile hörten wir von Kolleginnen und Kollegen, die wenige Jahre älter waren als wir, dass uns mit einem naturwissenschaftlichen Titel alle Türen offen stehen würden. Sogenannte Unternehmensberatungsfirmen warben promovierte Forscherinnen und Forscher ab, weil diese bereits gezeigt hatten, dass sie sich durch Akten und Probleme durchbeißen konnten. Ich erlebte das zweimal mit Staunen. Ein Kollege wurde aus unserem Labor in der Zoologie von einem Tag auf den anderen zu Microsoft abgeworben. Das Unternehmen baute sogar seine Wohnungseinrichtung im Rheinland ab und in Bayern wieder auf. Auch eine andere Kollegin aus der Genetik landete im sogenannten Projekt-Management bei einer riesigen Software-Firma. Ich wunderte mich. Vielleicht war es eher so, dass die Beraterfirmen mutmaßten, wir Naturwissenschaftler seien sachlich, genügsam und sehr, sehr lange Arbeitszeiten gewohnt. Das traf auch zu. In eine große Firma wollte ich aber bestimmt nicht, und das Karriere-Ding war für mich wie etwas von einem anderen Planeten. In der Rechtsmedizin musste ich mir schon täglich die Witze der coolen Sekretärinnen darüber anhören, dass mein Kittel unmodisch sei: Ich hatte ihn mir länger genäht, damit nichts auf meine Füße tropfen konnte. Und meine Socken in den Sandalen hatten damals oft nicht dieselbe Farbe – auch das gab Anlass zu Neckereien. Wie ich erst später erfuhr, sind Socken in Sandalen – egal welcher Farbe – vielen Menschen ein Graus.

Das einzige Mal, dass meine Kolleginnen – es waren zunächst nur Frauen – wirklich ein ernstes Wort mit mir sprachen, war wegen meinem übermäßigen Gebrauch von Irish Moss, dem schon erwähnten Rasierwasser von 4711. Bei diesem Duft war die sonst endlose Geduld meiner Mitstreiterinnen zum ersten und einzigen Mal an ihr – zumindest für mich erkennbares – Ende gelangt.

In meiner Doktorarbeit befasste ich mich also wieder mit genetischen Fingerabdrücken. Das Thema hatte mich seit meiner ersten Zeit im Institut nicht mehr losgelassen, wofür auch die aus heutiger Sicht pioniertypische Stimmung verantwortlich war. Wir tüftelten und hatten ein spannendes Plätzchen gefunden, das mit jedem Kongress spannender wurde. Wir Biologinnen und Biologen waren international ganz selbstverständlich vernetzt, was in der Rechtsmedizin damals noch weniger üblich war als heute.

Je tiefer ich in diese Welt eintauchte, umso interessanter fand ich die Verbindungen zu vielen Nachbargebieten. Deshalb hatte ich ja auch für mein Diplom mit den in die Zoologie umgetopften DNA-Verfahren aus der Rechtsmedizin gearbeitet. Über Insekten wusste ich noch nicht so viel, aber in genetische Fingerabdrücke und die Unterscheidung von Menschen und Tieren hatte ich mich eingefuchst. Das lag auch an den Wendungen der Fälle.

Im Sommer 1988 hatte in einem niedersächsischen Dorf ein 26-jähriger Mann nach einem Discobesuch seine 78-jährige Nachbarin überfallen, vergewaltigt und anschließend erstochen. Im Prozess eineinhalb Jahre später konnte die Tat auch durch Erbsubstanz, die man am Tatort gesichert hatte, bewiesen werden. Allerdings gab es bis dahin noch keine Regelung, wie die Richterinnen und Richter mit solchen Beweisen, die zudem teilweise noch von einem Labor in England untersucht werden mussten, umzugehen hatten. Der Verteidiger des mutmaßlichen Täters hielt den genetischen Fingerabdruck daher für ein unzulässiges Beweismittel und beantragte vor dem höchsten Gericht eine andere Bewertung des Falles. Im September 1990 fällte der Bundesgerichtshof dann ein Grundsatzurteil, wonach die neuartige Methode auch in Deutschland in Strafverfahren herangezogen werden durfte – zumindest, wenn es um die Aufklärung schwerer Verbrechen ging. Dazu durften nur Abschnitte genutzt werden, die keine Auskunft über Erbkrankheiten, Charakterzüge oder Ähnliches Auskunft gaben. Das war kein Problem. Das Verfahren des Kollegen Jeffreys stellte sowieso nur Erbsubstanz-Bereiche dar, die zwar für jeden Menschen einmalig sind, aber nichts über seinen Körper oder Geist aussagen. Es sind bloß »Schalter«, wie in einem Stromschrank: Anhand der Schalter lässt sich nichts über die angeschlossenen Geräte sagen.

Die Entwicklung genetischer Fingerabdrücke vollzog sich von nun an gigantisch schnell: Brauchte man anfangs noch ein halbes Schnapsglas voller Blut, um genügend Zellen für einen Test zusammenzubekommen, so wurde das Verfahren von Jahr zu Jahr immer genauer und die benötigten Mengen immer kleiner. Die Laborarbeit war aufwendig, weil jede Stelle auf der Erbsubstanz, also jedes »Merkmal«, einzeln vervielfältigt und dargestellt werden musste. Wir wussten aber, dass mindestens acht (später bis zu einundzwanzig) Merkmale nötig sind, um Menschen sicher voneinander zu unterscheiden oder Spuren von einem Tatort einem anderen Tatort zuzuordnen.

Für meine Doktorarbeit erprobte ich daher ein Verfahren, um verschiedene Stellen auf der DNA in einem einzigen Reaktionsgefäß vervielfältigen zu können. Zuvor musste man jede dieser Stellen in einem einzelnen Behälter bearbeiten, was die Angelegenheit zum Beispiel bei Massentests ziemlich aufwendig und natürlich sehr teuer machte. Manche Erbsubstanz-Bereiche ließen sich bei gleichen Temperaturen in der Vervielfältigungsmaschine vermehren, andere nicht. Manche waren zwischen Menschen sehr verschieden, andere kamen sehr häufig vor. Da ich viele Proben auch von meinen Studierenden aus Vietnam und den Philippinen mitgebracht hatte, konnten wir so nicht nur mit Erbsubstanz aus Deutschland arbeiten, sondern auch aus Gebieten, in denen die Menschen ein bisschen anders aussehen. Es war eine großartige internationale Forschungsgemeinschaft. Das zusammen mit mir aufgebaute DNA-Labor auf den Philippinen feiert bei Erscheinen dieses Buches sogar sein 25-jähriges Jubiläum.

Der genaue Titel meiner Doktorarbeit lautete »Genetische Fingerabdrücke forensischer biologischer Spuren mittels zweier Multiplexamplifikationen« (→ Seite 255). Das klingt kompliziert, aber es geht nur darum, mit sehr wenigen Zellen auch aus alten oder vertrockneten Spuren erfolgreich arbeiten zu können.

Hinzu kam, dass ich in der Rechtsmedizin manchmal Angehörige von Toten zu den Leichen begleitet habe oder am Wochenende Gruppen trauernder Menschen vor der Tür stehen sah, die noch ein einziges Mal ihren soeben verunglückten Verwandten sehen wollten. Im Laufe der Zeit ging es nicht mehr nur um Mord, olympisches Doping und Sexualdelikte, sondern auch darum, Angehörigen nach einem Flugzeugabsturz, Verbrennen oder Überfahren eine schnelle und sichere Identifizierung der Leiche zu ermöglichen. Den Gesichtsausdruck einer Ehefrau, die ihren toten Mann damals noch ohne Erbsubstanz-Test persönlich erkennen musste, werde ich nie vergessen: Ich sah den posttraumatischen Vorhang regelrecht herunterfahren, der Menschen vor sehr starken Gefühlen schützt.

Soviel ich weiß, gibt es in Deutschland heute keine »polizeilichen« Identifizierungen toter Angehöriger mehr, indem man ihr Gesicht anschaut. Das Problem dabei ist, dass Menschen den völlig entspannten Gesichtsausdruck ihres Partners oder ihrer Partnerin noch nie gesehen haben und daher einen kurzen Moment noch glauben können, das sei alles nicht passiert. Eine halbe Sekunde später bricht dann die Welt zusammen, wenn sie erkennen, dass es eben doch ihr Angehöriger ist.

Doch zurück zu den Tatortspuren. Es ist natürlich nie sicher, dass eine Täterin oder ein Täter am Tatort ausreichend Blut oder andere Körperflüssigkeiten hinterlässt. Während meiner Doktorarbeit war die Technik aber so weit, dass auch winzige Spuren untersuchbar wurden. Da ich gerne tüftele, und da unser Institutschef sich gut mit den Sportwissenschaftlern und -Wissenschaftlerinnen verstand, dehnte ich meine Arbeit daher auf eine andere Spurengruppe aus: Urinproben. Das hatte erneut weniger mit Mördern und Vergewaltigern zu tun, sondern vor allem mit den besagten Olympischen Spielen in Atlanta. Dort wurden zwar eine Menge Athleten beim Dopen erwischt – die meisten aber eben nicht. Und das, obwohl sich nicht nur die olympischen Kontrolleure und Kontrolleurinnen sicher waren, dass viele Spitzenleistungen übermenschlich waren. Unsere Betrüger und Betrügerinnen hatten es leicht: Sie gaben bei den unangekündigten Kontrollen einfach aus unter dem Arm festgehaltenen Beuteln mit in die Hose führendem Schlauch, aus zuvor eingeführten »Femodomen« (Kondome mit Fremd-Urin in der Vagina) und Ähnlichem Urin »sauberer« Personen ab. Andere Sportlerinnen und Sportler ließen sich tolle Ausreden einfallen, um ihre positiven Dopingproben zu rechtfertigen. Sie behaupteten meist, dass der Urin im betreffenden Gefäß gar nicht von ihnen stamme. Das war natürlich Quatsch, und man wusste das auch schon längst. Mehrere Spitzensportler und -sportlerinnen hatten nach Ende ihrer Karriere bereits zugegeben, dass sie laufend mit neuen Tricks gedopt wurden. Aber auch im Sport galt der Grundsatz »Im Zweifel für den Angeklagten«, und daher konnten die Dopingfahnder und -fahnderinnen die Vergehen oft nicht so nachweisen, dass es vor Gericht ausgereicht hätte.

Mein lustigstes Erlebnis hatte ich, als ich eines Tages ein Team von Ringern und Ringerinnen besuchte, um deren Urin zu erhalten. Da sie nicht gedopt waren, willigten sie gerne ein, baten mich aber als Gegenleistung um eine Palette Sportgetränke und einen einzigen Wurf. Das Letzte, woran ich mich erinnere, war, dass einer der Sportler mir die Hand reichte. Das Nächste war, dass ich erwachte und die Hallendecke sah. Ich war so unglaublich unsportlich – außer Rudern konnte ich nichts –, dass ich beim Wurf des Ringers auf einer wirklich dicken und weichen Matte für einen kurzen Moment ohnmächtig geworden war. Immerhin, ich hatte im Gegenzug Original-Urin von Original-Sportlern erbeutet.

Nun versuchte ich, den genetischen Fingerabdruck aus Urin einfacher als bisher sichtbar zu machen – indem ich die einzelnen Abschnitte eben nicht einzeln, sondern gemeinsam vervielfältigte. Das sparte Zeit und Geld. Das Bundesinstitut für Sportwissenschaften half mir dabei, denn dort saßen nicht nur die Experten und Expertinnen in Sachen Doping, sondern sie hatten auch noch einen kleinen Förderbetrag für meine Arbeit. Das reichte zwar nicht für die gesamte Dauer der Experimente, aber danach erhielt ich ein Fortune-Stipendium des Landes, und so kam ich über die Runden.

Die Arbeit war eine echte Frickelei, da wir alle mit unsichtbaren Bestandteilen und durchsichtigen Flüssigkeiten arbeiteten, die auf den Mikroliter genau abgemessen werden mussten. Doch genau das machte mir und allen anderen richtig Spaß. Die kleinste Verunreinigung führte unweigerlich dazu, dass der genetische Fingerabdruck vermurkst war, und das ließ sich nicht schönreden.

Ich liebe Präzision und Sauberkeit, vor allem, wenn das Verfahren schwierig und auf neuen Gebieten ist. Auch in dieser Sache waren meine Eltern übrigens gute Vorbilder, denn sie sortierten und reinigten auch privat regelmäßig alles ordentlich, vom Gewürzregal bis zu den Möbeln auf dem Balkon. Ich habe seither keine Angst vor Chaos, weil selbst vielfältige Proben einfach nur sortiert werden müssen – und schon findet sich alles wieder. Ordnung beruhigt mich ungemein.

Durch die Vaterschaftstests konnte das Institut in unseren alten Kachel-Keller mit seinem manchmal sehr merkwürdig riechenden Abfluss moderne Geräte stellen. Zum ersten Mal hatte ich auch mit den Mitarbeitern und Mitarbeiterinnen von Groß-Geräte-Firmen zu tun. Sie veranstalteten kleine

Tagungen bei uns. Seither mag ich kleine und tüftlige Veranstaltungen besonders: Dort hocken die sonst unsichtbaren Spezialisten und Spezialistinnen regelrecht aufeinander, und es geht nicht um Beförderungen, Tratsch, Gefühle oder Geld, sondern um Tricks, Techniken und Maschinen. Und die verstehe ich viel besser als soziale Dinge.

Als Gegenproben zum Doping-Urin benötigte ich Vergleichsmaterial. Also lief ich wie erwähnt tagelang durch die Büros in der Rechtsmedizin und bat meine Kolleginnen und meine Kollegen, mir netterweise Röhrchen ihrer Ausscheidungen abzufüllen – was viele tatsächlich gemacht haben. Am Ende konnte durch die Arbeit vieler Kollegen und Kolleginnen und meinem kleinen Beitrag kein Sportler und keine Sportlerin mehr Urin vertauschen, ohne dass es aufgefallen wäre. Das war vor allem deshalb ein lustiger Dreh, weil mich Sport noch nie interessiert hat und ich trotzdem mitgeholfen hatte, ihn ein bisschen fairer zu machen. Diese »Streichholzbreite« ist bis heute mein Maßstab. Ich glaube nicht, dass die Welt schlagartig anders wird, aber ich glaube an das, was der Staatsanwalt Fritz Bauer zum Auschwitz-Verfahren in Frankfurt am Main gesagt hat: dass es schon hilft, wenn wir eben eine Streichholzbreite vorankommen. Mehr muss es oft nicht sein – denn natürlich bestehen auch große Dinge aus kleinen Bausteinen.

Nach zwei Jahren war meine Doktorarbeit fertig, und ich konnte mich neuen Aufgaben zuwenden.

Mecki und ich hatten schon vor längerer Zeit darüber gesprochen, ob ich bei ihr in New York arbeiten könnte. »Wir haben hier richtig viel Arbeit«, sagte sie. »Und wir brauchen dringend Menschen, die mit den neuen Methoden vertraut sind.«

Das stimmte natürlich. Dass in einem städtischen Institut in den USA aber nicht so viele Forscherinnen und Forscher arbeiten wollten, wie man vermuten könnte, lag daran, dass der Job auf der untersten Stufe einer Laufbahn angesiedelt war und beispielsweise mein dortiges Gehalt wieder nur dafür reichte, meine Miete zu zahlen. Da die Studierenden in den USA sehr karrierebewusst sind und zum Teil horrende Studienkredite zurückzahlen müssen, haben sie auf so etwas meist keine Lust. Darüber hinaus hatte eine Anstellung in einem Kriminallabor zu jener Zeit, in der es die heute bekannten TV-Hochglanzserien ja noch nicht gab, keinen abenteuerlichen Ruf. Der Begriff CSI hieß damals »Compuserve International« und war seit längerem mein Internetanbieter. Die Folge war, dass ich im Jahr 2000, als die Serie dann anlief, auf einmal die E-Mail-Adresse benecke@csi.com hatte. Und das, obwohl ich bis heute, wie schon erwähnt, nur eine einzige Folge der Serie für eine Besprechung in der deutschen Zeitschrift *stern* gesehen habe.

In dem Gebäude, in dem unser Labor an der 32sten Straße lag, waren unter anderem die in den USA sehr bekannten Rechtsmediziner Milton Helpern und Michael Baden Chefs gewesen. Helpern hatte dem Institut eine großartige Bibliothek hinterlassen, und in der Klinik nebenan war eine weitere Spitzenbibliothek. Trotzdem war das Gebäude ein wenig in die Jahre gekommen. So fuhren wir meist mit dem Lastenaufzug, der oft ein Leichenaufzug war.

In Manhattan wohnte ich im East Village. Dieser Stadtteil liegt, wie das Institut, im Südosten von New York, sodass ich mit dem Rad und dem Bus problemlos unterwegs sein konnte. Wie ich bald bemerkte, war mein Viertel ursprünglich ein altes deutsches Einwandererviertel gewesen, danach zogen die Ukrainer dort ein. Es gab noch einen alten polnischen Metzger, und in der Zeit der Prohibition wurde hier richtig hart Alkohol geschmuggelt. Außer mir wohnte niemand aus dem Labor auch nur in der Nähe einer solchen »Neighborhood«. Ich hingegen liebe sie bis heute und freue mich an der weltweit wohl höchsten Dichte an Tattoo- und Piercing-Studios und damals auch noch des coolsten Restaurants der Erde, dem *Yaffa Cafe*. Dort gab es ein Karottendressing zum Salat, Kondome mit dem Foto der verkleideten Besitzerin zur Rechnung und alles, wirklich alles vom Tisch über die Bänke bis hin zu den Lampen glitzerte und spiegelte so stark in den Augen, dass es ausnahmsweise unbeschreiblich bleiben soll. Als das *Yaffa* im Jahr 2014 schloss, brach mir das Herz. Zum Glück hat Martin Schöller, heute einer der bekanntesten Fotografen weltweit, damals mit mir noch ein schönes Foto dort geschossen.

Die meisten Expertinnen – es waren wie oft in meinem Fach vorwiegend Frauen – in unserem kriminalbiologischen Labor beherrschten noch klassische Methoden wie Bluttests von Schweinen, Hühnern oder Rindern. Ich lernte beispielsweise einen Test kennen, bei dem man in ein kleines Gelee-Plättchen kreisförmig Löcher stanzte und dort Anti-Schaf, Anti-Huhn und so weiter einfüllte. In die Mitte kam in ein weiteres Loch unsere Probe. Wenn sich ein heller Strich bildete, wussten wir, von welchem Tier das Blut stammte – oder ob es doch Menschenblut war. Eine weitere sehr gute Idee war es, bei Sexualdelikten erst einmal die Spermien und Vaginalzellen unter dem Mikroskop anzusehen. Das ist einfach: Man erhitzt sie einfach kurz auf einem Glasplättchen und färbt sie. So konnten wir sicher sein, dass unsere Erbsubstanz auch wirklich aus Spermien stammte – wir hatten sie schließlich mit eigenen Augen gesehen. Diese Herangehensweise gefiel mir: simpel, aber stimmig.

Dazu kam, dass der Bürgermeister Rudolph Giuliani, der 1994 ins Amt gewählt worden war, sich unbedingt einen Namen als Mann für Recht und Ordnung machen wollte. Schon sein Vorgänger David Dinkins hatte die Polizei personell um 25 Prozent aufgestockt und die Kriminalitätsrate deutlich gesenkt. Giuliani ging aber noch weiter: Er duldete keine Waffen, sodass selbst Taschenmesser verboten waren, er weitete die Videoüberwachung aus und sorgte dafür, dass Straßenecken wie der Time Square, die vorher mit Sexshops und Läden für halb verbotene Elektronik glänzten, nun von Walt Disney und Starbucks besiedelt wurden. Die Aufklärung von Verbrechen, insbesondere von Tötungen und Sexualdelikten gehörte auch zu seinem Programm und damit eben auch die genetischen Fingerabdrücke.

Ich fand unsere bunte Truppe aus russischen, ägyptischen, deutschen und natürlich nordamerikanischen Spezialistinnen und Spezialisten super. Ich arbeitete mit Dean, einem jungen Mann aus Texas, dessen Vater im Ölgeschäft steinreich geworden war. Dean tat daher das, was ihn wirklich von ganzem Herzen interessierte und Papi ärgerte: mit Kriminalfällen statt mit Öl arbeiten. Christine aus England hatte mit Fadenwürmern geforscht und dabei sogar einen meiner Professoren getroffen. Eine andere, ältere Kollegin war mit einem Millionär verheiratet gewesen und ging ihrer Arbeit aus reiner Freude nach. James, der von den Amerikanern und Amerikanerinnen sofort in »Jim« umgetauft wurde, stammte ebenfalls aus England, hatte dort die Entwicklung des genetischen Fingerabdrucks sozusagen aus nächster Nähe miterlebt – die Zeitungen dort waren voll mit spannenden DNA-Fällen – und einfach totale Lust darauf, auf diesem Gebiet mitten in der gefühlten Hitze vieler Fälle zu arbeiten.

Bevor ich loslegen konnte, musste ich die US-amerikanische Bürokratie überstehen, was nicht so einfach war, wie es klingen mag. Doch mithilfe des Labors und des Bürgermeisters war bald alles geklärt. Tom aus der Verwaltung des Institutes hatte mit den Worten »Einmal und nie wieder« Seite um Seite eines Papierkrieges der höheren Art bewältigt – es war mehr Zeug, als ich es selbst von unserer deutschen Verwaltung kannte. Meine Lieblingsfrage aus den Hunderten von Bögen war, in welchen Monaten ich meine Grundschule begonnen und abgeschlossen hatte.

Nachdem ich zurück nach Köln geflogen war, um meine Zelte abzubrechen, füllten Mecki und Tom weiter stapelweise Anträge aus, damit ich umgehend loslegen konnte, wenn ich wieder in den USA war. Kurze Zeit später kam eine E-Mail von Mecki: »Mark, du musst rasch nach New York kommen«, schrieb sie, »und hier persönlich etwas wegen des Arbeitsvisums unterschreiben.«

»Ich komm' doch eh bald«, antwortete ich. »Kann man das dann nicht in einem Aufwasch erledigen?«

»Nein, das geht leider nicht. Das muss sofort gemacht werden, sonst klappt es nicht.«

Das war ärgerlich. Denn ich musste meine Flüge natürlich selbst bezahlen, was für mich sauteuer war. Für einen einzigen Termin nach New York?

Ich kannte solche Stunts schon von einer Höllentour auf die Philippinen, wo ich wegen eines kurzen Vortrages 15 Stunden nach Manila fliegen musste. Die Schwester des philippinischen Präsidenten besuchte gerade die Universität, an der ich das DNA-Labor aufbauen sollte. Und da die Schwester des Präsidenten auf den Philippinen fast denselben Stellenwert hatte wie der Präsident selbst, gab es keinen Ausweg.

Ähnlich war es nun auch mit dem Visum für die USA: Es half nichts, es musste sein. Ich buchte die nächstbeste Maschine und flog los. An Bord erhielt ich wie alle anderen Passagiere damals die bis vor Kurzem noch üblichen, länglichen hellblauen, weißen oder hellgrünen Pappkärtchen, die man für das Einreise- und Zoll-Verfahren ausfüllen musste. Es gab auch noch einen zusätzlichen, weißen Zettel für den Zoll. Auf den Formularen war unter anderem anzukreuzen, ob man Nazi ist oder lebende Schnecken mit sich führt.

Da ich noch keinen Vertrag für die Arbeit im Labor bekommen hatte und somit kein Visum bekam, füllte ich den Anmeldzettel für Touristen aus. Nach neun Stunden Flugzeit und einer endlosen Busfahrt in die Stadt stand ich am nächsten Tag übermüdet vor dem Menschen, der die Arbeits-Erlaubnisse in den Pass eintrug, und legte ihm meinen Pass und meine grüne Karte vor.

»Doctor Benecke?«, fragte mich der Beamte, und ich musste schmunzeln, denn so oft hatte ich meinen Namen noch nicht auf Englisch gehört: *Bieh-Näk-Kieh*. »Also, Mr. Bieh-Näk-Kieh, was machen Sie denn für nur einen Tag als Besucher in New York?«

»Na, ich soll hier etwas unterschreiben, um im Kriminallabor zu arbeiten«, sagte ich und dachte ernsthaft, dass sich der Mann mit mir freuen würde.

»Dann ist das leider die falsche Karte, Sir«, meinte er und erklärte, dass ich wegen des künftigen Jobs einreiserechtlich gesehen nicht als Tourist gelte.

»Echt jetzt? Und wo bekomme ich die richtige Karte her?«, fragte ich den Zollbeamten etwas hilflos.

»Keine Ahnung«, sagte er nur.

Entsetzt fuhr ich zu Mecki ins Labor und fragte sie, was wir jetzt machen sollten. Mein Rückflug war bereits am nächsten Tag, und wenn ich unverrichteter Dinge nach Deutschland zurückmusste, konnte ich mir so schnell keinen weiteren Flug mehr leisten. Außerdem war dann irgendeine Frist abgelaufen, und das gesamte Vorhaben stand auf der Kippe.

»Fahr doch nach Kanada und reise dann wieder in die USA ein«, sagte ein Freund von Mecki. »Dabei kannst du den richtigen Zettel ausfüllen.«

»Das schaffe ich nicht mehr«, sagte ich, »auch wenn die kanadische Grenze nicht allzu weit entfernt ist.«

»Hm, dann fahr doch einfach schnell raus nach Newark zum Flughafen und lauf zurück durch die Zollkontrolle«, sagte er. »Dann kannst du dich in die Einreise-Schlange stellen, vom Formular-Tisch einen neuen Zettel schnappen und nochmal einreisen.«

Ich dachte keine Sekunde darüber nach, wie vollkommen irrsinnig diese Idee war. Erstens musste ich überhaupt erstmal in den abgesicherten Bereich des Flughafengebäudes reinkommen. Zweitens war meine Bordkarte ja auf einen anderen Flug ausgestellt als denjenigen, der dann gerade ankommen würde. Aber hey, meine *Forrest-Gump*-Schutzengel – es sind wohl ziemlich viele – waren mal wieder bei mir.

Vor Ort in Newark bemerkte ich, dass die Verbindung zwischen den Einreise-Häuschen und der Gepäckausgabe gerade umgebaut wurde. Durch diese Baulücke in der Wand schob ich mich ohne auffälliges Benehmen – mir war ja gar nicht klar, wie wahnsinnig die Aktion war. Ich wollte das Problem einfach lösen. Kurz darauf stand ich auf etwas neutralerem Boden. Ich suchte mir einen Schalter, erklärte dem Beamten meine Situation, machte ein freundliches Gesicht und hoffte auf sein Verständnis. Der Mann schaute mich mit dem typischen US-Einreisebeamten-Gesicht an und schickte mich umgehend in ein Zimmer, das ich zuvor nie bemerkt hatte. Wie ich später erfuhr, war das kein Zimmer, in das man leichtfertig gehen sollte, da es dort auch schnell zu Ärger kommen konnte. Ich setzte mich und hatte Glück. In meinem Hemd, den Hosenträgern und einem offenbar damals noch harmlos wirkenden Äußeren sah mich der Mann am dortigen Schalter immer wieder aus den Augenwinkeln an. Er prüfte auf diese Weise wohl, ob ich nervös wurde.

Nach etwa einer halben Stunde auf dem Stuhl vor dem Schalter schaute er sich endlich meine Unterlagen an.

»Sie arbeiten bald im Kriminallabor?«, fragte er.

»Ja, ich hoffe es«, sagte ich.

»Oh, das ist sehr gut«, antwortete er. Er erzählte mir, dass er ein riesiger Fan einer mir unbekannten Krimi-Serie war und vor allem schon einmal einen Vortrag über Kriminalbiologie gehört hatte.

»Grüßen Sie mir die Kollegen dort!«, sagte er und stempelte die nun korrekten Formulare ab. Es war unglaublich!

Ich hetzte mit der nun richtig gefärbten Einreisekarte zurück zum Amt, erwischte wörtlich in letzter Sekunde noch die Nachmittagsöffnungszeit und bekam den benötigten Stempel, um meine Stelle in Manhattan antreten zu können. Während ich mich an diese irre Geschichte erinnere, fallen mir mehrere weitere Begebenheiten ein, die sich kaum anders als mit wohlwollenden Schicksalsfrauen, den Nornen, erklären lassen. Vielleicht liegt es aber auch einfach an meiner Persönlichkeitsmischung aus kindlicher Neugier, Offenheit und Wadenbeißerei. Denn wenn ich etwas wirklich will, dann gebe ich keine Ruhe. Entscheiden Sie selbst, ob das eher für Schutzengel oder eine reich gezackte Nervensäge spricht.

Ich flog jedenfalls noch einmal nach Deutschland zurück, und dann ging alles rasend schnell – so schnell, dass ich nicht mal mehr bei meiner eigenen Doktorfeier dabei sein konnte. Das war natürlich ein bisschen schade, aber der Job ging vor. Wie schon gesagt, ich verstehe den Sinn von Geburtstagen und anderen Feiern nicht.

Wenige Wochen nach meiner Reise durch den amerikanischen Behördendschungel ging der nächste Flug in die USA, diesmal allerdings *one way*. Mein neuer Arbeitgeber hieß nun »City of New York – Chief Medical Examiner's Office«.

EIN NERD ZU SEIN IST FEIN:

Warum man normal nicht definieren
kann und sich das wahre Leben in
Entenhausen abspielt

Dass ich möglicherweise ein sonderbares Kind war, hat mir
nie jemand gesagt – und ich selbst empfand das erst recht
nicht so. Das, was ich in meiner Freizeit tat, stellte mich
rundum zufrieden. Ich wurde trotz meiner körperlichen
Unterlegenheit – ich war wie gesagt wirklich immer der
Jüngste – und meiner für Außenstehende womöglich eher
schrägen Vorlieben nie gehänselt. Natürlich interessierte
sich auch niemand, den ich kannte, für Chemie- oder Phy-
sik-Kästen. Da ich auch niemanden damit behelligte, war
es also uninteressant. Oder wie mein Kumpel Klaus Fehling
später sagte: »Nerds sind Spezialisten für etwas, das sie
ganz allein, ohne die Hilfe anderer, beherrschen können.«
   In der Schule lief es fröhlich und friedlich ab. Ich war wie
erwähnt Klassen- und Schülersprecher, und kein Mensch
fragte mich dabei jemals nach naturwissenschaftlichen Dingen. Durch ihre lässige »Et is wie et is«-Einstellung förder-
ten meine Eltern, dass ihr jüngerer Sohn gerne dicke Bücher
las, in seinem Zimmer chemischen Experimenten nachging
und ihn sportliche Dinge nicht interessierten. Hyperaktivi-
tät oder Helikopter-Eltern waren damals in unserem Umfeld unbekannte Ideen. Meine Eltern arbeiteten beide und
hatten und haben bis heute ein echtes Leben.
   Insgesamt würde ich sagen, dass in den siebziger Jahren
ganz gute Bedingungen herrschten. Es gab Anschläge der

Roten Armee Fraktion, später große Angst vor Atombomben, die letzten Ausläufer des Kalten Krieges und dergleichen. Aber alles in allem war die Welt in unserem Mikrokosmos im Kölner Süden in Ordnung. Wir Pflänzchen konnten so heranwachsen, dass trotz und wegen der Wachstumswendungen eine bunte Erfahrungswiese entstand.

Gut, ich habe mein Essen schon immer gerne in genau gleiche Stücke geschnitten, bevor ich es gegessen habe. Ich war von klein auf lichtscheu, und meine selbsttönende Brille trug ich noch nicht aus Mode-Gründen – sie war auch nie modisch, wie ich später erfahren habe –, sondern als Schutz gegen die Helligkeit. Auch Hitze machte mir schon immer zu schaffen, wenn auch früher deutlich mehr als mittlerweile, wo ich zwangsläufig beruflich in Ländern arbeiten muss, in denen es um die 30 Grad warm ist. Aber als Kind hätte ich auf lange und heiße Sommer jederzeit verzichten können, und ich war froh um jeden Tag, an dem es kühl und schattig war. Ich liebe bis heute graue Wetterlagen, Regen in jeder Form – auch in den Tropen – und die ewige Dunkelheit oder besser gesagt das ewige Grau im Winter in Nordeuropa.

»Jeder Jeck is' anders«, sagten die Kölnerinnen und Kölner so oder ähnlich zu alldem. Andere Kommentare zu meinem Verhalten gab es nicht. Oder ich habe sie einfach nicht mitbekommen.

Nur bei einem Thema hatten zumindest meine Mutter und ich verschiedene Meinungen: neue Klamotten. Ich weigerte mich beharrlich, Schuhe, Pullis oder Hosen kaufen zu gehen. Dummerweise funktionierte das nicht unendlich lange. So kamen etwa meine Wanderschuhe, die ich sehr gerne mochte, weil sie sich ausgesprochen bequem anfühlten und noch dazu universell einsetzbar waren, irgendwann an die Grenze ihrer natürlichen Haltbarkeit: Die Sohle löste sich an einigen Stellen vom Rahmen ab, die Zunge war locker, und die Absätze waren abgelaufen. Das hinderte mich aber nicht daran, sie weiterhin zu tragen. Wofür hatten wir denn ein kleines Schustergeschäft direkt um die Ecke? Der Mann wollte ja auch von irgendetwas leben. Doch irgendwann weigerte er sich, wie berichtet, die Schuhe ein weiteres Mal zu reparieren.

Wenn man Schuhe noch richten kann, braucht man sich nicht auf die Suche nach einem anderen Modell zu machen, an das man sich erst gewöhnen muss. Ich verstand und verstehe bis heute den Nutzen neuer Kleidung nicht, wenn die alte noch gut ist. Pullover hatte ich schon damals nur wenige – sie engen mich zu sehr ein, und heute trage ich sie gar nicht mehr. Ich wollte und trug auch nur eine einzige Hose, die ich – wie meine Schuhe auch – so lange anzog, bis sie beim allerbesten Willen nicht mehr zusammenhielt. Am Ende ihres Daseins war jede meiner Jeans so zerrissen wie heute manchmal diese Designer-Teile mit »vorgealterten«, abgenutzten Stellen.

Dass meine Hosen Löcher haben, kann übrigens auch heute noch passieren, selbst wenn ich seit einem Jahr wegen der vielen Reisen zwei Hosen besitze. Seit ich erst in Berlin und dann in Regensburg mal im Winter in Unterhose im Waschsalon saß, habe ich verstanden, wo auch meine Grenzen sind. Von den Leuten im Waschsalon mal ganz abgesehen ... Wenn ihr mich also mal mit verschlissener Kleidung seht, dann trage ich diese nicht aus modischen Gründen. Heute färbe ich alles ohnehin schwarz nach, sodass kein Mensch mehr kleine Risse oder Ähnliches sieht. Und Riesenlöcher dulde ich auch nicht mehr, weil es sonst im Intercity Express zu kalt wird. Das letzte Mal versuchte ich die Rettung einer unrettbaren Hose bei einem griechischen Änderungsschneider in Köln-Nippes, wo ich während des Studiums wohnte.

»Leider nein«, sagte der sehr freundliche ältere Mann mit ernster Miene. Er hatte Sympathie für die damals in Nippes noch reichlich lebenden »sozial schwächeren« Menschen und damit auch für wiederhergestellte Kleidung. Der Tag war gekommen, und selbst er sagte: »Ich nähe dir ein Stück Stoff hinter das Loch. Es wird aber nicht lange halten, weil der Stoff ringsherum zu dünn ist. Magst du dir nicht mal eine neue Hose kaufen?«

»Nö, ich brauche keine. Ich hab' doch die«, antwortete ich wie gewohnt und bat ihn, es wenigstens noch einmal zu versuchen, während ich warten würde. Aber dann kam wie beim Schuster auch bei ihm der Satz, der mir nicht gefiel: »Mark, es geht nicht mehr. Ich kann die Hose nicht mehr flicken. Du musst sie abschneiden und als kurze Hose verwenden oder wegwerfen.«

Meine Mutter war, als ich kleiner war, schon während ihrer vielen vergeblichen Versuche, mich zum Kleiderkauf zu überreden oder mir modische Dinge (violetter Jogging-Anzug!) zu schenken, gescheitert. Sie gab es irgendwann auf. Manchmal war es aber einfach sehr kalt, und so musste beispielsweise eine wärmere Jacke her. Weil meine Mutter das Unheil kommen sah, beauftragte sie meinen Schulfreund, der auch das Chemielabor mit mir eingerichtet hatte, mich bei diesem Vorhaben zu begleiten. Sie gab mir Geld und schickte uns zusammen los in die Innenstadt.

Als wir in der Schildergasse, Kölns und auch Deutschlands meistbesuchter Einkaufsstraße, ankamen, war ich überfordert. Ein Geschäft reihte sich an das andere, und überall gab es: Jacken. Es war mir ein Rätsel, wie ich bei dieser gigantischen Auswahl ein passendes Teil für mich finden sollte. Ich versuchte, mich zu orientieren, so gut es ging, sah mir hier und dort ein paar Jacken an – und kam nicht weiter.

»Wie wäre es mit der?«, sagte mein Kumpel immer wieder.

»Nee, echt nicht«, antwortete ich und ging einfach weiter.

»Und die?«

»Die finde ich auch doof.«

»Und die?«

»Ich weiß nicht. Eher nicht.«

So ging das wirklich stundenlang. Am Ende hatten wir gefühlt hunderttausend Jacken angeschaut, die ich allesamt komisch fand. Nach einem halben Shoppingtag in der City fand ich doch noch eine Jacke, mit der ich mich anfreunden konnte, eine Art blauer Parka »ohne alles«.

»Ich glaub', ich nehm die«, sagte ich und hielt meinem unfreiwilligen Einkaufsberater den einfarbigen Altherrenblouson mit einem komplett geraden Schnitt, Gummibündchen und ohne Verzierungen hin. Es war eine Jacke, die so altmodisch war, dass sie, zu Hause angekommen, selbst mein Vater zu langweilig fand.

Zugegeben, dieses Teil hätten wir vermutlich auch schon nach drei oder vier Minuten von einem x-beliebigen Kleiderständer nehmen und kaufen können. Aber es dauerte leider etwas länger, bis ich so weit war.

»Ich mache das nie wieder«, sagte mein entnervter Kumpel zu meiner Mutter, nachdem wir wieder bei uns zu Hause angekommen waren – obwohl er mich wirklich sehr mochte. Erst viele Jahre später habe ich verstanden, dass es für andere anstrengend sein kann, meine offenbar seltsamen Vorlieben mitzuerleben. Meine Frau sucht beispielsweise niemals in Restaurants den Platz aus. Sie denkt, dass ich genau diesen Platz ohnehin nicht annehmen werde. Das stimmt meistens auch. Es ist kompliziert! So habe ich beispielsweise das Restaurant gerne im Blick, aber nicht, wenn ich angestarrt werde. Ich sitze nicht gerne auf einer Polsterbank, weil sich die Höhe dort durch das Einsinken des Polsters oft ändert und man nicht genau weiß, wo die Sitzfläche seitlich anfängt oder aufhört. Und so weiter. Wie auch immer, mein Kumpel und ich gingen tatsächlich nie mehr zusammen einkaufen.

Das alles hat sich bis heute nur wenig geändert. Noch immer besitze ich sehr wenige Kleidungsstücke, weil ich keinen Sinn darin erkennen kann, einen vollen Schrank zu haben: Was bringen einem verschiedene T-Shirts in verschiedenen Farben? Viel praktischer finde ich es dagegen, wenn ich mir keinerlei Gedanken machen muss, was ich nach dem Aufstehen anziehe. Es sieht zum Glück eh alles gleich aus. Dazu kommt, dass ich Marken keine Bedeutung beimesse. Auch, ob die Sachen zusammenpassen – Wanderschuhe sind bis heute ein großer Stein des Anstoßes –, entscheidet vor allem deren Funktion und nicht deren Aussehen. Während meiner Doktorarbeit hatte ich wie gesagt noch, weil ich Socken nie zusammenlegte – wozu auch? –, oft verschiedenfarbige Socken an. Ich war erstaunt, dass so etwas Bemerkungen erzeugt. Heute verwende ich immer die gleichen Sockenpaare, eine Sorte für den Sommer, eine Sorte für den Winter. Auf diese Weise vermeide ich es, links vielleicht einen blauen und rechts einen grauen Strumpf zu tragen, weil ich nicht aufgepasst hatte. Nur auf einer Dienstreise nach Edinburgh musste ich mir mal mangels Alternative notgedrungen ein Paar bunte Wintersocken kaufen, weil es dort sehr kalt war und mein unifarbenes Hausmodell nicht warm genug. Aber das war echt die Ausnahme! Ich habe diese Socken dann zu Hause einfach verschenkt.

Abgesehen davon gehört mir ein weißes Hemd mit lauter Tieren drauf, das ich mir aus einer Laune heraus in einem kleinen Berliner Laden gekauft habe. Und für den Kölner Christopher-Street-Day habe ich mir die herrlich synthetische, von Nicki Minaj designte rosa Einhorn-Jacke aus Kunstfell gekauft, die es mal bei H&M gab. Ach so, und für die PARTEI, deren Vorsitzender ich in Nordrhein-Westfalen bin, habe ich mir für dienstliche Auftritte einen Hochzeitsanzug aus grauem Polyester gekauft. Das war es aber dann schon an modischen Besonderheiten. Der Rest meiner Klamotten ist unifarben schwarz. Ich besitze schwarze Jeans, schwarze Hemden, schwarze T-Shirts und schwarze Socken, und weil das immer ganz prima miteinander harmoniert, passen meine zwei schwarzen Jacken und zwei schwarze Gothic-Mäntel auch dazu. Die einzigen Ausnahmen neben dem erwähnten Tierhemd und dem Einhornteil sind unsere weißen Arbeitskittel im Labor.

Man sieht: Was andere Menschen über mein Äußeres dachten, kam bei mir früher vermutlich gar nicht erst an. Während meiner Doktorarbeit rannte ich vorwiegend im selbst verlängerten Arbeitskittel über irgendwelchen wahllos zusammengekauften, schwarzen Heavy-Metal-T-Shirts und Sandalen durch das Institut. Die Sandalen waren ausgelatscht, und mein weißer Kittel reichte bis zum Boden, weil es unpraktisch war, dass die üblichen Kittel im Kniebereich aufhörten.

Was ich stattdessen konnte: mich in Sachverhalte sehr tief versenken, auch wenn sie für andere ermüdend und eintönig sind. Das fing offenbar schon in meiner Kindheit an, da meine Großeltern berichteten, dass ich öfter Tiere eingesammelt und mitgebracht habe, während andere miteinander spielten. Mein Mitautor an diesem Buch ist auch fest davon überzeugt, dass kein anderer Teenager freiwillig Chemiebücher in der Buchhandlung gelesen hat und Formelgleichungen für etwas ganz Normales hielt. Ob das stimmt oder ob die anderen Menschen mit Spezial-Interessen einfach unauffällig sind, weiß ich nicht. Ich vertiefe mich jedenfalls sehr gerne und sehr tief und frage mich nicht, ob etwas beliebt ist oder nicht. Das hat sich nie geändert. Messbare Tatsachen sind messbare Tatsachen.

Dazu ein Beispiel: Während meines Biologiestudiums lief bei uns im Zoologie-Kurs der damals allgemein bekannte Witz über das »Liebesleben der Weinbergschnecken« um. Schneckensex galt als Sinnbild für eine abstruse und tödlich langweilige Beschäftigung. Ich nahm es aber mal wieder wörtlich und fragte mich, was ganz genau am Liebesleben dieser schönen Tiere eigentlich so langweilig sein sollte. Also schaute ich es mir näher an. Und fand es bemerkenswert spannend.

Es gab nur wenige ausführliche Studien dazu. Das meiste erzählten unsere Kursleiter und -leiterinnen in der Zoologie mit einem Schmunzeln, und es war klar, dass selbst sie es für ein einschläferndes Randgruppenthema hielten. Ich staunte, denn immerhin war die Spezialisten- und Spezialistinnendichte für egal welches Sonderthema in den Naturwissenschaften seit jeher besonders hoch. Doch weit gefehlt – der Geschlechtsverkehr der Schnecken war außen vor.

Wie sich zeigte, besitzt *Helix pomatia* – so heißen diese Weinbergschnecken wissenschaftlich – einen Liebespfeil, den die Tiere sich beim Paarungsakt gegenseitig in den Fuß schießen. Die hohlen Pfeile gehören zum Geschlechtsapparat der Schnecken und liegen in einem Pfeilsack. Bei der Begattung wird der Pfeil von der muskulösen Wand dieses Pfeilsackes hervorgeschoben und dem Partner beziehungsweise der Partnerin – die Tiere sind Zwitter – wie eine Lanze in den Fuß gestoßen. Dort löst sich ein hormonhaltiger Stoff ab, der festlegt, wer Männchen und wer Weibchen ist. Das ist für die sich paarenden Tiere kniffelig, denn es kann einiges schiefgehen: Der Pfeil kann abbrechen oder das Gegenüber an der falschen Stelle treffen, was unangenehme Folgen haben kann. Es sind schon Liebespfeile aus Versehen im Kopf einer anderen Schnecke gelandet mit der Folge, dass sich danach einer oder beide Fühler nicht mehr bewegen ließen – für eine Weinbergschnecke das sichere Todesurteil, weil sie sich dann nicht mehr in ihrer Umgebung orientieren kann und ein leichtes Fressen für Vögel oder Kröten wird.

Ich stürzte mich in die Sache und führte Experimente durch, um herauszufinden, was ich in den Veröffentlichungen nicht fand. Ein Kollege sammelte entlang der Donau 60 schöne Weinbergschnecken ein, die ich in einem großen Glasterrarium hielt. Als sie starben, vermaß ich insgesamt 37 ihrer Liebespfeile, denn es erstaunte mich, dass diese wirklich bis zu zwei Zentimeter lang werden konnten. So stand es zumindest in einem Lehrbuch. Bei meinen Schnecken kam ich im Schnitt auf 8 Millimeter bzw. auf 11,2 Millimeter beim größten Exemplar.

Vor allem wollte ich wissen, aus welchem Material die Pfeile bestanden. Dazu gab es gar keine oder bestenfalls wie geraten wirkende Angaben. Also bat ich die Kolleginnen und Kollegen des Instituts für Kalk- und Mörtelforschung (ja, das gibt es wirklich), die Pfeile zu untersuchen. Warum sie dazu ja gesagt haben, weiß ich nicht, aber mithilfe eines der teuersten Zerlegungsgeräte, die ich bis dahin gesehen hatte, fanden sie heraus, dass es sich um Aragonit handelte und nicht um Conchin, wie bis dahin gelegentlich behauptet wurde. Es steckte so viel Wissenswertes im »Liebesleben der Weinbergschnecken« – wenn das nicht interessant war, dann wusste ich auch nicht! Aber das sah keiner meiner Mitstudierenden so. Wie schon in der Schule bemerkte ich, dass es für alle viel angenehmer war, wenn ich keine Einzelheiten erzählte. Wer fragt, bekommt eine Antwort. Wer nicht fragt, mit dem rede über das, was die betreffende Person gerade bewegt.

Das Ganze beruht wie bei den von mir sehr verehrten *X-Men* darauf, dass zu jeder Superstärke – bei mir: Liebe zum Detail – auch eine Superschwäche gehört. Die Figur Rogue kann beispielsweise die Eigenschaften anderer durch Berührung übernehmen, entzieht ihnen dabei aber Lebenskraft. Meine Superschwäche liegt darin, dass ich schon als Kind keine sozialen Zusammenhänge erkennen konnte. Das fiel zwar nicht stark auf, aber ich begab mich wie mein Bruder möglichst nicht in Situationen, in denen viele Emotionen im Spiel waren. Ich beschäftigte mich beispielsweise nur sachlich damit, wie andere Menschen zusammengehörten oder warum und aufgrund welcher Bedingungen sie aufeinander standen. Das erlaubte immerhin ganz gute Vorhersagen dazu, wie lange die Beziehungen anderer Personen halten würden. Meine Beziehungen beruhen auf sachlichen Dingen wie der Anzahl der Gemeinsamkeiten, während andere Menschen so etwas blumiger und über Gefühle ableiten. Beides funktioniert!

Es fällt mir auch schwer, die Bewegungen oder Gesichtsausdrücke anderer zu deuten. Ich muss sie regelrecht auswendig lernen. Das betrifft das wahre Leben genauso wie Kinofilme. Die sachlichen Abläufe wie in *Blade Runner* konnte ich beschreiben, aber einen einfachen Liebesfilm begriff ich nicht, sobald mehr als drei Personen beteiligt waren. Noch heute muss mir meine Frau selbst bei kindgerecht gehaltenen Zeichentrickstreifen wie *Alles steht Kopf* erklären, wer was mit wem zu tun hat. Sie hat zwar dasselbe Problem wie ich, kennt aber die Bausteine besser und kann sie leichter zusammenpuzzeln.

Der Vorteil an meiner Superschwäche ist, dass ich fast alle Filme drei- oder viermal ansehen kann und immer noch etwas Neues darin entdecke, das alle anderen schon beim ersten Mal verstanden haben. Was ich nicht kann, ist, einen gefühlsmäßig sinnvollen Handlungsstrang aus einem Kinofilm nachzuerzählen. Meine Frau lacht mich regelmäßig aus, weil ich Filme entweder »gut« oder »weniger gut« finde, aber nicht mehr zum Feingewebe der Handlung sagen kann.

Wenn ich früher mal ein Mädchen kennenlernte, dann war es folglich deshalb, weil wir gemeinsamen Interessen nachgingen. Verliebtheit ist, rein wissenschaftlich betrachtet, nichts anderes als eine Mikro-Psychose, was mittlerweile auch in schönen Tests mit Studierenden nachgewiesen wurde. Diese gedankliche Einengung auf eine Person ist zwingend und kulturübergreifend, sonst gäbe es ja keine Nachkommen und damit keine Menschen mehr.

Anstatt das große Ganze und eben das Emotionale zu sehen, erkenne ich also eher die Details – und zwar gefühlsvermindert oder -verschoben, neutral und neugierig. Zumindest schildern mir viele, dass sie anders als ich ticken. Der

Rest ist eine Gleichung: Da die meisten Menschen anders ticken, handelt es sich also bei mir um eine Besonderheit. Es fühlt sich für mich aber, das ist mir wichtig, nicht so an. Ich fühle mich völlig normal und durchschnittlich.

Für meine Arbeit ist die Liebe zum Detail natürlich ein Segen. Es ist auch eine Eigenschaft, die man nicht lernen kann. Zumindest zeigt mir das die jahrelange Erfahrung mit meinen Studierenden: Manche wollen sich etwas beweisen und strengen sich enorm an, Tatorte genauso nüchtern und unbefangen zu betrachten wie mein Team und ich. Aber das klappt meist nicht. Denn wer gefühlsmäßige Höhen und Tiefen hat, der wird in einem Spuren-Fall ganz schnell einen *traurigen* Fall sehen. Doch das ist eine gefühlsmäßige Bewertung, und die ist nicht unser Job. Ein bekanntes Gedankenbild dazu ist, dass ein Höllenschlund irgendwann zurückschaut, wenn man hineinstarrt. Das stimmt für Menschen mit der unverschobenen Gefühlsausstattung bestimmt. Zumindest habe ich bis heute noch kaum jemanden erlebt, der bei einem Fall kein Abenteuer erleben, sondern einfach in meine todlangweiligen Fußstapfen treten will. Das liegt nicht an der geringen Bezahlung und den langen Arbeitszeiten, sondern daran, dass sich Fälle aus der Ferne immer spannend anhören. Vor Ort schlägt einem dann aber das besagte Höllenfeuer ins Gesicht, genauer gesagt, in die Gefühlsbereiche des Gehirns. Oder es ist langweilig, weil es nur um Krümelchen geht. Oder beides.

Nehmen wir mal als Beispiel die »Body Farm«, die eigentlich »Anthropological Research Facility« heißt, also »Menschenkörperkundliche Forschungseinrichtung«. Durch viele Berichte, die über die »Body Farm« verfasst oder gedreht wurden, kennen inzwischen viele an Kriminalistik Interessierte das Gelände und verbinden damit eine persönliche

Vorstellung. Da geht es dann manchmal um Szenen, wie man sie vielleicht aus Horrorfilmen kennt, um Nervenkitzel und den Blick durchs Schlüsselloch in eine fremde Welt. Für mich geht es dort um etwas anderes: Fäulnisversuche und daraus abgeleitetes Wissen für unsere Arbeit. Und um sonst nichts.

An sich ist das Gelände ein ganz unspektakuläres Freigelände der Universität von Tennessee in der Nähe der Klinik von Knoxville. Es ist größer, als man denkt, und war bis vor ein paar Jahrzehnten lediglich ein Teil der örtlichen Mülldeponie. Dann kam Bill Bass, ein auffallend freundlicher Wissenschaftler. Eigentlich wollte er Psychologe werden, aber während des Studiums in den fünfziger Jahren belegte er einen Kurs in Menschen- und Knochenkunde. Dabei nahm er aushilfsweise für fünf Dollar Aufwandsentschädigung an der Identifizierung einer bis zur Unkenntlichkeit verbrannten Frauenleiche teil. Das zog ihn so in den Bann, dass er das Studienfach wechselte. Nach dem Abschluss und seiner Doktorarbeit arbeitete er zunächst an der University of Kansas. Später wurde er dann Chef des anthropologischen Instituts in Tennessee, wozu heute auch die »Body Farm« gehört. Dort befasste er sich wie viele Anthropologen und Anthropologinnen vorwiegend mit Knochen, die er und seine Kollegen in allen Teilen der USA gefunden hatten. Er führte Ausgrabungen an den trockenen »Großen Ebenen« durch und förderte die Überreste amerikanischer Ureinwohner zutage.

Doch seit der Untersuchung der verbrannten Frau hatte ihn die Aufklärung von Kriminalfällen nicht mehr losgelassen. Also hatte er 1971 eine Idee, wie er sein knochenlastiges Forschungsgebiet und die Forensik zusammenbringen konnte: Er funktionierte das inzwischen ausrangierte Müllgelände zu einem Freiluftlabor um und ließ dort menschliche Körper unter Beobachtung verwesen. Es gab zwar schon Verwesungsversuche mit toten Schweinen und Berichte über ausgegrabene Leichen von Friedhöfen. Aber die reihenweise, gut aufgezeichnete und untersuchte Verwesung von Menschen hatte zuvor noch niemand durchgeführt. Es galt als zu gruselig und abwegig. Bis heute ist es innerhalb einer Universität fast unmöglich, ein derart angewandtes und doch so fremd wirkendes Vorhaben anzusprechen. Doch Bass setzte sich mit Verhandlungskunst und der schon erwähnten großen Freundlichkeit durch. Heute liegen auf der »Body Farm« ganzjährig Dutzende Leichen freiwilliger Spender und Spenderinnen.

Zum ersten Mal war ich im März 2002 auf der »Body Farm«. Ich flog aus Deutschland nach Knoxville – zusammen mit einem Fernsehteam, das eine Reportage über das »Leichengelände« oder den »Wald des Todes« drehen wollte. Dafür wünschte sich das Team ein bisschen fachkundige Begleitung. Gerade Reporterinnen und Reporter sind üblicherweise viel gewohnt, aber ich merkte schon, dass das Team nicht ganz sicher war, wie die vielen Leichen wohl wirken würden.

Überraschender als die Leichen war, dass die gesamte Einrichtung recht heruntergekommen wirkte. Das fing schon mit der Verwaltung und den normalen Labors an. Das Büro der »Body Farm« befindet sich in unter der Erde liegenden, alten Umkleideräumen des Baseballstadions, in dem an jedem Wochenende rund 60 000 Fans dem Uni-Team zujubeln. Als wir dann zum eigentlichen Gelände fuhren, sahen wir nicht etwa eine videoüberwachte Hightech-Anlage mit Stacheldraht und Scheinwerfern, die Serien-Fans vielleicht erwarten würden, sondern einen glanzlosen, gut über

Kopfhöhe reichenden Holzzaun. Auf der Innenseite stand damals noch ein altes Hinweisschild, das der inzwischen im Ruhestand befindliche Bill Bass ursprünglich außen hatte aufhängen lassen. Darauf war seine Telefonnummer – für den Fall, dass jemand ein dringendes Anliegen hatte oder eine Beschwerde loswerden wollte. Das waren anfangs vor allem Sorgen über Fliegen auf dem benachbarten Parkplatz. Seit der Einrichtung der »Body Farm« fürchteten die dort Parkenden nämlich, dass alle Fliegen von Leichen stammten. Zwar sind Leichen weder giftig, noch übertragen Fliegen viele Erreger, aber die Gefühle der Parkenden waren hin und wieder stärker als die von Bill Bass vermittelten Tatsachen.

Es ist in Tennessee im Vergleich zu Deutschland länger heiß, weshalb manche Leichen zum Schutz vor Austrocknung abgedeckt oder in den Schatten gebracht worden waren. Als ich die erste Abdeckung anhob, staunte ich: Nicht wegen der vielen Fliegen, die mir gleich aufgescheucht entgegengebrummt kamen, sondern wegen der Tatsache, dass sie die große Hitze vertrugen. Die nächste Leiche war in erstaunlich gutem Zustand, weil sie voller Konservierungsmittel war, welche die aus deutscher Sicht übereifrigen Bestatterinnen und Bestatter dort oft in die Leichen spritzen. Abgesehen von solchen Formaldehyd-Leichen verwesten damals rund 35 andere Körper dort. Sie lagen auf dem Bauch im Gras oder auf Holzgestellen, unter Betonplatten oder waren flach begraben. Letzteres sollte Verscharrungen nachstellen, wie sie manche Täter und Täterinnen in Zeitnot, aus Angst oder Faulheit durchführen. Die Lagerung der Leichen hat vorwiegend wissenschaftliche Gründe, aber manchmal entsprach sie auch dem Wunsch eines nun toten Körperspenders.

Winter 1974 in Bayern mit meiner Mutter und meinem Bruder.

Schlümpfe als Geburtstags-Geschenke in Thassos, Griechenland (1977) – ich hatte eine Riesen-Sammlung, die ich erst als Erwachsener weiter gegeben habe.

Frage 1990 – Strand in Spanien mit m... ...heiß-geliebten Fohlflasche

1973 vor der Hütte des Schäferhundes meiner Tante Rita in Heufeldmühle in Bayern.

1974 bei unserer aus Ostpreußen stammenden Oma im Hof der Mietswohnung in Düren.

Schreibtisch meines Jugendzimmers. Schon damals hing dort ein Foto von Carl Barks, dem besten Zeichner von Donald Duck. Ich hatte es von Rolf Kabatek erhalten, der Barks als einer der ganz wenigen Menschen besucht hatte.

Als Schülersprecher des Kölner Humboldt-Gymnasiums.

Mit einem unserer Lieblingslehrer Walter Becker (Musik) sowie Patci, mit der ich schon im Kindergarten gewesen war.

Zivildienst in einer Pfarrgemeinde, die zu einem Kloster gehörte – mitten in der Stadt

Kurs im Bio-Studium, ca. 1990. Wir mussten von Hand zeichnen

In meiner Studenten-Bude. Der Schrank stammte vom früheren Chef der Kölner Rechtsmedizin.

Umgebautes Bienenhaus als Labor für gruseligere Dinge im Garten des alten Zoologischen Institutes der Uni Köln um 1999.

Bewerbungs-Foto bei der Studienstiftung des Deutschen Volkes, ca. 1988.

ernen für's Vordiplom in Leitir Mealláin (Irland). Jedes Cornflakes-Packungs-Tier
var einer der vier Prüfer (Botanik, Zoologie, Chemie und Physik). So konnte ich
ie Gespräche üben.

ernpsychologisches Labor in Irland, ca. 1993. Der vor Aufregung erblasste Tintenfisch
am todesmutig auf meine Hand. Der andere ist aus Plastik und stand im Labor

Das psychologische Oktopus- und Schnecken-Labor auf einer Insel vor Galway. Foto: Britta Goehlen

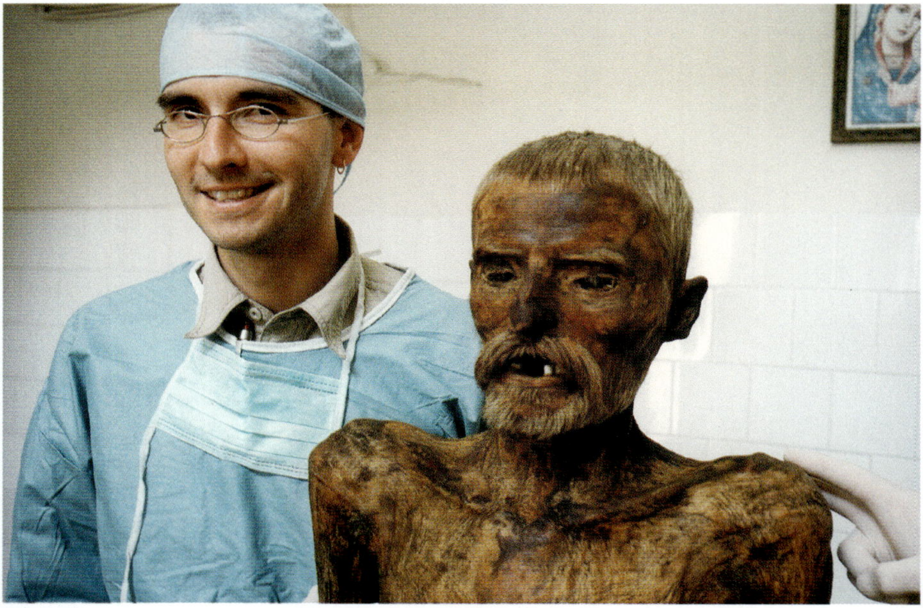

In der Rechtsmedizin in Bukarest mit dem früheren, jetzt mumifizierten Instituts-Hausmeister (2003). Foto: National Geographic Channel

Fahrradfahren geht überall, auch in New York. Foto: Martin Schoeller

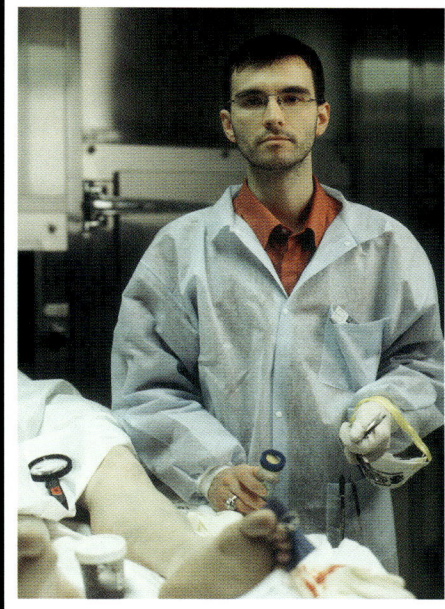

Im Chief Medical Examiner's Office in New York, ca. 1997. Foto: Martin Schoeller

Meine „Terrasse" in Manhattan, Winter 1998.

is heute einer meiner liebsten Plätze: St. Mark's Place im einst ukrainisch-
olnisch-deutschen Einwanderer-Viertel in Manhattan. Foto: Martin Schoeller

Meine Echse von Anke von *Elektrische Tätwowierungen* am Wiener Platz in Köln kroch ab 1997 durch ein Tribal von *Fun City Cappuccino & Tattoo* im East Village. Beide Tätowier-stuben gehörten zu den ersten legalen Läden der Neuzeit in ihrer Region.

Ein Todes-Ermittler in der Bronx, Ende der 1990er Jahre, wo es härter als in Manhattan zuging. Das Büro-Haustier des erfolgreichen Teams war eine Schnappschildkröte

Im Hinterhof meiner Bude in New York. Sie lag nach vorne hin im Keller, aber zur Hofseite gab es Licht.

In meinem weltweiten Lieblings-Restaurant und -Café, dem Yaffa Cafe auf St. Mark's Place. Der Comicladen eins weiter versorgte mich mit Literatur. Foto: Martin Schoeller

Auf der FBI Academy in Quantico bei einem Training zu Insekten auf Leichen mit dem Kollegen Lee Goff.

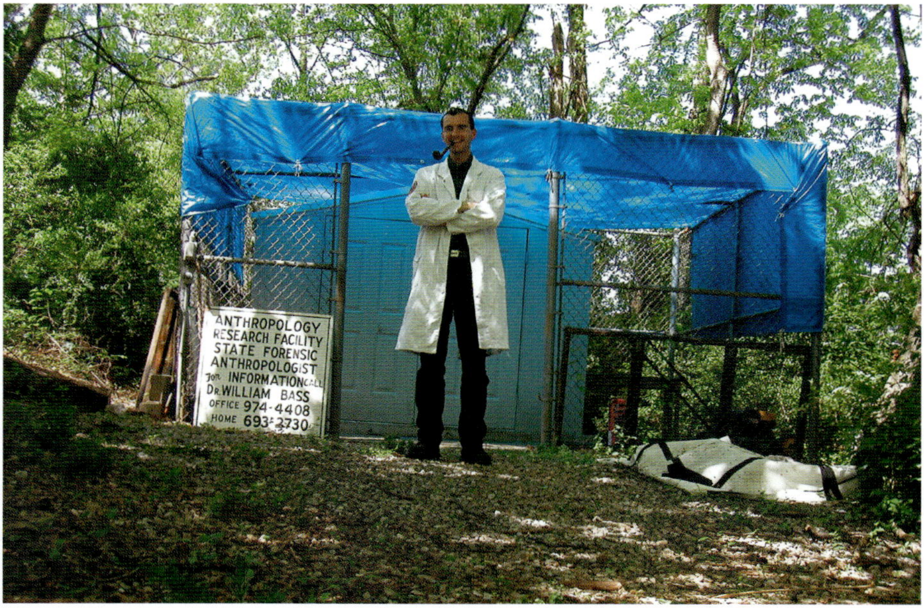

Zentrale des Leichen-Fäulnis-Bereiches in Tennessee. In unserem Fach hat wirklich niemand Geld. Rechts im Lagerungs-Sack eine Leiche.

Als Trainer in Tennessee auf der „Body Farm" (Anthropological Research Facility) mit Spezial-Agent*innen des FBI beim Kurs: »Erkennung und Ausgrabung verscharrter Leichen«.

Tatort-Nachstellung am echten Tatort in Deutschland mit einem Kollegen der Kriminalpolizei.

„Magnetischer" Berg in den Philippinen, ca. 1994. Um herauszufinden, wo es aufwärts und abwärts geht, verwendete ich nach vielen Versuchen einfach ein Pendel.

Beim Aufbau des DNA-Labors an der University of the Philippines war es manchmal so heiß, dass unsere Handschuhe schmolzen.

Kühlschrank in der Anatomie in Manila Mitte der 1990er Jahre. Die Studierenden erhielten Leichen-Teile, untersuchten sie und froren sie dann wieder ein.

Auf dem Gelände der staatlichen Universität in Manila, wo auch ich wohnte, richteten sich manchmal menschliche Neubesiedler ein.

„Die Wissenschaft triumphiert über den Tod" — große und großartige Skulptur am Haupteingang der Universität in Quezon City (Manila).

Aufbau der *Körperwelten* in Köln: Das Logo der Umzugsfirma war wirklich treffend.

Bei der Ausstellung am Kölner Heumarkt sortierte ich jeden Morgen die nachts manchmal verdrehten Körperteile wieder gerade (2000).

Klaus und Mark a.k.a. *Die Blonden Burschen* 1997 im Schauspielhaus Bochum als die Geister der Beatles.

„Ihr seid so zum Kotzen" — einer unserer Hits live dargeboten.

Die *Blonden Burschen* bei einem opulenten Auftritt; rechts Leibwächter Smirnov. Unten rechts Sticker mit unserem Motto: „Geschmacklos – langweilig – peinlich."

vor dem Wasserfall, in dem Sherlock Holmes in Meiringen umkam. (Die originalen Sherlock Holmes-Romane sind die einzigen Romane überhaupt, die ich lese.)

Durchsicht von Dias — damals waren Dia-Filme praktisch, da sie hoch aufgelöst und bei Vorträgen einsetzbar waren.

Verstecke für in Farbe, Gips usw. aufgelöstes Kokain in Bogotá: Religiöse Figuren, Gemälde, Untersetzer, Notenblätter … der Fantasie waren und sind keine Grenzen gesetzt.

Gulli-Deckel der Stadt-Werke Bogotá. Den Frosch in der Mitte fand ich so cool, dass Dieter von *Elektrische Tätowierungen* ihn mir in Deutschland fett auf den Oberarm zauberte.

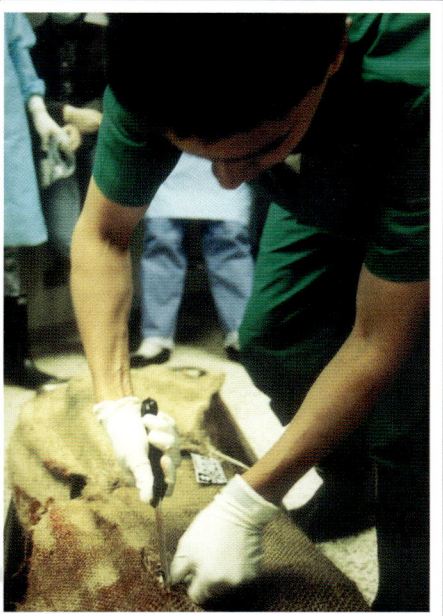 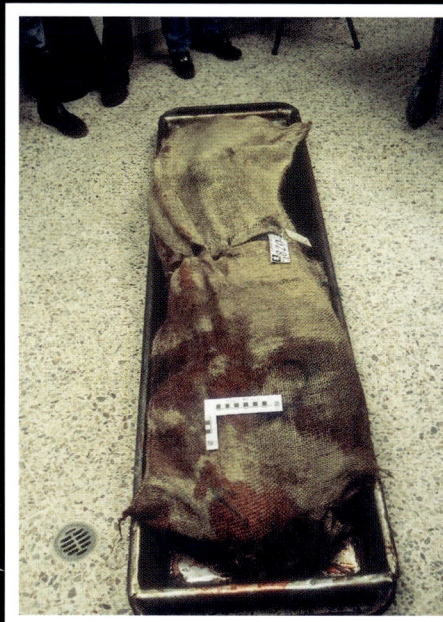

Alltag in Bogotá: In Drogen-Kriegen getötete Menschen, die verfault angetroffen und uns in groben Säcken angeliefert wurden (ca. 1996).

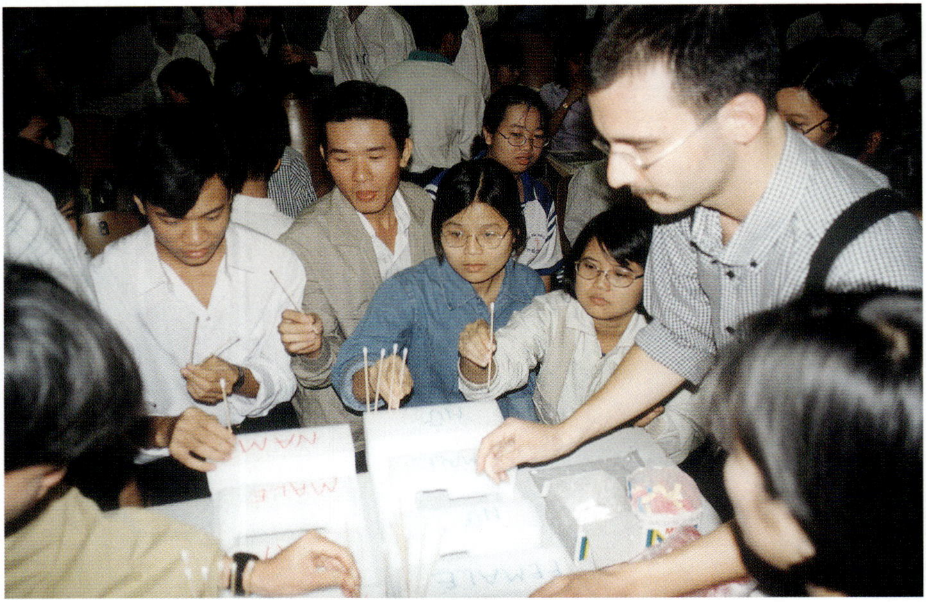

Mund-Abstriche bei den Studierenden an der Universität in Hochiminh-Stadt (Vietnam, 2000).

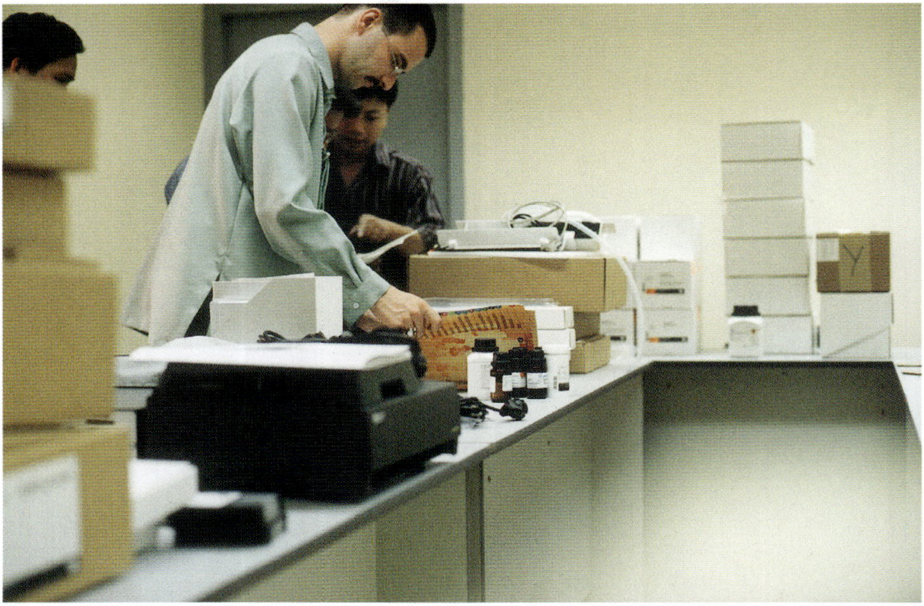

Labor-Aufbau in Manila. Die Studierenden fanden, dass ich schlecht angezogen sei und hatten mir einen mintgrünen Barong geschenkt.

Forensische Entomolog*innen in Brasilien (2000): N. Centeno, J. Wells, J. Wallman, A. Oliva, G. Anderson, M. Lee Goff & I. Dadour. Zufällig mein 30. „Geburtstag".

Mit „Pjotr" aus Köln in St. Petersburg. Er war in Pskov, und ich hatte den Kapitän des Schiffes *Anna Karenina* belabert, mich mit auf die Jungfernfahrt zu nehmen.

Verleihung der Silbernen Ehrennadel des *bund deutscher kriminalbeamter* (bdk) im Jahr 2003.

Tödliche Werkzeuge des Schulattentäters Seifert aus Köln-Volkhoven (1964) bei der Kölner Kripo. Die Schreibmaschine war noch in Benutzung.

Kongress des *Transylvanian Society of Dracula* in Sighișoara, damals als „Konsul der Rheinlande".

Etwa 1995 in der *Linnean Society of London* mit einem der sowjetischen Biosphären-Forscher beim Kongress zur Frage, ob wir in Glaskuppeln oder Stahltanks Lebenskreisläufe herstellen können.

Mit David Pescod, der wie ich todesnahe Fälle untersuchte, und der Bibliothekarin der *Linnean Society* (2016) beim Betrachten eines von mir geretteten, alten Fach-Buches.

Untersuchung eines möglichen Gemäldes von van Gogh. Hier im Jahr 2019 bei der Herauslösung einer Faser (Haar?) aus der Millionen Euro teuren Farb-Schicht.

Beachte meine Adern und Augen: Ein Lufthauch würde die winzige Haar-Spur aus dem möglichen van Gogh-Gemälde verwehen.

Wahlkampf in Köln-Chorweiler bei der Oberbürgermeister-Wahl 2015. Foto: Felix Linde

Mit Claudia von Rotten für PeTA gegen die Verwendung von Tierprodukten.
Foto: lumina-obscura.ch

Mit den Haaren einer Leiche, an der zu Lebzeiten viele Läuse gelebt hatten.
Foto: Guido Krebs

Die Kollegen und Kolleginnen benötigen allerdings ständig neue Leichen, da die Körper bei schwülheißem Wetter durch Fliegenlarven und Bakterien schon binnen zweier Wochen nahezu komplett skelettieren können. Es kann je nach Lagerung und Temperatur aber auch viel länger dauern. Faustregeln gibt es dazu nicht, nur Einzelfälle.

Was mir besonders gefiel, war die Ruhe, die über dem ganzen Gelände liegt. Es gibt Vögel, und das Wasser des Tennessee River läuft nördlich an der »Body Farm« entlang. Das waren gute Bedingungen für ungestörtes Arbeiten. Ich war in meinem Element. Ich durchstreifte das Gebiet auch später gerne, weil es, auch schon vor seiner Ausweitung, einen kleinen Hügel gab, eine eher trockene und eine bewaldetere Seite – also lauter verschiedene Zonen, die unterschiedliche Bedingungen für die Leichenzersetzung boten. Manche Körper lagen offen herum, andere befanden sich zum Schutz vor Wildtieren wie Waschbären in selbst gebauten Käfigen. Einige Leichen waren wie erwähnt im Boden oder unter Betonplatten eingegraben, und wiederum andere waren mit Laub bedeckt, um unterschiedliche Lagerungsbedingungen nachstellen und untersuchen zu können. Auch wenn ich schon oft an Leichen gearbeitet hatte, war die Vielseitigkeit dieser eigentlich ganz schlichten Anlage außergewöhnlich und großartig.

Während die Leute vom Fernsehen mit gemischten Gefühlen den Beitrag drehten, sammelte ich – damals mit Bill Bass' Nachfolger Murray Marks, der sich für Insekten nicht weiter interessierte – gleich die ersten Tiere ein. Uns allen war klar, dass man anhand der Insekten die Liegezeit viel besser bestimmen kann als durch den Zersetzungszustand der Leichen. Wir müssen die Hinweise bloß nutzen, welche uns die Insekten geben: Welches Tier in welchem Stadium ist das? Wie viele Generationen von Tieren waren vorher da? Wurde die Leiche umgelagert, also beispielsweise von einem Täter oder einer Täterin erst in eine Tonne gesteckt und dann vergraben? Welche Tiere leben eher in einer Tonne und welche in einem flachen Grab an einer Leiche? Zum Glück hatte ich einige Schnappdeckelgläschen mitgenommen, in denen ich die Tiere mit dazugepackten Zetteln in Alkohol aufbewahren konnte. Das war wirklich traumhaft.

Nach einigen wegen der Hitze für mich ziemlich anstrengenden Drehtagen hatte das Team alle Einstellungen im Kasten und ich ein paar Proben im Gläschen. Blöderweise hatte ich außer Acht gelassen, dass ich meine schönen Mitbringsel auch irgendwie wieder nach Hause bringen musste. Zwar gab es seinerzeit noch nicht das strenge Verbot, Flüssigkeiten aller Art mit ins Flugzeug zu nehmen. In Alkohol eingelegte Maden und Fliegen waren aber garantiert trotzdem nicht erlaubt – schließlich brennt Alkohol. In den Koffer wollte ich die Proben auf keinen Fall legen, da Gläser beim Herumwerfen des Gepäcks leicht brechen oder sich die Deckel ablösen. Das hatte ich beim Laboraufbau auf den Philippinen eindrucksvoll gelernt, als ich ein Tintenfässchen aus Glas ins Gepäck gesteckt hatte. Es hatte sich durch das Geruckel im Koffer geöffnet und seinen schwarzen Inhalt in meinen neuen Tropenanzug ergossen.

Ich packte die Gläschen diesmal also in die Seitentasche meiner Jacke. Abgesehen davon machte ich mir keine Gedanken über mögliche weitere Schwierigkeiten – die zweite, nun schon gute bekannte Superschwäche von mir. Am Flughafen von Atlanta, auf dem wir heimwärts umsteigen mussten, wurde ich dann prompt von einem ziemlich alten Sicherheitsbeamten kontrolliert.

»What is that?«, fragte er mich mit einer Ruhe, die nur erfahrene Soldaten, Soldatinnen, Psychiater oder Psychiaterinnen im Angesicht seltsamer Ereignisse verströmen.

»Oh – this is ... that is ...«, sagte ich und wusste nicht, was ich antworten sollte. Vermutlich hätte die Wahrheit, nämlich dass es sich um Fliegen handelte, die ich von toten Menschen sichergestellt hatte, Schwierigkeiten gemacht. Ich wollte auch nicht noch einmal darauf hoffen, dass ein Beamter Fan von Forensikfilmen und -kursen sein könnte, was mir am Flughafen Newark den Job gerettet hatte. Später lernte ich noch oft, dass bessere Vorbereitung hilft. So wurde ich beim nächsten Check auf dem Weg zur »Body Farm« – es war ein Training für das FBI – gefragt, wo ich eigentlich schlafen wolle. Ich wusste es nicht, denn das hatten ja die Kolleginnen und Kollegen für mich organisiert. Doch ein allein reisender, jüngerer Mann mit schwarzen Haaren, der angeblich als Trainer zum FBI-Training auf die »Body Farm« fliegt und nicht weiß, wo er dort schläft – das wirkte nicht genügend glaubwürdig und brachte mir erneut ein Stündchen in Warteposition ein. Zum Glück hatte ich ein Buch dabei.

Doch zurück zu unserem älteren Ex-Soldaten am Flughafen Atlanta.

»Is it medicine?«, fragte mich der Mann in diesem Moment. Ich nickte verblüfft.

»Okay« – und zack, war ich durch.

Ich glaube heute, dass der Mann vielleicht im Krieg in Deutschland stationiert war und dort gute Erfahrungen mit German Fräuleins, vielleicht in Bayern oder Hessen, gemacht hatte, und er wollte daher einfach nett zu mir sein. Ich werde nie erfahren, ob das so war oder er vielleicht selber Medikamente kannte, die in ähnlichen Gläschen verkauft wurden.

Wir flogen also zurück nach Deutschland, und ich freute mich wie ein Kind darauf, meine kleinen Reisebegleiter einerseits unter dem Vergrößerungsgerät näher begutachten und andererseits den Studierenden als kleine Rätsel zeigen zu können. Überall auf der Welt leben ja verschiedene Tiere auf Leichen.

»Wenn ihr jemanden braucht, könnt ihr mich ja mal anfunken«, hatte ich meinen amerikanischen Kollegen zum Abschied noch zugerufen – und nicht geahnt, dass sie schon bald darauf zurückkommen würden.

Einige Zeit später erhielt ich tatsächlich eine E-Mail aus Tennessee. Man teilte mir mit, dass die Verantwortlichen der »Body Farm« vor Ort einen Kurs für Ermittlerinnen und Ermittler des FBI halten wollten, wozu Trainer aus vielen kriminalistischen Feldern benötigt wurden. Für die Insekten auf Leichen sollte ich zuständig sein. Neben den in Grabungstechniken fitten Studierenden aus Tennessee war ein Knochen- und ein Zahnkundler für menschliche Gebisse mit dabei, ein Tiergebiss-Spezialist – Wirbeltiere erzeugen Fress-Scharten an Knochen –, ein Gesteinskundler und Murray Marks, der Chef der Außen-Anlage. Vorher wurden Leichen verbuddelt, die wir dann im Kurs gemeinsam Schicht für Schicht ausgruben und untersuchten. Wir hatten unsererseits ebenfalls Anschauungsmaterial aus unseren Fachgebieten mitgebracht: Zähne, in Ruanda eingeschlagene Schädel, Federstahl-Pinzetten und so weiter. Dieses gemeinsame Arbeiten vor Ort fand ich total cool.

Bei unserer Arbeit muss man vor allem ausblenden, was die meisten Menschen vermutlich nicht ausblenden können, wenn sie einen Ort wie die »Anthropological Research Facility« oder den Schauplatz eines Verbrechens betreten.

Ich hingegen kann wie meine Kollegen und Kolleginnen auch in die Hölle hineinspazieren, während andere Menschen schon ein paar Kilometer vorher zu viel von der schon erwähnten Hitze abbekommen haben. Auf der »Body Farm« kommen zwischendurch sogar erfahrene Ermittler an ihre Grenzen, wenn sie – wie zum Beispiel bei unserem oben beschriebenen Training – Gräber mit nahezu bloßen Händen ausheben müssen, um die in die Erde eingestreuten Spuren nicht zu zerstören.

Ich verstehe, dass ein Park, in dem alle paar Meter eine Leiche liegt, zunächst einmal eine merkwürdig anziehende Wirkung ausüben mag. Oder dass es Leuten schlecht werden würde, sähen sie einen dunkelvioletten Leichnam, dessen Gesicht gerade von der Natur zurückerobert wird. Für mich aber ist das weder schillernd faszinierend noch ekelhaft, sondern eine riesige Spielwiese, auf der ich mein Wissen ganz praktisch anwenden und erweitern darf. Verwesung ist genauso wirklich und wahr wie Blumenwiesen, Vogelgezwitscher und ein strahlendes Kinderlächeln. Ich mag das alles. Nur kann ich eben auch im spurenkundlichen und seelischen Dunkel noch sehen, weil ich davor keine Angst habe.

Hinzu kommt: Wenn ich ein Detail betrachte, bekomme ich um mich herum kaum noch etwas mit. Ich bin dann ganz allein mit mir und meinen Beobachtungen, die ich mache. Und die müssen nichts mit Leichen zu tun haben: Es kam auch schon mal vor, dass ich die Aufnahme für meine seit nun fast zwanzig Jahren jeden Samstagmorgen live stattfindende Radiosendung nur deshalb durchführen konnte, weil ich nicht bemerkt habe, dass während des O-Tons neben mir ein Schneepflug vorbeifuhr oder im Hintergrund eine donnernd laute Durchsage der Bahn lief. Ich vertiefe mich in diesem Moment eben nur auf das Interview und nehme meine Umwelt gar nicht mehr wahr. Diese Festlegung und Einengung auf eine einzige Sache ist in manchen Momenten vielleicht ein Problem, beispielsweise, wenn ich bei einem Film im Kino auf einen Ausstattungsgegenstand anstatt auf die Handlung achte. In meinem Beruf ist es aber ein echter Vorteil.

Da mir die gefühlsmäßigen Ausschläge in den Momenten, in denen viele andere sie haben, fehlen, rege ich mich auch so gut wie nie über Politik, religiöse Vorstellungen, Kleidung oder Kunst- oder Musik-Geschmäcker auf. Nur wenn jemand wirklich stur eine Meinung als Tatsache verkaufen möchte, die sich aber durch Daten und Experimente widerlegen lässt, gefällt es mir überhaupt nicht. Wo es genügend messbare Belege für einen Sachverhalt gibt, da diskutiere ich nicht über das Gegenteil. Leidenschaftliche Debatten sind zwar leidenschaftlich – aber beruhen auf Gefühlen. Die sind zwar auch echt, aber müssen deswegen nicht die objektive Wahrheit darstellen. Fußballfans kennen das: Der am meisten geliebte Verein ist nicht der objektiv am besten spielende, der also messbar die meisten Spiele gewinnt. Umgekehrt ist auch der am wenigsten geliebte Verein nicht der messbar schlechteste. Daher darf jeder die Ansicht und Meinung haben, die er oder sie haben möchte. Ich mag Meinungen, aber ich möchte nicht dauernd darüber reden. Messbare Tatsachen finde ich interessanter.

Wenn mich jemand emotional unter Druck setzt, dann gehe ich einfach. Das ist vielleicht nicht die eleganteste Art der Konfliktbewältigung, für mich aber die beste. So halte ich es auch mit anderen Gefahrensituationen. Wenn ich irgendwo auf der Welt durch die Stadt laufe, wittere ich das

Unheil schon auf zehn Meter Entfernung. Und dann bin ich schneller weg, als jemand bis drei zählen kann. Sehe ich beispielsweise einen wütenden Substanzverwender an der Straßenbahnhaltestelle stehen, wechsle ich sofort die Seite. Ich habe zu viele Erfahrungen mit Menschen gemacht, die irgendwelche Stoffe im Körper hatten, die ihnen und ihrer Umwelt nicht guttaten. Solchen Menschen werde ich mich nicht entgegenstellen oder sie maßregeln. Ich passe auch auf, wenn es um andere Situationen geht, die mich in Gefahr bringen könnten. Unter einem Baugerüst laufe ich ungern entlang, und um eine Leiter, die an einer Hausfassade lehnt, mache ich auch lieber einen Bogen. Ich habe schon zweimal Menschen samt Leiter umfallen sehen.

Außerdem bin ich in ganz winzigen Dingen auch abergläubisch. Das klingt angesichts meiner sonstigen strikt naturwissenschaftlichen Herangehensweise bestimmt widersprüchlich, aber ich werde niemals fünfmal hintereinander vor einem Spiegel das Wort »Candyman« aussprechen. Natürlich weiß ich, dass es sich dabei nur um ein Märchen handelt und dass die Geschichte vom Mann, der vom aufgebrachten Mob erst mit Honig übergossen und anschließend von einem Schwarm Bienen zu Tode gestochen wurde, nicht passiert ist – und selbst wenn, was hätte das mit meinem Spiegel zu tun. Aber man muss das Schicksal nicht unbedingt herausfordern, und ich lege es nicht darauf an, ob der unfreundliche Kerl mit dem Haken anstelle seiner rechten Hand nicht doch auftaucht. Es wird schon einen Grund haben, dass selbst Superman, der Mann aus Stahl, gegen Magie machtlos ist.

Ich halte auch die Dreizehn für meine Glückszahl, seit ich in New York den Spind mit der Nummer dreizehn zugewiesen bekam und im East Village, wo ich gewohnt habe, dreizehn Ein-Cent-Stücke auf der Straße fand. Allerdings steckt viel Gutes im Seltsamen. Beispielweise habe ich mir in New Orleans, bevor es durch einen Dammbruch überschwemmt wurde, das Symbol der bekannten Voodoo-Figur, Bawon Samedi, tätowieren lassen. Der Tätowierer hatte Angst davor, aber am Ende ist es doch gut gegangen. Und eine Freundin von mir hat sich in ein originales Liebeszauber-Bad gelegt, dass ich in einem alten Botanica-Laden, der nicht für Touristen gemacht war, gekauft hatte. Wer darin badet, ist angeblich für immer an die Person gebunden, an die man oder frau als Erstes im Badewasser denkt. Auch hier hat das Experiment gezeigt, dass die Wirkung weniger stark war als vermutet. Das war experimentelle Magie, sozusagen.

Im Kern bin ich also dort, wo andere jagen, meinen, kämpfen, hoffen und fluchen tiefenentspannt und habe, glaube ich, noch keinen anderen Menschen jemals absichtlich gestört: Ich wollte nie jemandem den Job wegnehmen, ich pfeife auf Posten in Vereinen oder Institutionen, wenn ich nicht darum gebeten werde, und Geld und Karriere sind mir egal. Lustigerweise hat gerade das dazu geführt, dass ich Vorsitzender der PARTEI in Nordrhein-Westfalen geworden bin oder früher Schülersprecher war: Ich will niemandem etwas wegnehmen, sondern lieber soziale Handlungen fördern. Genau diese Mischung ist manchmal der kleinste gemeinsame Nenner, der einen Haufen Menschen zusammenhält.

Was ich nicht mag, sind äußere Umstände, die von meiner Idealvorstellung abweichen, aber sehr leicht zu ändern sind. Als ich etwa in Manila war, um an der University of the Philippines das kriminalistische DNA-Analyse-Labor einzurichten, störte mich der Staub, der im Labor auf allen Geräten, Tischen, Gefäßen und Computern zu finden war. Nun muss man wissen, dass es auf den Philippinen damals wegen der gestampften Böden im Freien erstens sehr oft staubig war und zweitens solcher Staub im Labor wenig stört, weil sich genetische Fingerabdrücke ohnehin nur auf menschliches Erbgut erstrecken. Da beeinflussen ein paar Pollen, Sand oder Flusen die Ergebnisse zumindest im robusten Feldbetrieb nicht weiter. Trotzdem machte ich mich daran, erstmal alles zu putzen, weil ich es aus Deutschland gewohnt war, dass zumindest im Labor alles staubfrei glänzte.

»Ist etwas nicht in Ordnung?«, fragte mich meine Studentin zaghaft, nachdem ich drei Stunden lang wenig gesprochen und stattdessen mit Lappen und Reinigungsmittel erst mal alles gesäubert hatte.

»Ist etwas mit unseren Räumen nicht in Ordnung? Bist du wütend auf uns?«

»Nein, überhaupt nicht«, sagte ich und meinte es auch so. »Ich hab' hier nur geputzt.«

Und damit war die Sache gut. Später haben mich meine philippinischen Kolleginnen und Kollegen in Deutschland besucht und ich habe ihnen alles Mögliche in Berlin und Köln – von Schwulenbars bis zu italienischen Restaurants, die es damals in Manila noch nicht gab – gezeigt. Die Welt ist bunt und wild, und nicht jeder, der Spaß am Putzen hat, ist wütend oder ein übertrieben die Ordnung liebender Mensch.

Je mehr ich um die Welt reiste, umso entspannter wurde ich. »Mir sin all nur Minsche«, sagt der Kölner: Wir sind alle nur Menschen mit Macken und Eigenarten. Meine Studierenden können davon ein Lied singen, wenn ich mit ihnen allen möglichen Unsinn anstelle, der ihnen zeigen soll, wie irre die Welt da draußen wirklich ist.

Zum Glück hatte ich mich an die tropischen Gegebenheiten – das sind vor allem Freundlichkeit und sehr kurzfristige Planung – schon angepasst, als ich in Vietnam an der Universität in Ho-Chi-Minh-Stadt ein weiteres DNA-Labor aufbaute. Dazu gehörten auch täglich sehr lange Vorlesungen vor dem Team und Studierenden. Nachdem ich am ersten Tag meine Unterlagen ausgepackt und mit der Vorlesung begonnen hatte, kamen zwei Männer mit einem Farbeimer und jeweils einem Abroller und fingen an, die Seitenwände des Vortragsraumes zu streichen.

»Was ist denn los?«, fragte ich verwundert. »Wir haben doch schon angefangen.«

»Das wissen wir«, sagte einer der beiden Maler. »Deshalb sind wir ja da.«

Und dann erklärte er mir, dass die Verantwortlichen sicherstellen wollten, dass alles möglichst schön aussah, wenn jemand bei ihnen zu Gast war. Dass die Verschönerungsmaßnahmen erst dann begannen, als es hundertprozentig losging und nichts mehr schiefgehen konnte, wunderte niemanden – außer mir. Aber was sollte ich machen? Also redete ich weiter, und die beiden Jungs strichen dabei.

Diese, nennen wir es mal, erfahrungsbedingte Ausgeglichenheit liegt aber nicht nur an meinen *X-Men*-artigen Superschwächen. Sondern es liegt auch daran, dass ich schon zu viel schweres Leid gesehen habe, als dass ich solch eigentlich harmlosen Dingen eine größere Bedeutung beimessen kann – und zwar Leid aufseiten der Opfer, der Angehörigen und auch der Täter. Dazu nur ein paar kleine Beispiele: Ich habe mal einen Mann im Gefängnis besucht, der wegen Mordes einsaß. Er erzählte mir, dass er aus den Akten entnommen hatte, dass er im Alter von sechs Monaten das erste Mal von seinen Eltern so stark verprügelt worden war, dass er ins Krankenhaus eingeliefert werden musste. Wenn ein Leben schon so anfing, konnte ich mir in etwa vorstellen, was in den 30 Jahren danach passierte, bevor ich ihn traf. Oder die beiden Großeltern, die sich ganz ruhig und ernst an mich wandten, weil sie unbedingt ihren Enkel begraben wollten – das Kind war von seinem Vater umgebracht und in einem riesigen Waldgebiet verscharrt worden, bevor der Vater Suizid beging. Sie wollten den toten Jungen finden, um mit der Trauer zu beginnen. Aber es war klar, dass man die Kinderleiche mit herkömmlichen Methoden nie aufspüren konnte: Sie war erstens sehr klein und zweitens vermutlich nicht nur verwest, sondern auch von großen Tieren zerfressen worden.

Ein angeblicher Detektiv hatte diese armen Großeltern mit leeren Versprechungen – das Enkelkind war angeblich in Brasilien oder Thailand bei einer Sekte aufgetaucht – so richtig abgezockt. Dieser »Detektiv«, den ich selbst getroffen habe, hat mir gezeigt, was seelenruhige Niedertracht ist. Er war freundlich, nett, wirkte sogar ehrlich und verbindlich. Doch wenn er sprach, bogen sich nicht nur die Balken, sondern auch die Stahlträger, so frech log er. Vom Geld der Großeltern finanzierte er die Reisen seiner ganzen Familie. Doch das merkten wir erst, als wir die angeblich von dem Enkel stammenden Spielzeug-Spuren untersuchten. Glaubte er selbst an seine Märchen? Das Kind ist jedenfalls nie aufgetaucht, weder tot noch lebendig.

Ein anderes Beispiel: Das Auswärtige Amt hatte zusammen mit dem Bundeskriminalamt vor etwas mehr als zwanzig Jahren Teams zusammengestellt, die sich nach dem

Ende des Bosnienkrieges mit den dortigen Massentötungen befassen sollten. Ich war bei der ersten Auswahlsitzung mit den Kolleginnen und Kolleginnen aus allen Fachrichtungen dabei. Es sollte insbesondere aufgeklärt werden, wie im Juli 1995 mehr als achttausend Menschen, vor allem männliche Bosnier, von serbischen Soldaten hingerichtet und verscharrt worden waren.

»Sie müssen das vorab unbedingt mit Ihrer Lebensversicherung klären«, sagte uns der Beamte beim Briefing. Er wollte zwar, dass wir bei den Ausgrabungen der Toten mitwirkten, kannte aber auch die Unbefangenheit von Wissenschaftlern und Wissenschaftlerinnen. Viele von uns waren, wie schon angedeutet, noch nicht einmal bei der Bundeswehr gewesen, die damals noch verpflichtend war und nur durch den Zivildienst ersetzt werden konnte.

Wie zu erwarten, enthielt meine Lebensversicherung keine Klausel, die meinen Tod durch eine Landmine abdeckte. Meine Kollegen hatten spätestens da keine Lust mehr auf den Einsatz. Ich aber nervte die Versicherung so lange, bis sie mir tatsächlich eine zeitlich begrenzte Erlaubnis gab, in einem ehemaligen Kriegsgebiet zu arbeiten: Die Lebensversicherung wäre meinen Angehörigen trotzdem ausgezahlt worden. Verrückterweise zerschlug sich der Einsatz für mich dann aber aus einem ganz anderen Grund: Der Internationale Gerichtshof beschloss, nur Medizinerinnen und Mediziner zum Einsatz einzuteilen, um die insgesamt einundzwanzig Massengräber auszuheben und die Leichen zu untersuchen.

Nun interessierte mich allerdings, wie es überhaupt zu solchen modernen Massentötungen kam. Ich kannte dazu bisher nur den Krieg in Bosnien und die im Nationalsozialismus durchgeführte Schoah. Nun las ich mich in die

Thematik ein und stieß dabei auf den Genozid in Ruanda. Dieser Völkermord an der sozialen Gruppe der Tutsi hatte unmittelbar vor den Tötungen in Bosnien stattgefunden. Knapp eine Million Menschen waren in Ruanda getötet worden – mit den üblichen Gewalttätigkeiten und Sexualdelikten, vor allem aber ohne Schusswaffen oder Bomben. Fast alle Toten waren mit einer Machete, also aus nächster Nähe, getötet worden. Die Täter säbelten ihren ehemaligen Freunden oder Bekannten – anders war gar nicht zu ermitteln, wer zu welcher Bevölkerungsgruppe gehörte – die Gliedmaßen ab, vergewaltigten ihre Nachbarinnen und köpften kleine Kinder. Und all das nur, weil die Opfer einer anderen, kaum unterschiedlichen Menschengruppe angehörten. Davor und danach benahmen sich die Täter ganz normal. Sie machten sich sogar Tagespläne und »arbeiteten« von morgens bis nachmittags ihren Job ab. Wie ärgerlich konnte es angesichts solcher Taten sein, eine Vorlesung zu halten, während der die Wände des Hörsaals gerade frisch gestrichen wurden?

Ob es auch eine medizinische Ursache dafür gab, dass ich seit jeher so emotionsverschoben war – darüber machte ich mir keine tiefergehenden Gedanken. Erst, als meine Frau mich auslachte, weil ich bei *Herr der Ringe*, *Titanic*, *Avengers Endgame* und *Corpse Bride* weinte, ist mir das aufgefallen. Während meiner Kindheit war es nicht üblich, dass Eltern ihre Kinder auf irgendwelche Besonderheiten hin untersuchen ließen, auch wenn diese heute vielleicht sonderlich scheinen. Durch meinen Besuch in der Autismus-Bibliothek in London und durch Kurse, die ich für hochbegabte Kinder, in der Psychiatrie und so weiter gebe, kam ich langsam dahinter, was bei mir möglicherweise ebenfalls festzustellen war: Ich denke, dass ich selbst einen Schuss Autismus in mir trage. Der berühmte Nervenarzt Hans Asperger sagte mal, dass man eben diesen »Schuss« Autismus brauche, um sehr detailverliebt arbeiten zu können, während sich andere dabei langweilen würden. Für die Wikipedia, die ich gerne und oft bearbeite – ja, auch dort sind Kommas oder Pünktchen falsch gesetzt –, habe ich das alles einmal gründlich nachgeprüft und gestaunt, wie treffsicher Asperger und andere Menschen nervliche Vielfalt beschrieben haben, lange bevor sie mit heutigen Verfahren im Gehirn dargestellt werden kann.

Ich glaube nicht, dass ich schlau bin. Ungeschickt bin ich, wenn es um Sport oder Autos geht, aber mit einer ganz spitzen Pinzette kann ich unter einer Lupe gut arbeiten. Vieles, was Asperger beschrieb, trifft durchaus auf mich zu: Die scheinbar verminderte, vielleicht aber eher verschobene Gefühlswelt, veränderte Interessen in Gruppen von Menschen und eingenischte Sonderinteressen – ich bin vielleicht ein bisschen »Aspi«. Das hat nichts mit tiefgreifenden Bewusstseinsstörungen oder stark ausgeprägtem Autismus zu tun, der für die Betroffenen und die Angehörigen oft eine ernste und sehr anstrengende Sache ist. Ich fand die Erkenntnis interessant und beruhigend. Wie schön, dass viele Menschen verschieden sind. Sie wissen ja: Et is, wie et is.

Meine Frau Ines und eine meiner Mitarbeiterinnen meinen, ich würde sie an Sheldon Cooper aus der Serie *The Big Bang Theory* erinnern – einen verschrobenen und emotionsverschobenen Wissenschaftler, der schon in seiner Kindheit einen Kernreaktor bauen wollte, Schwierigkeiten hat, soziale Kontakte zu pflegen und Comics liebt. Gewisse Gemeinsamkeiten sind da zugegebenermaßen nicht von der Hand zu weisen, auch wenn ich bezweifle, dass Sheldon jemals die großartigen *Tim-und-Struppi*-Bände, das *Popeye-Ge-samtwerk* von Elzie Crisler Segar, *Watchmen*, Will Eisners *Spirit* oder die *Donald-Duck*-Geschichten von Carl Barks und Erika Fuchs gelesen hat, die meiner Meinung nach für jeden Comic-Fan dazugehören. Ich habe mir *Big Bang* für diese Biografie angesehen und muss sagen, dass ich Ähnlichkeiten sehe. Der Tick, im Kino nur entweder auf perfekten Plätzen in der eindeutigen, nicht verhandelbaren Mitte des Saales ohne Leinwandverzerrung und bei bester Lautsprecher-Entfernung zu sitzen oder es eben lieber gleich bleiben zu lassen, ist beispielsweise auch meiner. Was ich allerdings nicht glaube, ist, dass ich klüger bin als irgendwer sonst. Ich schaue mir nur mehr Details an. Dafür verstehe ich vom Gesamtbild umso weniger.

Anders als Sheldon Cooper stehe ich zudem auf Tätowierungen. Ich lief früher immer am Schaufenster von »Elektrische Tätowierungen« in Köln-Mülheim vorbei – eines der ältesten Studios in Deutschland. Dort sah ich Fotos von Menschen, die mit Zeichnungen in der Haut verziert waren. Das war lange vor den oft fehlerhaften chinesischen Schriftzeichen (»Die Schildkröte liegt auf dem Rücken« anstelle eines angeblichen Sternzeichens, das es in China obendrein gar nicht gibt). Und auch das heute als »voll Neunziger« geltende Steiß-Tribal über dem Gesäß gab es noch nicht. Höchstens der schrecklich-schöne Knöcheldelfin (»Blaue Banane«) hatte sich schon seinen Weg gebahnt. Dazu muss ich allerdings sagen, dass ich selbst Träger einer Steiß-Fledermaus und eines Knöcheldelfins bin.

In den achtziger Jahren prangten in der Haut der Menschen noch zu tief gestochene und daher später unscharfe, ausgeblichene Jugendsünden – oder kunstvolle Malereien, die oft vom Seefahrerleben oder japanischen Überlieferungen beeinflusst waren. Als ich endlich achtzehn war, wollte ich mir auch ein Tattoo stechen lassen. Tätowierungen waren kein Ausdruck eines vorübergehenden Lifestyles, sondern eher ein Zeichen für Mut, so zu sein, wie man eben sein wollte. Ich aber wollte mich nicht von etwas abgrenzen, sondern mir gefielen einfach die verschiedenen Bilder, die Dieter und Anke mit ihren Nadeln erzeugen konnten. Meine Wahl fiel auf eine Echse. Ich besaß viele Bestimmungsbücher, darunter auch eines für Kriechtiere aus dem Mittelmeerraum. Es dauerte einen kurzen Moment, bis ich die beiden überzeugt hatte, dass ich auch wirklich ein Tattoo-Kandidat sei. Nach einer Anzahlung und Wartezeit ging es dann los. Meinen Eltern wunderten sich schon nicht mehr allzu sehr – sie hatten zuvor schon genügend über meinen ersten Ohrring gestaunt. Bis heute findet meine Mutter, dass es mit den Tattoos »so langsam« reiche. Ich hingegen fühle mich mit Tätowierungen richtiger und vollständiger.

Deshalb dauerte es auch nicht lange, bis die Echse auf meiner Haut nicht mehr allein war. Dabei spielten auch meine vielen Reisen eine Rolle. Während sich andere von ihren Aufenthalten im Ausland handgetöpferte Aschenbecher, Modeschmuck aus Strandmuscheln oder eine Kiste Rotwein mit nach Hause nehmen, lasse ich mir als Erinnerung gerne ein neues Tattoo stechen. Und da ich an über 300 Tagen im Jahr unterwegs bin, kam seit meinem ersten Besuch bei Dieter und Anke einiges zusammen. Inzwischen kenne ich weltweit viele Tätowierer und Tätowiererinnen, die ich mag und von denen ich viel über eine ganz andere Art von Vielfalt gelernt habe. Heute greift auch meine Frau Ines zur Nadel – sie macht das hervorragend, seit sie mit meiner Maschine ihr erstes Tattoo stach: ein kleines, rotes, kitschiges Liebesherz unterhalb meines rechten Knies. Was ich etwas unheimlich finde, ist, dass sie jedes Motiv auch auf dem Kopf oder seitlich tätowieren kann. Sie ist wie ich gesichtsblind, aber dass für sie einfach alles Linien sind, egal, wie das Gesamtbild aussieht, das halte ich für eine Superkraft, von der ich zuvor noch nie gehört hatte.

Motivmäßig bin ich bei Tätowierungen nicht festgelegt. Wie sonst im Leben auch gefällt mir, was gerade passt: Das kann ein stilisierter Frosch sein; in diesem Fall das Zeichen der Stadtwerke von Bogotá, das ich bei meinem ersten Besuch in Kolumbien auf den Gullydeckeln in der Hauptstadt entdeckte und als derart *strange* empfand, dass es sich danach auf meinem linken Oberarm wiederfand – übrigens auch von Dieter gestochen. Auch die Warschauer Kanalabdeckung mit blitzartig gezacktem Muster gehört zu meinem Körperschmuck. Überhaupt finde ich, dass Gullydeckel immer ein sehr interessantes Einzelbild jeder Stadt darstellen. Man muss nur mal nach unten schauen, anstatt auf das zu achten, was sowieso nicht übersehen werden kann.

Ein von mir schon früh geliebtes und auf meine Hand tätowiertes Symbol ist der Autobahn-Fink, der früher auf allen Mülleimern westdeutscher Autobahnraststätten zu Sauberkeit mahnte. Oder das verblüffende Bildchen einer längst pleitegegangenen Billig-Fluglinie, das mir auf der Menükarte an Bord auffiel. Ich schleppte die Karte jahrelang mit mir herum, bis die freundliche Comic-Stewardess – von Dieters Schüler Mätes in einem freien Moment gestochen – nun und seither auf meiner linken Wade ihre Getränke anbietet.

Ein paar meiner kleinen Kunstwerke haben auch eine tiefer erscheinende Bedeutung. Frau Holle trage ich, weil sie wie ich auch der Sonne nicht gerade freundschaftlich gegenübersteht. Mein »Firmenlogo«, also der Totenkopf, der offen in alle Richtungen blickt, steht dafür, dass man nie denken, sondern erst mal alles durch Experimente prüfen soll. Die schwarze Amsel auf meinem linken Oberschenkel ist wie alle schwarzen Tiere mein Freund und zwitscherte mir von einem echten Baum aufmunternd zu, als es mir mal besonders schlecht ging. Mein Lebensmotto »Sailing for Truth« auf dem Rücken erklärt sich hoffentlich von selbst. Die Buchstaben »H-O-L-D F-A-S-T« stehen auf meinen Fingern, weil ich die Seemannsweisheit, dass man die Taue in stürmischen Zeiten immer gut festhalten soll, ziemlich treffend finde. Und meine Frau darf mir als nackter, beflügelter Engel auf meinem linken Bein samt Leuchtturm Tag und Nacht den Weg weisen.

Außerdem sammle ich tätowierte Unterschriften von Persönlichkeiten, denen ich begegne und die ich mag. Zu meinen Tattoo-Unterschriften zählt Bela B. von den *Ärzten*, die ich schon als Jugendlicher geil fand und dessen Signatur sich oberhalb meiner geliebten veganen »Manner«-Schnitte aus Wien an der linken Schulter befindet. Oder Paul, Till und Flake von *Rammstein*, deren Gitarrenklang der beste ist, den ich kenne – obwohl meine Vorliebe eher bei elektronischer Musik liegt. Helge Schneider malte seinen 00 Schneider in einem Kölner Brauhaus, in dem ich mit meinen Studierenden gerade den Kursabend ausklingen ließ, lieber auf eine Serviette, bevor es später zu einem meiner Tattoos wurde. Manche dieser Menschen durfte ich später näher kennen lernen, und mit einigen bin ich sogar befreundet. Jörg Buttgereit, den weisen, ehemaligen Horrorfilmer, und Anatom Gunther von Hagens, zu dem wir später noch kommen werden, habe ich aus diesem Grund äußerst gerne und vermutlich auch als Einziger auf mir verewigt. Mit Cosma Shiva

Hagen saß ich mal bei Joko und Klaas endlose Stunden im Backstage-Bereich herum und machte mit ihr Faxen, bis wir später gemeinsam auf einem eindrucksvollen Kunstwerk landeten – einer Weihnachtskarte von Cornel Wachter, die darauf hinweist, wie es Menschen geht, die dringend ein Dach über dem Kopf benötigen. Mit Kim Wilde saß ich ebenfalls im selben Backstage einer TV-Sendung, und Jason Dark, den Autor der trashigen *John-Sinclair*-Geschichten, traf ich bei der ersten John-Sinclair-Convention überhaupt in Köln-Nippes, wo ich ja früher gewohnt hatte. Ich war der Erste, der seine Unterschrift trug, aber Helmut Rellergerd, wie er bürgerlich heißt, kannte so etwas noch nicht und vergaß bei seinem Künstlervornamen glatt den letzten Buchstaben. Und weil ich im Nachhinein nichts zu einer Spur hinzufüge, steht nun eben »Jaso Dark« auf meinem rechten Oberarm. Stimmt doch auch: »Ja, so dark!«

Inzwischen habe ich bestimmt 150 Tattoos. Darunter ist als Hommage an die aus heutiger Sicht eher merkwürdigen achtziger Jahre, auch der schon angesprochene Knöcheldelfin. Der Tätowierer schwankte zwischen Lachen und Entsetzen, aber er hat ihn gestochen. Hier bin ich allerdings nicht der erste, sondern wohl eher der letzte Mensch, der dieses Motiv erhalten hat ...

Nicht zu vergessen: Das Zeichen des »Dudeismus«, meiner Hausreligion (ich bin geweihter Dudeismus-Priester), der Schriftzug der PARTEI und das Logo einer donaldistischen Gruppe. Diese drei Motive stechen (Achtung: Wortwitz) nach Meinung meines Co-Autors besonders hervor, denn sie betreffen Dinge, mit denen ich mich einerseits gerne und ausführlich beschäftige, die aber nichts mit dem Tod im Allgemeinen oder Insekten, DNA-Spuren oder anderen Ermittlungsansätzen zu tun haben.

Das mit dem Dudeismus-Motiv – eine Mischung aus dem daoistischen Symbol für das Yin und Yang sowie einer Bowlingkugel – hat seinen Ursprung im Film *The Big Lebowski*. Wer den Film nicht kennt, der wird ihn auch nicht mögen, deshalb verzichte ich auf eine Beschreibung. Er ist einer meiner Lieblingsfilme – ach, was sage ich: Er ist mein Gottesdienst! Nicht nur, weil er verdrehte Anspielungen an die versoffenen Ermittler in Trenchcoat aus den vierziger Jahren enthält und äußerst lustig ist, sondern auch, weil darin meine Lebenseinstellung exakt beschrieben wird: Folgt man den Worten des »Dude«, der wunderschön von Jeff Bridges dargestellt wird, kann man alles über Duldsamkeit, Gelassenheit und Vielfalt lernen. Beispielsweise, die Meinungen anderer einfach mal stehenzulassen: »Yeah, well. That's just, like, your opinion, man!« Und so alle möglichen anderen Leute zu akzeptieren, egal wer sie auch sein mögen: Pazifisten, feministische Freundinnen, Veteranen und tanzende Vermieter. Leben und leben lassen eben.

Die Zitate aus dem Film, den ich fast auswendig kann, sind für mich Gleichnisse. Der Dudeimus ist eine friedliche Weltreligion, der man auch als Vernunftmensch bedenkenlos folgen kann. Da ich dudeistischer Priester bin, ist es nur logisch, dass ich mich auf meiner Haut auch dazu bekenne.

Mit Donald Duck ist die Sache sogar noch ein bisschen einfacher: Als Kind hatte meine Mutter mir, wie eingangs schon erwähnt, einen hervorragenden Sammelband mit gut ausgesuchten Disney-Geschichten in der schönen Übersetzung von Erika Fuchs in meinen Koffer gelegt, damit ich während meiner Husten-Kur etwas Ablenkung hatte. Ich vertiefte mich in die Welten, die darin beschrieben waren: Entenhausen stellte, zumindest bei Carl Barks, ein in sich abgeschlossenes Universum dar. Viel später durfte ich es durch die Arbeit vieler anderer Donaldisten und Donaldistinnen umfassend erforschen und verstehen.

Als Kind kamen mir die kleinen Besonderheiten, die es neben den oft kauzigen Bewohnern Entenhausens zu entdecken gab, gar nicht besonders vor. Die Währung waren Taler und Kreuzer, es gab einen Gumpensund, und der Geldspeicher sah öfter mal anders aus als noch kurz zuvor. Da diese Welt mit dem Tod von Carl Barks geschlossen war – er ist der einzige ernsthafte Überlieferer der Tatsachen aus Entenhausen –, lässt sich nun alles auch auf eine wissenschaftliche Weise untersuchen: von der elektrischen Spannung über Radioaktivität, Verwandtschaftsverhältnisse, Zylinderhüte bis zu den Schuhen, die nur weibliche Figuren tragen. Es war für mich verblüffend zu sehen, dass geschlossene Welten immer zu verstehen sind, auch ohne soziale Abgründe zu erforschen. Alles dort ist schlüssig und nichts widerlegbar. Was für eine interessante Lehre! Und was für eine sehr gute Schule für alle Sachverständigen: Wenn ich erst einmal unbemerkt eine – vielleicht falsche – Grundannahme in meine Gutachten einschleuse, dann mag alles darauf Aufbauende ganz schlüssig und »logisch« sein. Es stimmt aber trotzdem nicht. Denn der Fehler ist nicht die Logik und der Zusammenhang, sondern die falsche Grundannahme. Im Donaldismus ist diese Annahme, dass es sich um wahre Überlieferungen handelt. Wir kennen dieses Problem aus allen Religionen und politischen Weltanschauungen.

Nebenbei fand ich natürlich, dass in Entenhausen stets die Einstellung herrschte, dass man die anderen so hinnahm, wie sie eben waren – selbst, wenn er oder sie noch so verschroben war und seinen Reichtum in einer Schubkarre durch die Gegend fuhr oder lernen musste, dass allzu lehrmeisterliche Vorträge mit Krachern unter dem Lehnsessel enden können. Seit einigen Jahren sickert meine Comic-Sammlung in die Kölner Stadtbibliothek über. Dankenswerterweise hat die lässige Chefin der zuständigen Abteilung beispielsweise das von mir gestiftete Gesamtwerk von Carl Barks bereits offiziell unter die Werke der Weltliteratur eingeordnet. Recht so!

Mit der PARTEI verhielt es sich anders. Als ich im Jahr 2010 in einem Krefelder Kneipenhinterzimmer mit 100 Prozent der Stimmen zum neuen Landesvorsitzenden gewählt wurde, ließ ich mir erst mal nur das »P« aus dem PARTEI-Logo tätowieren, und für jeden Wahlkampf sollte ein weiterer Buchstabe dazukommen. Bald waren alle Buchstaben vollzählig.

An sich bin ich ein unpolitischer Mensch. Meine Eltern haben mich unvoreingenommen erzogen. Ich schaue mir erst mal alles an und bewerte niemanden – nicht einmal einen Verbrecher, denn das ist die Aufgabe der Gerichte und sozialer Einrichtungen. Das heißt jedoch nicht, dass ich keine aus Daten abgeleitete Überzeugung habe, im Gegenteil. Mein Standpunkt zum Umgang mit der Natur ist klar, weil es genügend Messungen dazu gibt, dass Tiere leiden und das Klima sich ändert. Es ist daher lustig, wie wichtig Menschen ihren Standpunkt manchmal bilden, obwohl er nicht sauber und ruhig aus Messungen abgeleitet ist. Vor vielen Jahren war ich mal zu Gast bei *hart aber fair* zum Thema »Tiere sind mir Wurst«. Während der Sendung musste ich mir dann so viel Unsinn über die angeblich so herausragende Bedeutung von Fleisch für unsere Gesundheit oder die Kultur anhören, dass ich zusammen mit der Schauspielerin Barbara Rütting beinahe das Studio verlassen hätte. Mich bringt wenig aus der Ruhe, aber durch Messungen widerlegte Aussagen oder Verdrehungen sind mir zu blöd und langweilig. Wir blieben dann doch – aber es tat weh. Seitdem rede ich nur noch öffentlich mit Menschen, wenn wir uns darauf einigen können, dass manche Dinge messbar sind. Alles andere sind Weltanschauungen, über die wir privat und bei einer Limo gemütlich plaudern können.

Wenn schon Blödsinn, dann mit Verstand und Wirkung, beschloss ich. Deshalb bin ich in der PARTEI gut aufgehoben, auch wenn ich selbst keine Satire kann, sondern einfach nur mein kölsches Ding durchziehe. Dass ich zu dieser bunten Truppe stieß, war Zufall. Ich las das Mutterschiff der PARTEI, die TITANIC, schon immer und hatte sie sogar in New York abonniert, wo sie stets erstaunlich pünktlich ankam.

Bei Dreharbeiten in Berlin lernte ich nun die Frau von Martin Sonnenborn kennen, der fünf Jahre lang Chefredakteur der TITANIC war. Er hatte die PARTEI 2004 gegründet. Unser Programm ist ernst: Ausgleich sozialer Unterschiede und ein sorgsamer Umgang mit unserer Umwelt zum Beispiel. Aber eben auch die Wiedererrichtung der Mauer zwischen Ost und West. Martin und ich liegen auf einer Wellenlänge lagen.

Mit der Mitgliedschaft in der PARTEI betrat ich eine völlig neue Welt mit eindrucksvollen Typen, die jeden PARTEItag ins Chaos zogen, und irrwitzigen Ideen, die wir uns gemeinsam ausdachten und umsetzten. So war schnell klar, dass ich – nachdem das Wissenschaftsministerium in unserem Schattenkabinett bereits durch einen Molekularbiologen besetzt war – Gesundheitsminister werden sollte und fortan auf jedem Wahlplakat Pfeife rauchend abgebildet wurde. Dieter, der Tätowierer, wurde als Kandidat für das Außenministerium eingeführt, weil er nach eigenen Worten »korrupt ist und gerne reist«. Die Sache entwickelte eine gewaltige Eigendynamik. Als Wahlkreis bekam ich zunächst Köln-Mühlheim zugeteilt, und für die Bundestagswahl 2013 wurde ich Listenführer in Nordrhein-Westfalen. Das erste Mal in meinem Leben machte ich Straßenwahlkampf. Wir verteilten wochenlang Bier, Taschenrechner, Schnaps und Plüsch-Handschellen an die Leute und merkten, dass es den meisten Menschen tatsächlich nicht um Inhalte ging – sondern bloß um Geschenke. Am Ende holten wir in NRW fast 38 000 Zweitstimmen und hatten Blut geleckt. Eine der Folgen war, dass ich bei der Kölner Oberbürgermeisterwahl 2015 als OB-Kandidat antreten sollte.

Dafür entwickelten wir ein Programm, das leicht zu erklären und ebenso leicht zu verstehen war: Ich forderte stilettofreundliches Straßenpflaster, Glitzerdinge für alle, Klüngeln nur nach Anmeldung, Straßenreinigung mit dem Parfüm 4711, freie Sicht auf den Dom von überall, den bunten Anstrich der Schäl Sick (also der rechten – und damit für den Ur-Kölner »falschen« – Rheinseite), die Ausweisung von Glühweinpanschern ins verhasste Düsseldorf sowie einen neuen Feiertag am 6. Januar zu Ehren des Kölner Dreigestirns.

Um unsere Botschaften an den Mann und die Frau zu bringen, musste ich natürlich Reklame machen. Zum Glück erinnerte ich mich an einen meiner Mitschüler, der Sohn des Gründers von Ströer Media war. Die Firma gehört inzwischen zu den größten Werbeanbietern Deutschlands. Ich schrieb also den Leuten von Ströer und erklärte ihnen, dass die ganze Stadt erfahren sollte, was ihr neuer Oberbürgermeister vorhatte.

»Was schwebt dir denn genau vor?«, fragte einer der pfiffigen Mitarbeiter.

»Am liebsten würde ich die ganze Stadt vollplakatieren. Was kostet das denn?« Er lachte.

»Das wird teuer. Aber erstens kann ich dir einen Kulturtarif für Stromkästen und wenig gebuchte Ecken auf Litfaßsäulen geben. Und zweitens habe ich noch eine andere Idee«, sagte der clevere Mann und bot mir die riesigen, beleuchteten Reklametafeln am Neumarkt an, die Ströer ebenfalls vermarktete und die man vermutlich sogar von der Raumstation ISS aus sehen würde, lägen sie nicht unterirdisch an den Bahnsteigen.

Ein freundlicher Comiczeichner entwarf nun das Wahlplakat, eines, wie es Köln noch nicht gesehen hatte. Er feilte mit Liebe an den kleinsten Bestandteilen und zeichnete mich angelehnt an *Spirit*-Comics der dreißiger bis fünfziger Jahre, wie ich als Superheld die meiner Frau nachempfundene, gefesselte Colonia rette. Diese Zeichnung, in der viele kölsche Besonderheiten zu finden waren, hing bald an Hunderten Stellen in der ganzen Stadt und wie versprochen riesengroß und durchleuchtet am Neumarkt, der wichtigsten Umsteigehaltestelle der Stadt. Damit bekam der bis dahin einschläfernde Wahlkampf einen Kick. Kein Mensch konnte fassen, was da gerade geschah. Unsere Kampagne hat es sogar ins Stadtarchiv geschafft. Die dortige Mitarbeiterin hielt das Ganze für historisch bedeutsam genug, und ich kam aus dem Lachen nicht mehr heraus. Die Kölner und Kölnerinnen hatten mal wieder bewiesen, dass es wirklich so kommt, wie es kommt.

Mich kostete die Maßnahme zwar höllisch viel Geld, denn ich bezahlte damals wie heute alles selbst und habe bis heute keinen einzigen Cent von der PARTEI erhalten.

Unsere Aktionen gingen aber gerade deswegen immer weiter. Wer sollte mir schon reinreden, wenn ich alles selbst bezahlte? Meine vielen Mitstreiterinnen und Mitstreiter veranstalteten öffentliche Gesangsstunden, in denen wir mit zufällig vorbeilaufenden Menschen das Lied der PARTEI (»Die PARTEI, die PARTEI, die hat immer recht«) sangen oder traten in Mannschaftsstärke bei Podiumsdiskussionen auf. Ich eröffnete mit dem Kölner Team der PARTEI den ersten Coffeeshop Deutschlands. Dort verkauften oder verschenkten wir massenhaft Gras. Und damit meine ich Gras – also Wiesengras, einkeimblättrige, krautige Pflanzen, wie sie auf jeder Wiese wachsen. Die coole Innenstadt-Polizei tat uns den Gefallen, war trotzdem da und völlig gelassen. Als irgendwer einen Luftballon an ihren Streifenwagen klebte, lächelten sie nur müde. Die Kölner Innenstadt-Beamtinnen und -Beamten sind eine ganz besondere Sorte Polizistinnen und Polizisten, aber das ist eine Geschichte, die vielleicht ein andermal erzählt werden soll.

Es tauchten auch einige Rechtsanwälte und Checker von Drogendealern auf, die von uns verlangten, wir sollten unseren Gras-Verkauf abbrechen, um ihren Mandanten nicht das Geschäft zu verderben. Kein Witz! Das Fernsehen und die sozialen Medien fanden es super. Der Innenstadt-Bürgermeister gab ein Interview, traute sich aber nicht in unseren Laden. Mehr ging nicht. Am allerlustigsten waren die harten Jungs, die unser Wiesengras mit Kennermiene rauchten. Trotz eines riesigen Schul-Posters mit Abbildungen der »Gräser Deutschlands« begriffen sie nicht, was vor sich ging. Ein schöner Moment.

Leider wurde am Tag vor der Wahl meine Mitbewerberin, Frau Reker, von einem Verrückten in den Hals gestochen. Zum Glück überlebte sie. Weil die Kommunalwahl in NRW nur beim Tod eines Kandidaten verschoben werden konnte, fand sie wie geplant am 18. Oktober 2015 statt. Ich war, wie alle anderen auch, geschockt über die Tat, und soviel ich weiß, der erste Politiker, der ihr öffentlich in den sozialen Netzwerken mit einem großen, selbst gemalten Herzen gute Besserung wünschte. Als sie mit 52,7 Prozent der Stimmen zur neuen Oberbürgermeisterin der Stadt Köln gewählt wurde, lag sie noch betäubt im Krankenhaus. Ich freute mich für sie – und auch darüber, dass ich mit 7,22 Prozent auf dem dritten Platz landete. In der Feinauswertung zeigte sich, dass viele Menschen aus den sozial schwächeren Ecken Kölns mich gewählt hatten. Wir waren dort nicht nur in Dönerbuden und auf öffentlichen Plätzen herumgezogen, sondern hatten auch allen mitgeteilt, dass ich der Babo sei, also der Anführer, der Boss.

Wo das alles noch hinführen wird, ist schwer vorherzusagen. Martin und Nico Semsrott sitzen mittlerweile im Europaparlament, und viele PARTEIler und PARTEIlerinnen deutschlandweit in Stadtparlamenten. Unser Bürochef meldete kürzlich, dass er mit den Mitgliedsanträgen nicht mehr hinterherkommt. Vielleicht lande ich ja wirklich eines Tages im Landtag oder werde Ministerpräsident. »Landesvater der Herzen« bin ich in den sozialen Netzwerken ja schon.

Ich lege es aber nicht darauf an. Da einige meiner Freunde und Freundinnen schon länger im politischen Geschäft arbeiten, habe ich miterlebt, dass sie zunehmend darauf achteten, wie jedes ihrer Worte oder eine harmlose Handlung nach außen wirken. Für einen von ihnen ist es auf einmal unerwünscht, mit mir eine Bro Fist – Fäuste zur Begrüßung aneinanderhalten – zu machen. Auf solche überempfindliche Unehrlichkeiten habe ich keine Lust. Und auch nicht darauf, wie die angebliche »Macht« manchen vor meinen Augen verändert hat. Andererseits – vielleicht zeigt sich beim sozialen Aufstieg manchmal auch bloß, was schon vorher in dem betreffenden Menschen schlummerte. In der PARTEI bekommen alle Größenwahnsinnigen sofort den Dämpfer ihres Lebens. Und es gibt auch in anderen Parteien coole Kolleginnen und Kollegen, die wissen, dass es ein echtes Leben jenseits des Klüngels gibt. Besonders mit jungen Politikerinnen und Politikern aus anderen Volks- und Sonderlings-Parteien habe ich schon gemeinsam die schönsten Faxen gemacht, ich im grauen PARTEI-Polyester, sie in Angora und Jackett.

Wenn ich dauerhaft Fachpolitiker wäre, würde ich einiges ganz sicher durchsetzen, beispielsweise das »Forensic Nursing« in Deutschland einführen. Das ist ein Konzept aus den USA, bei dem Krankenschwestern und -pfleger angelernt werden, um mit Opfern von Sexualdelikten zu sprechen und die Spuren rasch zu sichern. Das bringt allen viel: So können schnell, professionell und vor allem menschlich die Spuren gesichert werden, durch die der Tatablauf viel besser als durch Zeuginnen und Zeugen dargestellt werden kann. Das wiederum hilft den Opfern und Angehörigen, die Klarheit erhalten, und auch den Tätern und Täterinnen, die bei eindeutiger Spurenlage – auch vor sich selbst – schlecht Ausreden erfinden können. Solche Programme kann ich aber auch ohne politisches Amt unterstützen und voranbringen. Es zählt die schon erwähnte Streichholzbreite.

Wie dem auch sei: Das vollständige Logo der PARTEI ist nach mehreren Wahlen – für jede Wahl kam wie gesagt ein tätowierter Buchstabe dazu – nun dauerhaft und vollständig unterhalb meines linken Schlüsselbeins zu sehen.

Neuerdings sind meine Tattoos sogar museumsreif geworden. Das Leipziger Grassi-Museum für Völkerkunde ließ meinen unsportlichen Körper im Jahr 2017 für seine schöne Ausstellung über Tätowierungen fotografieren und katalogisieren. In einer wissenschaftlichen Tattoo-Ausstellung aufzutauchen empfand ich als große Freude.

Noch schöner war, dass ich viele Menschen im Museum interviewen durfte. Deren tätowierte Geschichten liegen seither offiziell und als Video-Daten dort im Archiv. Ich freue mich schon darauf, diese Interviews in dreißig oder vierzig Jahren noch mal anzuschauen. Wie werden die Menschen bis dahin wohl mit Tätowierungen umgehen?

Manchmal sind meine Hautbilder natürlich auch hinderlich. Wenn ich mit dem Zug an irgendeinem Bahnhof in den strengeren Regionen Deutschlands ankomme, kann ich die Uhr danach stellen, bis mich die Bundespolizei filzt, weil sie mich für einen Substanzverwender oder sonstwas hält. Selbst in Nordrhein-Westfalen bin ich wegen der Nähe zu den Niederlanden, wo viele Drogen über die Grenze gehen, nicht sicher vor übereifrigen Menschen. So haben die Kollegen schon mal einen ganzen Zug angehalten, um mich komplett durchzufilzen. Am Ende durfte ich sogar noch meinen Personalausweis vom Boden aufheben, nachdem ein Beamter ihn mir vor die Füße geworfen hatte.

Sosehr es nervt, es ist gut, auch so etwas zu erleben. Ich kann dann bei meinen Vorträgen in Polizei-Fachhochschulen oder bei Fortbildungen für langjährige Beamtinnen und Beamte erklären, wie Schmuggler wirklich aussehen.

Außerdem gab es mir die Möglichkeit, mit einigen Vorurteilen aus der Steinzeit großflächig aufzuräumen. In der wichtigsten kriminalistischen Zeitschrift durfte ich beispielsweise einen Überblick über die Forschung zu Tätowierungen geben. Es ist schon seit über hundert Jahren auch in der kriminalistischen Fachliteratur bekannt, dass Hautbilder zwar nicht immer sichtbar, aber oft quer durch alle Berufsschichten vorhanden sind. Lustigerweise sind Polizisten und Polizistinnen heutzutage sogar eine der am häufigsten tätowierten Berufsgruppen.

Solange noch Platz auf meiner Haut ist, wird es erst mal weitergehen mit den Bildchen. Ich trage auch *unter* der Haut schon seit etwa zehn Jahren ein paar Veränderungen. *Just for fun* habe ich zwei Magneten und einen RFID-Chip einsetzen lassen, mit dem man ähnlich einer Bankkarte berührungslos Informationen speichern und austauschen kann. Es wäre ungeheuer praktisch, wenn man eines Tages keine Hausschlüssel, keinen Pass und keine anderen Papiere mehr mit sich herumtragen müsste, sondern einfach den Arm an ein Lesegerät halten könnte. Die Technik dazu steht und funktioniert.

Ebenfalls vor langer Zeit ließ ich mir die Haare an meinem Körper weglasern – außer die am Kopf. Das hat keine Schönheitsgründe, auch wenn so nun endlich keine Gefahr mehr besteht, dass meine zahlreichen mit Tinte gestochenen Damen unfreiwilligen Bartwuchs bekommen. Es ist vielmehr total praktisch, weil damit Herbstgrasmilben und andere zwickende und saugende Insekten keine Chance mehr haben, einen Spaziergang auf mir zu unternehmen, wenn ich wieder mal eine Waldleiche untersuche – wo diese Milben manchmal zu Tausenden vorkommen. Keine Haare, keine Bisse: Das war die acht Sitzungen zu je eineinhalb Stunden wert, auch wenn ich – wie beim Tätowieren – mega empfindlich bin, was körperliche Schmerzen betrifft.

Da mein Co-Autor all das merkwürdig findet, hier mein Rat an alle, die aus der Sicht der anderen irgendeinem Mittelwert nicht entsprechen: Ich habe keinen Rat! Macht einfach euer Ding, macht, was ihr könnt, und nutzt die Möglichkeiten, die ihr habt. Dazu ist es erst mal wichtig herauszufinden, was man kann – und sich einzugestehen, was man nicht kann. Ich habe mich nie gefragt und frage mich auch heute nicht, ob mein Interesse anderen gefällt – ich wurschtele dort rum, wo es mich interessiert, und gehe dort weg, wo es mich nicht interessiert – egal, wie cool oder uncool es wirken mag, und egal, wie komisch es andere Menschen möglicherweise finden. Man muss nur seinen Arsch hochkriegen und in sich hineinhorchen. Dann kommt der Rest von allein. Jede freundliche Spezialtätigkeit nützt auch dem Rest der Menschheit, im Großen oder im ganz Kleinen.

OCME, PLASTINIERTE LEICHEN UND THEATER:

Wie ich verschiedene Welten für mich entdeckte

Um den chronologischen Faden noch einmal aufzugreifen: New York war in jeder Hinsicht ein anderes Kaliber als Köln. Das galt zuallererst für die Mieten. Dabei hatte ich sogar noch Glück – dachte ich zumindest. Denn ein paar Tage vor meinem endgültigen Abflug traf ich die Schwester eines früheren Mitschülers am Kölner Heumarkt.

»Hey, was treibst du so?«, fragte sie mich, und ich erzählte ihr von meinen Plänen.

»Brauchst du dann nicht eine Wohnung, wenn du länger da drüben bleibst?«, fragte sie weiter.

»Klar«, antwortete ich, und mir fiel auf, dass ich mir darüber noch gar keine Gedanken gemacht hatte. Ich wusste nur, dass es notfalls ein protestantisches Seemannswohnheim und den YMCA gab.

»Ein Kumpel von mir vermietet Wohnungen in Manhattan. Ich geb' dir mal seine Adresse, vielleicht hat der was frei.«

Was für ein verdammter Zufall, dachte ich – und schrieb ihm am selben Nachmittag eine E-Mail. Ich berichtete ihm von seiner alten Freundin aus *good old Germany*, und obwohl er sich überhaupt nicht an sie erinnern konnte, bot er mir ein Zimmer an, das ich kurz nach meiner Ankunft – die Zwischenstation im YMCA blieb mir nicht erspart – beziehen sollte. Ich regelte noch ein paar Angelegenheiten, und wenig später ging es los: Mit einem hellbraunen Kunstlederkoffer ohne Rollen und einem äußerst hässlichen Trolley, den ich mir in einem Import-Export-Laden um die Ecke gekauft hatte, startete ich in Richtung neue Welt. Zunächst übernachtete ich ein paar Tage im legendären »Christlichen Verein junger Männer«, in dem es sogar ein großes Schwimmbad gab, weil für junge christliche Männer Leibesertüchtigung wichtig war. Aber danach bezog ich meine erste amerikanische Wohnung, zum Preis von schlappen 1600 Dollar Vorkasse für den ersten Monat. Der angeblich so nette Bekannte meiner Bekannten entpuppte sich als schlitzohriger Halsabschneider. Und damit war ich pleite.

Das Haus, in dem sich die Bruchbude befand, lag direkt auf St. Marks Place, einer Straße im East Village. Dort lebten und geisterten eigenartige Typen herum. Das Viertel noch lange nicht cool und vor allem nicht reich war. Ende des 19. Jahrhunderts wohnten dort viele Deutsche, später dann vorwiegend Juden und Osteuropäer, und heute ist die Ecke eine – wenn auch immer noch stark heruntergekommene – Ausgeh- oder Wohn-Zone für jüngere Leute, denen eine Prise wilden Lebens Spaß macht. Normale Touristen und Touristinnen verirren sich bis heute nicht nach St. Mark's Place. Nach wie vor sind fast alle Häuserblocks dort aus Backstein und selten höher als drei oder vier Stockwerke. Statt großer Supermärkte und Fast-Food-Ketten gab es dort in den Untergeschossen Pubs und kleinere Läden, in denen man Comics, schräge Klamotten oder Snacks kaufen konnte. Auch New Yorks erstes legales Tattoo-Studio gegenüber dem *Yaffa Cafe* fand man dort, und – sehr praktisch – gleich gegenüber auf der anderen Straßenseite lag Andromeda Piercing. Außerdem glänzte abends und nachts alles wie verrückt, mit Neonfischen, verschrotteten Geldautomaten und dicken Silberringen in den Schaufenstern.

Ich fühlte mich vom ersten Moment an wohl. Da störte es mich auch nicht, dass meine Bude die Hölle war. Es gab zwar zwei Zimmer, aber eines davon war unbenutzbar, weil es so winzig und unendlich schmutzig war, dass ich es tatsächlich nie betreten habe. Es bestand eigentlich nur aus einem uralten Etagenbett, das dort hineingenagelt war. Das echte Bett stand zum Glück im anderen Raum – damit war der allerdings auch schon voll. Leider hatte die Wohnung zudem ein Gasleck, das man sofort beim Betreten roch. Das liegt daran, dass Stadtgas immer stark riechende Beimischungen enthält, damit jeder sofort merkt, wenn es brenzlig wird. Gekümmert hat das niemanden, und so verbinde ich mit dem Gasgeruch vor allem diese, aber auch weitere schöne Zeiten im East Village. Ich liebe es bis heute.

So oder so, das Ganze war eine Übergangslösung. Ich fragte öfter im »St. Marks Hotel« am Ende der Straße, ob dort womöglich ein Zimmer frei sei. Aber der stets unfreundliche Besitzer vertröstete mich jeden Tag aufs Neue, vielleicht weil er in mir keinen zahlungskräftigen Gast sah. Damit hatte er natürlich auch recht. Also las ich wöchentlich die *Village Voice*. Das war eine Gratiszeitung, die bis 2017 auf Papier gedruckt erschien und ihr Hauptquartier um die Ecke hatte. Sie lag an wörtlich genommen jeder Ecke des Viertels in roten Plastikkästen und enthielt neben Untermieterangeboten alles, was lässig und besonders war. Unter anderem waren darin Treffen der Eulenspiegel Society angekündigt, die ein paar Straßen weiter südlich in einem alten Theater stattfanden. Außerdem gab es schräg gegenüber von meiner Bude das Coney Island High, einen bekannten Musikschuppen, sowie ebenfalls um die Ecke auf der Bowery das berühmte CBGB. Beide Clubs sind mittlerweile geschlossen, aber ich habe bis heute ein Originalposter aufbewahrt, das nach einem Konzert mal außen am Coney Island High hing. Sehr praktisch war auch der Kiosk Gem Spa, der neben allen Zeitungen, von denen ich je gehört hatte, auch schöne Schmuddelhefte und – für mich völlig rätselhaft – *Egg Nogg* verkaufte, ein Getränk aus Milch und Ei, das die pakistanischen Besitzer an der winzigen Kassentheke zusammenmixten. Vor allem konnte man dort aber Filme abgeben, entwickeln und auf Fotopapier abziehen lassen. Noch Jahre später, als ich längst nicht mehr dort wohnte, sondern nur mal so vorbeischaute, fragten mich die Jungs aus dem Laden als Erstes, ob ich einen entwickelten Film abholen wolle. Vor kurzem ist mir die Kinnlade heruntergeklappt, als ich im Film *Eyes Wide Shut* von Stanley Kubrick in einer halbsekündigen Einstellung »meinen« Kiosk gesehen habe.

So streifte ich also durch mein neues Viertel. Neben historischen Spuren wie der Inschrift des längst vergessenen deutschen Schützenvereines, die bis heute dort riesengroß prangt, gab es auch schöne kriminalistische Fleckchen. Zum Beispiel die der New Yorker Mafia, und zwar nicht nur im East Village, sondern vor allem auch im nahe gelegenen Little Italy. Dort fand einer der ungewöhnlicheren Morde der New Yorker Geschichte statt.

Einige Blocks von St. Mark's Place entfernt war am 14. April 1903 ein Zuckerfass gefunden worden, das dort nicht hingehörte. Als man den Deckel öffnete, war klar, warum jemand das Ding heimlich abgestellt hatte: Darin befand sich die Leiche von Benedetto Madonia. Er war der Schwager von Guiseppe de Primo, einem Mitglied der »Black Hand Gang«, der gerade im Gefängnis eine fünfjährige Haftstrafe wegen Geldfälscherei verbüßte. Weil die Kollegen im Knast nicht an de Primo herankamen, nun aber vermutlich Angst hatten, dass sein naher Verwandter Madonia etwas über ihre

Geschäfte ausplaudern könnte, brachten sie ihn vorsorglich zum Schweigen. Sie stachen ihn mit 18 Messerstichen nieder, schnitten ihm den Hals von einem Ohr zum anderen auf und trennten ihm den Penis ab. Den steckten sie ihm in den Mund und packten die Leiche so in das Fass, dass die Füße über das Gesicht des Toten reichten.

Allerdings machten Madonias Killer dabei einen Fehler: Das Zuckerfass ließ sich einem Hersteller zuordnen, der nur einen einzigen sizilianischen Kunden in seiner Kartei hatte: Peter Morello. Dessen »Dolceria« befand sich in genau dem Haus, an dem ich fast hundert Jahre später manchmal vorbeikam. Dummerweise war das Opfer zuletzt in diesem Geschäft gesehen worden, und noch dümmer war, dass sich auf dem Boden des mit der Leiche und Sägespänen gefüllten Fasses ein Zigarrenstummel jener Marke befand, die auch Morello rauchte. Alles deutete also auf ihn als Täter oder zumindest Anstifter hin, und so gab es acht Festnahmen. Verurteilt wurden jedoch weder Morello noch die anderen Verdächtigen. Denn niemand sagte vor Gericht aus, und auch der inhaftierte de Primo schwieg eisern, bis er 1908 nach Sizilien abgeschoben wurde. Dort sollte ihn ein Handlanger der »Black Hand Gang« endlich aus dem Weg räumen. Das überlebte der Auftragsmörder aber nicht. So setzte sich das Morden fort, und heute habe ich einen ganzen Vortrag nur über die rauen Gepflogenheiten der Mafia-Familien aus New York, die um die Jahrhundertwende noch hemdsärmeliger handelten als heute.

Mit heutigen Methoden wäre Peter Morello schon durch seine Erbsubstanz an der Zigarre überführt worden, aber damals kam er davon. Auf diesen kriminalistischen Spuren zu wandeln war wunderschön. Heute stelle ich gerne kleine Videos zu diesen alten Gebäuden und ihren Kriminal-

Geschichten ins Netz (YouTube!). Besonders nachts sehen die oft unverputzten Wände so aus, als wäre seither nicht ein Jahrhundert über sie gelaufen.

Nach ein paar Wochen mit dem unguten Gefühl, ohne Geld nicht mehr lange durchhalten zu können, fand ich endlich eine neue Unterkunft. Sie befand sich gleich neben meiner bisherigen Unterkunft. Zwar hatte ich bis auf meine Bücher und CDs wenig zu schleppen, mich aber längst in die Nachbarschaft verliebt. Das Zimmer lag nicht im Untergeschoss, sondern wirklich im Keller des alten Mietshauses, was das Ganze zu einer etwas düsteren Angelegenheit machte. Es gab aber einen mit Stacheldraht meterhoch eingezäunten Innenhof, der tief unter der Straßenebene lag. Dort kam Licht in die Bude. Außerdem fühlte ich mich sehr sicher, was ein echter Luxus ist in einer Straße, die abends damals fast alle und selbst heute noch viele Menschen in schwankende Gefühlszustände versetzt.

Ich verbrachte gerne Zeit damit, auf der eisernen Eingangstreppe zu den darüberliegenden Etagen zu sitzen und die Menschen zu beobachten, die drüben bei Andromeda ein und aus gingen. Die Chefin, eine Österreicherin, und der Piercer, den ich meist im Studio sah, führten schon damals völlig selbstverständlich jede Art von Piercings an Geschlechtsorganen durch. Wenig später traf ich auch meine spätere gute Freundin Essie, die sich als zweiter Mensch in modernen Zeiten die Zunge hatte spalten und zwei sehr große Scheiben in die Schamlippen hatte einsetzen lassen. So was hatte ich noch nicht gesehen, und daher schrieb ich gleich einen bebilderten Artikel für eine rechtsmedizinische Fachzeitschrift darüber.

Nachdem die neue Wohnung leergeräumt worden war –

meine Vormieterin hatte ein Substanzproblem – und ich ein rollbares Bettgestell aus Metall nebst Matratze erstanden hatte, war mein Glück perfekt. Allerdings kostete die Bude genau so viel, wie ich verdiente – mein gesamtes Geld ging also für die Miete drauf. Nun konnte ich auch meine zwei Koffer aus dem Labor abholen, die dort zwischengelagert waren. Meine Kollegen und Kolleginnen wussten, dass ich nicht viel mehr besaß als die schöne Strickjacke, die mir meine bayerische Oma für den New Yorker Winter gestrickt hatte. Während die meisten Amerikanerinnen und Amerikaner lieber gestorben wären, als eher bescheidene Lebensumstände zuzugeben, zählte ich auf die Hilfe anderer, so wie ich auch weiterreiche, was ich nicht benötige.

Es gab und gibt bis heute zwar um die Ecke am Astor Place einen K-Mart, in dem das meiste wirklich billig, war. Aber in meinem Wohnkeller gab es außer einem Herd und dem alten Kühlschrank der Vormieterin nichts. Also klebte ich einen Zettel in den Leichen-Aufzug des OCME mit der Bitte, sich doch bei mir zu melden, wenn jemand ein paar Teller, Töpfe und Pfannen entbehren konnte. Doch anstatt mir mit überflüssigem Geschirr aus den eigenen Haushalten zu helfen, kamen einige Mitarbeiter zu mir und baten mich diskret, den Hinweis wieder abzunehmen, weil eine solche Botschaft peinlich für das gesamte Institut sei. Diese komische Einstellung kannte ich aus Deutschland nicht. Immerhin lernte ich etwas, was mir seither oft aufgefallen ist: Sozial schwächere Menschen verstehen, dass so eine Bitte ernst gemeint ist, und lassen sich etwas einfallen. Der Programmierer unseres Institutes war aus Indien eingewandert und wusste, was los war. Ich holte bei ihm zwei ausrangierte Töpfe ab und kochte darin fortan meine Nudeln. Einen Esstisch erstand ich um die Ecke, ebenfalls bei einem eingewanderten Händler. Es handelte sich um mintfarbene Flamingo-Stühle mit Tisch, die wohl schon sehr lange auf einen Käufer gewartet hatten. Als der Kramhändler sah, dass ich die Teile wirklich mitnahm, schenkte er mir zum Dank einen silbernen, uralten Zahnstocher, den ich bis heute als Erinnerung an diese verrückte Zeit aufbewahre.

Ich schrieb weiter Zeitungsartikel, und so hatte ich ein kleines Zusatzhonorar. Ich erinnere mich noch gut, dass ich mir niemals mehr als 20 Dollar aus dem Geldautomaten ziehen konnte, der zum Glück keine Gebühren berechnete. Einmal war meine Freundin mit dabei, als ich wieder mal einen Zwanziger abhob, der für die kommenden Tage reichen musste.

»Warum hebst du denn nicht mehr Geld ab?«, fragte sie mich. Sie war ehrlich fassungslos, weil sie noch nie erlebt hatte, dass ein Mensch abgebrannt war, obwohl er einer normalen und bezahlten Arbeit nachging. Mir war das egal. Der einzige Luxus, den ich mir leistete, waren Comics aus dem bis heute bestehenden Comicladen schräg gegenüber und die Nächte in der *Rocky Horror Picture Show* im »Village-East«-Kino, die damals jeden Freitag und Samstag mit einer Live-Crew vor der Leinwand stattfanden. Abgesehen davon wollte ich Spuren untersuchen, und das ging am besten in einem Labor, das sich vor Spuren nicht retten konnte.

So groß wie Manhattan war auch das Arbeitspensum, das wir im Labor zu bewältigen hatten. Wir bekamen teils meterhohe Stapel mit Spuren von Sexualdelikten auf den Tisch, die wir in einem festgelegten Wechsel-System, auch am Wochenende, abarbeiteten. Im Vergleich zu dem, was ich in der Kölner Gerichtsmedizin mitbekommen hatte, war das hier mengenmäßig mindestens das Zehnfache. Vaterschaften spielten dabei keine Rolle, sondern grundsätzlich schwere Verbrechen. Bürgermeister Giulianis Idee, die verbrechenslastigen Viertel durch teure Wohnungen aufzuwerten und damit auszutrocknen, hatte noch nicht ganz durchgeschlagen. So kam es, dass beispielsweise für Vergewaltigungen Sets in Einheitskartons eingeführt worden waren – sogenannte »Rape Kits«, die alles enthielten, was man zur Spurenentnahme benötigte. Blutige Turnschuhe und rot durchtränkte Klamotten landeten ebenso bei uns wie Messer und Telefonbücher. Letztere waren damals noch dick und schwer, sodass sie auch als Schlagwaffe zum Einsatz kamen, vor allem aber lagen sie in jedem Haushalt herum und waren für uns gute Spurenträger mit glatter Oberfläche.

Unsere offiziellen Arbeitszeiten gingen von 9 bis 18 Uhr inklusive Mittagspause, aber weil ich es im Labor super fand und man sich mit Compuserve gratis über das in den USA schon damals kostenfreie Orts-Festnetz mit einem Modem ins Internet einwählen konnte, blieb ich wie schon in der Kölner Zoologie und Rechtsmedizin oft bis spät am Abend im Institut. So kam es, dass ich der einzige Mitarbeiter in unserer Etage war, der den Putzmann kannte, weil der erst nachts seine Runden drehte. Ich ackerte mich wie alle anderen durch das spannende Spurenaufkommen und machte Abriebe von allen nur vorstellbaren Gegenständen. Wir suchten und maßen Merkmale der Erbsubstanz aus Blut, Speichel und Sperma und alles, was bei schweren Verbrechen zu finden war.

An Tatorte gingen wir jüngeren Mitarbeiter nicht. Das war vermutlich sowieso nicht vorgesehen, aber wir hätten es auch zeitlich nicht geschafft. Erst später, als meine Arbeit mit den Insekten mehr und mehr in den Mittelpunkt rückte, wurde ich von der Polizei oft dorthin gerufen, wo die Tat auch passiert war.

Dafür kam der Tatort immer öfter zu uns. Die Polizei ging zu unserem Leidwesen in New York dazu über, halbe Zimmereinrichtungen, in denen eine Straftat geschehen war, leerzuräumen und uns darzubieten. Die Cops und Homicide Detectives waren verständlicherweise begeistert von den guten Ergebnissen aus der Erbsubstanzuntersuchung. Wir waren es ja auch.

»Was sollen wir denn jetzt damit?«, fragten meine Chefs und Chefinnen regelmäßig, wenn wieder so eine Möbellieferung kam.

»Wir haben keinen Platz dafür. Ihr müsst die Spurenträger schon selber auswählen, sichern und einsammeln. Danach machen wir den Rest«, teilten sie den Polizisten und Polizistinnen freundlich und danach uns im Labor mit Augenrollen mit. Es dauerte noch eine Weile, bis unsere Chefs den Polizisten und Polizistinnen die Sammelwut wieder ausgeredet hatten.

Ich mochte meinen Job, besonders auch die ruhigen Zeiten im Labor, wenn alle heimgingen. Ohne Kenntnis vom Fall rein spurenkundlich zu arbeiten, war unglaublich interessant. Denn so konnten sich keine Fehlannahmen über die Abläufe einschleichen. Wir wussten ja nichts vom Fall und konnten daher auch in unseren Köpfen nichts verdrehen. Trotzdem sahen wir die Reste des Falles vor uns und lernten, an welchen Stellen Spuren überall landen können. Besonders staunte ich über Speichel, den ich in Köln kaum beachtet hatte, der aber gerade bei Sexualtaten eine sehr gute Spur darstellt und an vielen Bereichen der Haut und Kleidung zu finden ist.

Während dieser Zeit erschien in Deutschland auch mein

erstes Buch, das sich mit dem Sinn des biologischen Sterbens beschäftigte. Das interessierte im Labor natürlich niemanden, zumal ja außer Mecki auch niemand deutsch sprach, aber ich sortierte das Belegexemplar voller Freude in mein heimisches Buchregal, das ich vom Sperrmüll geholt hatte und das rechts neben der Tür zum fensterlosen Badezimmer stand. Es war schon lustig, sozusagen ein deutsches Leben zu haben, in dem ich beispielsweise auch für die damals noch bekannte deutsche Zeitschrift *stern* ein Interview zu Viagra, das damals auf den Markt kam, gab, und gleichzeitig mein spannendes New Yorker Dasein, das schneller dahinraste als alles, was ich zuvor erlebt hatte.

Da es sich bei meinem Arbeitgeber um eine Behörde und nicht um eine Universität handelte, wurden nur Weiterbildungen vor Ort gefördert. Das war für mich ungewöhnlich, da Universitäts-Forscher und -Forscherinnen dauernd auf Kongresse fahren. Es hatte aber auch seine Vorteile. So lernte ich beispielsweise erstmals einiges über Schusswaffen. Mein Tischnachbar Brian – jeder im Labor hatte am Tisch etwa einen Meter Platz – war ein echter Waffennarr und gab daher während der Mittagspause ein Mini-Seminar, in dem er alle Teile tragbarer Waffen beschrieb. Ein andermal gab es eine Fortbildung an einer der besten Universitäten der USA dazu, wie die schon erwähnten Forensic Nurses mit Opfern von Straftaten sprechen sollten. Ich lernte auch viel über Aktenführung, was mir heute das Leben rettet – wir haben laufend schwierige Fälle, die aus teils Hunderten bis Tausenden Seiten bestehen. Ohne Ordnung in der Akte findet man nichts mehr wieder.

Waren die Fortbildungen weiter weg, dann nahm ich einfach Urlaub – ich hatte zehn Tage Urlaub pro Jahr – und zahlte alles selber. So traf ich beispielsweise erstmals meine

Kollegin Gail Anderson, die damals für die Königliche Berittene Polizei in Kanada Schweine verwesen ließ. Sie gab ihren Kurs am Police College in Ottawa, was nur rund 700 Kilometer entfernt war. Also fuhr ich zusammen mit meinem britischen Kollegen James a.k.a. Jim mit einem Greyhound-Bus durch die Nacht, um mir ihren Vortrag anzuhören. Seitdem sind Gail und ich gute Kollegen und freuen uns auf jedem Kongress – von Brasilien bis New Orleans –, wenn wir uns sehen.

Eine weitere Reise machte ich zu einer Tagung des US-amerikanischen Justizministeriums. Dort wurde ein Projekt vorgestellt, das nicht nur prüfte, wie genetische Fingerabdrücke Täter und Täterinnen belasten, sondern auch Unschuldige entlasten. Diese Frage beschäftigt mich bis heute, und ich gewähre jedem ein kurzes Zeitfenster, der mir mitteilt, dass er oder sie nicht am Tatort war und bereit ist, dies durch DNA-Spuren prüfen zu lassen. Mein Team und ich haben mehrere Fälle bearbeitet, in denen die verurteilten Personen sicher nicht die Tat begangen haben, aber dennoch eine lebenslange Strafe bekommen haben und teils noch dafür einsitzen.

Durch diese Fortbildungen hatte ich keinen einzigen »normalen« Urlaubstag, solange ich in den USA gearbeitet habe. Das war mir aber gleich, denn mein Leben im Labor, auf den Kongressen und im East Village war besser als alles, was man mit Geld und Urlaubszeit anstellen kann. Das sehe ich bis heute so und reise lieber herum, anstatt die Beine hochzulegen.

Die Bedeutung von Insekten zur Bestimmung der Leichenliegezeit oder anderer kriminalistisch interessanter Umstände hatten weder James noch ich noch Gail Anderson entdeckt. Die Geschichte reicht viel weiter zurück. Der freundliche Bibliothekar, der mich später an den Hotel-Rezeptionisten in *Eyes Wide Shut* erinnerte, half mir, die Übersetzung eines Textes aus dem China des 13. Jahrhunderts herauszusuchen. Der Untersuchungsrichter Sòng Cí berichtete im Jahr 1235 über den Mord an einem Bauern, der in der Nähe eines Reisfelds erstochen aufgefunden wurde. Zunächst wusste niemand, was passiert war, bis er, also Kollege Sòng Cí, eine Idee hatte. Er ließ alle Feldarbeiter ihre Sicheln vor sich auf den Boden legen. Auf einer davon ließen sich Fliegen nieder, was den Richter stutzig werden ließ. Er äußerte den Verdacht, dieses Werkzeug müsse die Tatwaffe sein, weil die Fliegen die für das bloße Auge mittlerweile unsichtbaren Blutreste riechen würden. In der Tat lieben Schmeißfliegen den Geruch von Blut und werden von ihm stark angezogen. Sòng Cí lag richtig. Unter dem Eindruck der Fliegen gestand einer der Arbeiter, Besitzer der betreffenden Sichel, die Tat »und schlug den Kopf auf den Boden«. Er hatte das Opfer getötet.

In Europa war man im 13. Jahrhundert noch nicht so weit. Dennoch tauchen auch in unserer Kulturgeschichte häufig Maden und Würmer auf, oft im Zusammenhang mit Todesdarstellungen. Es sind kleine Wachsfiguren und aus Elfenbein geschnitzte »Tödlein«, aber auch Ölgemälde bekannt, auf denen die Tiere an Leichen zu sehen sind. Allerdings glaubten die Menschen damals noch an Selbst-Entstehung von Insekten, die mehr oder weniger aus dem faulenden Nichts kommen würden. Im 17. Jahrhundert widerlegte mein Kollege Francesco Redi, Leibarzt eines toskanischen Herzogs, die Annahme, dass sich Larven aus dem Nichts bilden. Er bewies, dass sie aus Eiern schlüpften, die Fliegenweibchen zuvor abgelegt hatten. Es war ein wirklich prima

Experiment, das eine Grundannahme prüft, die fast jeder für feststehend gehalten hatte. Redi brauchte nur ein wenig Gaze, Krüge und Fleisch. War das Fleisch durch Gaze abgeschirmt, dann waren keine Larven am Fleisch. Hört sich einfach an? Bis heute höre ich fast täglich, das sich Larven angeblich aus Fleisch »bilden«.

Ein ebenfalls sehr cooler Forscher, der schwedische Naturkundler Carl von Linné, gab ein paar Jahrzehnte später zu Protokoll, dass drei Fliegen einen Pferdekadaver ebenso schnell zersetzen könnten wie ein Löwe. Er meinte damit, dass die vielen Larven – wir nennen das wegen der dicken Schichten »Madenteppiche« – wirklich schnell fressen können, wenn es warm und feucht ist. Und so ist es auch.

Insektenuntersuchungen rückten aber erst zur zweiten Hälfte des 19. Jahrhunderts ein bisschen näher an die Forensik und Kriminalistik heran. So sammelte beispielsweise im Jahr 1850 der französische Mediziner Louis François Bergeret Fliegenpuppen und Mottenlarven von einem toten Säugling ein. Er versuchte, anhand der Entwicklungszeiten dieser Tiere zu bestimmen, wann das Kind gestorben war. Es lag in einer Wohnung, in der kurz nacheinander mehrere Familien gelebt hatten, und Bergeret wollte herausfinden, zu welcher von ihnen der schon vertrocknete Leichnam gehörte. Täuschte sich Bergeret noch ziemlich bei der Berechnung der Entwicklungszeiten, berichtete knapp 30 Jahre später sein Landsmann und Kollege Paul Brouradel in einem ähnlichen Fall, er habe auf einer Säuglingsleiche Milben gefunden. Brouradel erkannte, dass das Alter einer normalen Leiche anhand der darauf angetroffenen Tiere genauer zu ermitteln ist als das eines vertrockneten Leichnams.

Deutlich umfangreichere Studien führten um 1880 der

Dresdener Zoologe Hermann Reinhard und der Wiener Insektenkundler Friedrich Brauer durch. Als im Königreich Sachsen das Bestattungswesen neu geregelt wurde, nutzten die beiden den Umstand, dass dafür ganze Friedhöfe »ausgehoben« wurden. Sie schauten sich die geborgenen Särge, deren Inhalt und die leeren Gräber genauer an und entdeckten zum Beispiel Buckelfliegen, die sich teils in die Erde und wieder hinausgraben konnten, teils aber auch mit beerdigt worden waren. Etwa zur selben Zeit begann der französische Mediziner Jean Pierre Mégnin seine langjährigen Aufzeichnungen über die unterschiedlichen Zeiträume, in denen Insekten einen toten Körper befallen. Mégnin unterschied schon damals acht Besiedlungswellen, die bei einem freiliegenden Kadaver gewöhnlich aufeinander folgen, gekoppelt an den Zersetzungszustand: frischtot → beginnende Fäulnis → Fette → käseartige Produkte → ammoniakalische Fäulnis → Schwärzung → beginnende Vertrocknung → starke Vertrocknung – und am Ende des Ganzen schließlich die Skelettierung. Bei begrabenen Leichen fand er nur zwei Stadien. Wenn man so will, war das die Vorläufer-Forschung für die »Body Farm« und alle ähnlichen Einrichtungen. Mégnins 1894 erschienenes Buch über die Fauna auf Leichen ist für mich jedenfalls ein kriminalbiologischer und auch rechtsmedizinischer Meilenstein.

Später wurden auch andere Forscher auf das Fachgebiet aufmerksam, ließen Schweine verwesen, schauten sich Mumien an und bestimmten die oft kleinen und unscheinbaren Tiere, die anders als tropische Schmetterlinge keine Wohnzimmerwand verschönern oder Kollegen und Kolleginnen aus Nachbargebieten zum Staunen bringen konnten.

Trotz dieser vielversprechenden Ansätze geriet die forensische Entomologie nach dem Zweiten Weltkrieg zumindest in Europa fast in Vergessenheit, während sie in Nordamerika weiterhin ernst genommen wurde – auch dank Gail Anderson und vieler weiterer Kolleginnen und Kollegen.

Einer von Gails schwerwiegenderen Fällen ereignete sich Mitte der neunziger Jahre. Der Sachbearbeiter einer Lebensversicherung wurde misstrauisch, als ein Mann die Versicherungsprämie für seine zu Tode gekommene Ehefrau einforderte, obwohl die Frau erst drei Tage zuvor von ihm als vermisst gemeldet wurde und gar nicht klar war, was mit ihr überhaupt passiert sein könnte. Der verdutzte Versicherungsangestellte erklärte, dass er kein Geld ausbezahlen dürfe, solange keine Leiche oder kein eindeutig identifizierbarer Leichenteil gefunden worden sei. Weitere acht Tage später meldete sich der Ehemann bei der Polizei: In einem Graben vor seinem Haus habe er zufällig den Kopf seiner Frau gefunden. Allerdings stellten die rechtsmedizinischen Kollegen und Kolleginnen schnell fest, dass der Kopf erst nach dem Tod der Frau abgetrennt worden war. Gail fand zwar an der Schnittfläche Maden von Schmeißfliegen – an Augen, Nase und Ohren jedoch stellte sie keinen Madenbefall fest, obwohl genau an diesen Stellen die Fliegenweibchen ihre Eier bevorzugt absetzen; zumindest, wenn ein Leichnam unversehrt ist. Die Schlussfolgerung konnte daher nur lauten, dass die Leiche – oder wenigstens der Kopf – anfangs an einem Ort gelegen haben musste, wo ihn Fliegen nicht erreichen konnten. Das konnte beispielsweise eine dicht schließende Truhe gewesen sein. Später, als der Kopf dann im Freien lag, war die »frischere« Schnittfläche aus Fliegensicht anziehender als die nun schon trockeneren Partien an Augen und Ohren. Gail errechnete anhand der Madengröße und der Außentemperaturen, dass der

Kopf am selben Tag ins Freie gekommen und dort besiedelt worden war, an dem der Ehemann sich an die Lebensversicherung gewandt hatte. Ein Gericht verurteilte den Mann zu lebenslanger Haft.

Auch James und ich wollten die Insektensache in unserem Labor, dem Chief Medical Examiner's Office, vorantreiben. Wir hatten auch schon eine Idee, was wir genau untersuchen wollten. Dazu mussten wir nur ein oder zwei Stockwerke tiefer gehen: Dort war die Abteilung für Gifte und Vergiftungen untergebracht. Die Chefin der Giftkundler und -kundlerinnen war eine stets grimmige Frau, die sich vielleicht in prüderen Zeiten noch hart durchgebissen und diese Gewohnheit leider beibehalten hatte. Wir fanden sie trotzdem cool, und zu uns war sie dann auch nicht ganz so böse. Sie erlaubte uns, bereits auf Gifte untersuchte Leichenstücke mitzunehmen und einzufrieren. Das war nun das Beste, was wir uns überhaupt vorstellen konnten. Denn der Drogengehalt der Proben war damit sicher bekannt. Unser Plan war also, auf genau diese Gewebeproben Geschmeiße, also Ei-Pakete von Schmeißfliegen, zu setzen und zu messen, wie die Larven je nach Giftart und -menge heranwuchsen. Es war schon bekannt, dass der Stoffwechsel von Maden teils ganz anders läuft als der von Menschen, und so fragten wir uns, ob die Drogen, die einen Menschen vielleicht getötet haben mochten, bei den Maden vielleicht zu einer schnelleren oder langsameren Entwicklung führten. Das wäre natürlich schlecht, denn aus der Entwicklungszeit leiteten wir ja die Leichenliegezeit ab. Wenn diese Liegezeit-Uhr nun durch Drogen verstellt würde, hätten wir ein falsches Gutachten erstellt. Wir waren auf der Jagd nach einem weiteren Grundannahmen-Fehler.

Es gab einen leerstehenden Raum neben einer ausrangierten Dusche im Labor, den wir für unsere Versuche verwenden konnten. Wochenlang züchteten wir unsere kleinen Freunde und freuten uns über die einmalige Gelegenheit. Wir konnten nur in kleinen Schritten arbeiten, um alles genau aufzuzeichnen. Doch wir hatten jede Menge eingefrorene Gewebeteile aus der Gift-Kunde-Etage und keine Eile. Eines Tages jedoch war alles weg: Die Regale waren leer und die Kühltruhe auch. Wir waren verwirrt und marschierten zum Chef. Er hatte damals schon graue Haare, stöhnte unter der Last der DNA-Fälle und saß noch dazu in einem verglasten, winzigen Büro. Jeder konnte ihn jederzeit nerven.

»Ach, die Fliegen? Wir haben gedacht, da tut sich eh nichts mehr, und das ganze Zeug weggeschmissen«, sagte er.

»Wie – weggeschmissen?«, fragten wir entsetzt.

»Na weg eben. Nichts für ungut, Jungs.«

Das war's. Unsere Beobachtungen, vor allem aber das Gewebe, das wir so nie wieder sammeln könnten, waren damit für immer verloren – und als Erklärung hieß es »sorry, guys«.

Nicht nur wegen dieser unabgesprochenen Grundreinigung – der fensterlose Zuchtraum hatte ungut gerochen – merkte ich, dass die Kolleginnen und Kollegen im Labor – abgesehen von James und unserem texanischen Kollegen Dean – keine Forscherinnen und Forscher sein wollten, sondern Angestellte mit festen Arbeitszeiten und festen Regeln. Alles, was wir anstellten – von Kongressreisen bis zu Insektenzuchten – war in den Augen der anderen James' und mein Privatvergnügen. Das stimmte natürlich auch, denn so etwas stand nicht in der *job description*, der Arbeitsplatzbeschreibung. Doch das war ja auch nicht möglich: Wir tüftelten mit neuen Verfahren, und die können nicht in einer Beschreibung stehen, die von gestern ist.

Ich arbeitete weiter wissenschaftlich, konnte Aufsätze über meine Forschungsergebnisse veröffentlichen und war in meinem Element. Aber die Amerikaner und Amerikanerinnen, die größtenteils selbst nicht aus New York stammten, fanden die ganzen Einwanderer, glaube ich zumindest, komisch. Die Amerikaner planten alle ihre große Karriere, so wie sie es in ihrer Jugend gelernt hatten. Wir Ausländer hingegen erledigten einfach unsere Jobs, James und ich forschten obendrein an Maden, und freuten uns des Lebens, wie es war. Mir hat das später geholfen, meine Studierenden zu verstehen, die nach einiger Zeit auch mit Fragen nach Sozialversicherung und Einkommen ankamen. Ich sage ihnen dann einfach, dass ich davon nichts verstehe und sie bei mir falsch sind.

Leider handelte sich das Labor aber auch ein Problem ein. Einige Mitarbeiter und Mitarbeiterinnen wollten nur einige Jahre Station machen, um dann eine Gehalts- und Hierarchiestufe höherklettern zu können. Heute ist das auch in Deutschland verbreitet. Doch meine Eltern hatten mir vorgemacht, dass man auch bei Wind und Wetter durchhalten kann: Hold fast! Mein Vater hat sich meines Wissens während seiner gesamten Berufzeit nicht einen einzigen Tag krankschreiben lassen.

Für kulturelles Erstaunen sorgten aber auch noch andere Dinge. Meine Kollegin Christine galt beispielsweise als sonderliche graue Maus, nur weil sie still in ihrer Ecke saß und ihre Arbeit erledigte. Sie kam aus der Fadenwurm-Forschung und war es gewohnt, die nur einen halben Millimeter großen, durchsichtigen Würmchen ruhig mit dem

Vergrößerungsgerät zu betrachten. Ebenso ruhig – nicht langsam – machte sie nun ihre Arbeit im Labor. Wie auch ich lehnte sie Sport ab und ging, ebenfalls wie ich, nie mittags essen. Das aber gilt in den USA als irgendwie unfreundlich – warum, das habe ich nie verstanden.

Auch ich löste Erstaunen aus. Einmal fragte ich in die Runde, ob jemand wüsste, wo ich eine Sauna finden könnte – so wie ich es von zu Hause kannte, wo es allein in Köln mindestens ein Dutzend öffentliche, kleinere und größere Saunen gab. Hier in Manhattan aber gefror bei meiner Frage die Luft, denn eine Sauna galt als der Treffpunkt schwuler Menschen, und darüber sprach man im Labor nicht. Das lag nicht nur daran, dass die auf dem Land aufgewachsenen Amerikanerinnen und Amerikaner nicht so offen waren, wie man es sonst aus New York kannte, sondern auch daran, dass Aids damals noch stark im Umlauf war. Ich musste mir auf die Lippe beißen, als ich Monate später begriffen hatte, was meine unschuldige Frage bei den Kollegen und Kolleginnen an Gedanken ausgelöst haben mochte. Niemand konnte sich wohl erklären, warum ein heterosexueller Mensch in eine Sauna gehen wollte und auch noch im Labor laut danach fragte.

Viele der Amerikaner in unserer Abteilung waren eben klassische »Small Town Kids«, deren politische und gesellschaftliche Ansichten aus dem Heimatort stammten. Sie waren von all dem, was ich an meiner Ecke New Yorks liebte – Dreck, Chaos und Freizügigkeit – vermutlich eher angewidert, als die Sumpfblüten zu sehen, die daraus erwuchsen.

Nach vielen Neueinstellungen, zu denen ich ja ebenfalls gehörte, bestand unsere Einheit nun aus rund vierzig bis fünfzig Frauen und Männern, die in einem Riesenraum ohne separate Büros, geschweige denn echte Schreibtische oder andere Annehmlichkeiten ihren Job erledigten. Auch hieraus habe ich gelernt und konnte fortan unter Bedingungen arbeiten, die viele meiner Kollegen und Kolleginnen einfach ablehnen. Das reicht von glühender Hitze, die in den letzten Jahren in ungekühlten Räumen zugenommen hat, bis zu Labors ohne Wasseranschluss oder zu Tatorten, bei denen ich mangels Strom im Licht einer einzigen Kerze gearbeitet habe. Das geht alles.

Im Jahr 1999 kehrte ich zurück in die Kölner Zoologie. Ich widmete mich wieder meinen genetischen Fingerabdrücken und der forensischen Insektenkunde. Das Problem war nur, dass ich dort kurz darauf wegen einer Entscheidung eines Arbeitsgerichtes ein halbes Jahr pausieren sollte, damit ich mich nicht für eine feste Stelle einklagen konnte. Ich hätte zwar ohnehin nie geklagt, weil ich zum einen nicht klage und es mir zum anderen egal war, ob die Stelle »fest« war oder nicht. Aber die Institutsverwaltung entwickelte eine regelrechte Paranoia, weil sie plötzlich gezwungen war, alle Mitarbeiter und Mitarbeiterinnen anzustellen, die vorher nur aushilfsweise, auf sogenannten viertel oder halben Stellen – so wie wir alle – und immer zeitlich befristet dort gearbeitet hatten. Leute wie mich.

Nun besaß ich nach meiner Zeit in New York natürlich immer noch keinen Pfennig. Das zurückgelegte BAföG wurde nicht angetastet. Ich mag keine Schulden, bei niemandem. Trotzdem brauchte ich eine Einnahmequelle, um wenigstens so lange über die Runden zu kommen, bis die vermaledeite Verwaltungssperre vorbei war.

Genau zu dieser Zeit kamen nun die »Körperwelten« nach Köln – eine damals neuartige Ausstellung des Anatomen

Gunther von Hagens, in der atemberaubende Ausstellungsstücke zu sehen waren: menschliche Körper, die mithilfe des von von Hagens entwickelten Verfahrens, der Plastination, dauerhaft haltbar gemacht worden waren. Die Bestandteile der Körper wie Nerven und Muskeln, aber auch Blutbahnen, waren feingliedrig und sauber freigelegt. Ich hatte die Ausstellung mit meiner Kollegin Anne zwar schon in Mannheim gesehen, aber ich wusste nicht, dass sich die Presse über mögliche Streitgespräche zur Ausstellung schon freute. In Köln liegt die Zentrale von Europas größtem Sender RTL, es gab viele wichtige Zeitungen, und der ebenfalls größte öffentlich-rechtliche Sender WDR sendet auch aus seinem Hauptstandort Köln. Viel wichtiger aber war, dass sich gerade zwei neu eingeführte Gratiszeitungen bekriegten. Die »Körperwelten« sollten in einem riesigen Zelt am Heumarkt gezeigt werden – einem Zelt, das über den ganzen Platz reichte. Der Auf- und Ausbau war aufwendig, vor allem weil damals noch eine riesige, schöne Gartenlandschaft aus echten Pflanzen – ein grünes Meer – mitten durch die Ausstellung lief.

Also suchten die Veranstalter vor Ort Helfer und Helferinnen. Handwerkliches Geschick hatte ich zwar nicht, aber ich war mir sicher, dass ich mich schon irgendwie nützlich machen konnte. Damit hatte ich einen Job und war näher dran an den Plastinaten, die mich schon von Berufs wegen interessierten. Gunther und sein Team hatten keine Ahnung, was ich eigentlich sonst machte. Und wie gesagt – wer nicht fragt, den nerve ich auch nicht mit Details.

Der für mich unvergessliche Moment kam, als ich mit Gunther in der Nacht vor dem ersten Öffnungstag die letzten Plastinate aufstellte. Alles war ruhig, konzentriert, ernst und spannend. Morgens sollte die Presse durch das Zelt geführt werden, aber um Mitternacht war noch einiges unfertig. Obwohl eigentlich alle unter Zeitdruck standen, wusste Gunther, was er wollte.

Die anderen, oft bunten Vögel aus der Truppe, die den ganzen Aufbau mitgemacht hatten, fand ich auch ausgesprochen cool. Viele von uns arbeiteten wie auch ich während der gesamten Ausstellung weiter im Team. Wir werkelten jedenfalls bis tief in die Nacht, und zuletzt war wirklich alles so weit, dass Gunther und seine Frau, die Ausstellungs-Chefin und Anatomin Angelina Whalley, die Journalisten, die aus ganz Deutschland angereist waren, durch die Körper-Zauberwelt führen konnten.

Die ersten Tage bei den »Körperwelten« waren der reine Wahnsinn. Draußen vor dem Eingang herrschte ein Andrang, den ich noch nie gesehen hatte, doch innen war es beinahe andächtig leise. Zu betrachten gab es unter anderem einen Mann, der seine eigene Haut wie einen Mantel über der Hand trug – Gunthers Verneigung vor der berühmten, genau gleich aussehenden Zeichnung des Anatomen Vaselius –, eine Schwangere, deren Fötus im Bauch sichtbar gemacht worden war, und einen menschlichen Darm, der viel länger ist, als es die meisten vermuteten. Ich hatte schon Hunderte Leichen von außen und innen gesehen, und wusste, wie Herz, Lunge, Leber oder Nieren im Körper aussahen. Aber das, was sich von Hagens da in jahrzehntelanger Tüftelei ausgedacht und umgesetzt hatte, war wissenschaftlich interessant, durch die Körperhaltungen lebendiger als unsere Leichen und künstlerisch einfallsreich. »Supergeil«, wie wir damals sagten, oder treffender: Respekt.

Eine meiner Aufgaben bestand darin, jeden Morgen vor dem Einlass die Leichen zurechtzudrehen, weil sich die Anordnung ihrer Einzelteile während des täglichen Ansturms – vermutlich durch leichte Erschütterungen – manchmal etwas veränderte. Besonders bei den auseinandergezogenen Leichen, deren Teile an Fäden hingen, passierte das oft. Aber auch bei einem knienden, betenden Skelett – ebenfalls eine Anspielung auf eine berühmte anatomische Abbildung und keine religiöse Stellungnahme – schaukelten sich die Knochen manchmal auseinander.

Bei den »Körperwelten« herrschte von Anfang an ein spannender Teamgeist. Die Arbeit war echt hart – so hart, dass ich endlich Schichtarbeiter und -arbeiterinnen verstand, die sich nur noch auf eine Zigarette oder einen Kaffee freuten. Doch wie Gunther einmal nebenbei gesagt hatte: »Wenn du doppelt so viel arbeitest, schaffst du auch doppelt so viel.« Diese Regel traf ins Schwarze, und ich sehe sie seither als eine meiner Lebensregeln an. Meine Studierenden halten sie – glaube ich – meist für einen Scherz. Ich meine sie aber ernst.

Bei den »Körperwelten« gefiel mir besonders, dass jeder Mitarbeitende während der sechs Monate, in denen die Ausstellung in Köln gezeigt wurde, früher oder später an den Platz rutschte, der ihm oder ihr am besten lag; ganz egal, was die- oder derjenige sonst eigentlich machte oder machen wollte. Ein Kollege entwickelte sich zum gütigen Herrscher über die vielen Grünpflanzen. Wir staunten, dass er selbst halbtote Pflanzen wieder zum schönsten Ergrünen brachte – ein geborener Pflanzenflüsterer. Zuvor hatte dieser Kollege von seinen Fähigkeiten selbst nichts gewusst. Wir waren Menschen verschiedener Ethnien, Hauttönungen, Bildungsstufen und Kenntnisse und zogen nicht so sehr an einem Strang – den kannte nur die Ausstellungsleitung –, als dass wir, vergleichbar mit den Organen eines Lebewesens, alle unser ganz spezielles Plätzchen fanden und abdeckten.

Die Darstellung der Körperbestandteile vom Menschen in

einer ruhigen, geradezu beruhigend-schönen Ausstellung war eindrucksvoll. Aber auch etwas anderes war mir neu: Ich bekam erstmals mit, wie ein Unternehmen arbeitet, das nicht von Steuergeldern bezahlt wird. Bislang kannte ich – abgesehen von meinen Mini-Tätigkeiten als Prospektbote oder Apotheken-Junge – nur öffentliche Einrichtungen, die zwar nicht in Geld schwammen, sich aber auch keine Gedanken machen mussten, ob sie Gewinn erzielten. Professor Angermaier etwa konnte in Irland monatelang mit Tintenfischen und Schnecken arbeiten, ohne dass er das vor anderen rechtfertigen musste – und selbst wenn, so konnten sie ihm nichts verbieten. Die »Körperwelten« dagegen mussten ganz selbstverständlich einen Überschuss erarbeiten: Einerseits um Gunthers Techniken weiterzuentwickeln, zweitens um die Gehälter der Helferinnen, der Helfer und der Angestellten im Institut in Heidelberg und der Ausstellung zu erwirtschaften sowie drittens wegen Kosten wie denen für das Zelt, Transportkisten, Belüftung und Sicherheit. Ich möchte lieber gar nicht wissen, welche Summen das waren.

Die Schlangen vor dem Zelt waren in Köln so lang, dass die Menschen teils drei oder vier Stunden warteten. Dabei war es Gunther und Angelina wichtig, dass die Besucherinnen und Besucher nicht ungeduldig wurden. Nach der ersten, schon echt langen Schlange auf dem Vorplatz vor dem Zelt folgte nämlich eine weitere, die in einer Art Vorzelt verlief. Man bemerkte sie aber erst, nachdem man schon draußen angestanden hatte. Ich beschloss daher, die Menge entsprechend zu informieren. Dazu bot sich das Reiterdenkmal Friedrich Wilhelms III. an, der seit einigen Jahren wieder auf den Heumarkt und nun auch auf die Wartenden hinunterblickte. Im Zweiten Weltkrieg war die Statue wie der Großteil der Stadt zerstört worden. Nun war sie wieder da.

Einige Figuren des Denkmals kamen mir sehr bekannt vor. Unter dem Kaiser standen beispielsweise Alexander und Wilhelm von Humboldt. Das waren die beiden Statuen, deren eine von unserer Schultoilette ihren Weg zurück an die Füße des Kaisers gefunden hatte. Sie waren auf derselben Höhe angebracht, auf der ich auf dem Denkmal herumkletterte, wenn die Schlange zu lang wurde.

»Hinter dem Eingang da vorne geht es nochmal ein Stündchen mit Warten weiter«, rief ich jede Viertelstunde hinunter.

»Dürfen Kinder auch mit rein?«, schallte es zurück. »Und gibt's auch was zu essen und zu trinken?« (Ja und ja.)

Ich beantwortete alle Fragen, so gut und so kölsch ich konnte, und bekam mit, dass das die Stimmung hob. Durch Humor und Wahrheit gab es keinen Zoff. Also machte ich weiter.

»Der Herr über mir ist übrigens Friedrich Wilhelm III.«, rief ich. »Von 1797 bis zu seinem Tod 1840 König von Preußen.« Und dann erzählte ich tagaus und tagein Geschichten über das Denkmal, das 1878 im Beisein von Kaiser Wilhelm I. enthüllt worden war. Auf dem Podest unterhalb des Königs befanden sich noch weitere Figuren. Die meisten davon waren aber keine Darstellungen Adeliger, wie seinerzeit üblich – sondern von demokratisch gesinnten Politikern und klugen Menschen. Das war eine Botschaft der Rheinländer an die ungeliebten Preußen, und Kaiser Wilhelm soll sehr irritiert gewesen sein bei der Einweihung. Zumal sein Reiterbild seltsamerweise auch aus der Stadt hinaus auf die Schäl Sick reitet anstatt in die Innenstadt hinein. So etwas gefiel mir, denn es zeigte, dass man auch gewaltfrei und mit Witz eine Stimme hat. Das kam meiner Einstellung nahe, und den Wartenden gefiel es auch.

Doch auch diese Tätigkeit hatte irgendwann ein Ende. Wir waren ein fleißiges und interessiertes Team, und bis heute bin ich Teil der »Körperwelten«-Familie. Ich habe als einziger Mensch von Hagens' Unterschrift tätowiert und veranstalte einmal im Jahr mit den Studierenden ein Training an seinem Stammplatz, dem Plastinarium in Guben. Die Plastination ist mittlerweile das Verfahren, welches alle anderen Techniken zur dauerhaften Darstellung größerer Körper, aber auch von dünneren Schnitten ersetzt hat. Es gibt wenige Menschen, die ich so tief für ihre Arbeit respektiere wie Gunther und Angelina. Sie haben sich trotz nagendem Generve von Menschen, die sich die Ausstellung gar nicht angesehen haben, immer weiter um echte Menschen mit echten Fragen gekümmert: Wie sieht eine Raucherlunge aus? Wo genau ist mein Darm eigentlich, der mir manchmal Beschwerden macht? Warum können Zwischenwirbelscheiben zwicken und einen Hexenschuss erzeugen?

Ich habe in den letzten zwanzig Jahren keinen Menschen getroffen, der in der Ausstellung war und nicht anerkennend und staunend darüber gesprochen hat, was er oder sie gelernt hat. Es gibt in Schüler- und Schülerinnengruppen immer wieder einige, die das Ganze veralbern oder langweilig finden – aber ein derart erfolgreiches und noch dazu privates Aufklärungsprogramm wie die »Körperwelten« gibt es wohl kein zweites Mal. Kein Wunder, dass es sich um die Ausstellung mit den mittlerweile meisten Besuchern weltweit handelt.

Meine tiefe innere Verbindung zu den »Körperwelten« kommt auch daher, dass sowohl die Ausstellung als auch ich normalen Menschen Antworten auf Fragen geben, die sich auf nur scheinbar verborgene Welten vor oder nach dem Tod beziehen. Weil wir auf verschiedene Weise in beiden Welten zu Hause sind, können wir offen und fernab von irgendwelchem Hokuspokus erklären, was wahr und klar ist. Bei uns geht es nicht darum, ob jemand an einen Gott oder das Spaghettimonster glaubt, sondern um naturwissenschaftliche und medizinische Tatsachen. Wie schön, dass, wie und warum wir uns vor 20 Jahren über den Weg gelaufen sind. Wir leben mit der *love of the common people*, und es gibt nichts Ehrlicheres und Besseres als genau diese.

Am 31. Juli 2000 machten die »Körperwelten« am Heumarkt zu und zogen weiter nach Oberhausen. Und ich spielte erst mal Theater.

Die Idee dazu hatte mein alter Kumpel Max Schumacher. Er ist der Sohn eines alteingesessenen Kölner Holzhändlers und sprühte schon als Jugendlicher vor Einfällen. Wir gingen zwar nicht auf die gleiche Schule, aber wir trafen uns immer wieder. Max studierte in New York Performance Studies, während ich dort arbeitete. Er hatte das »Post Theater« gegründet – ein Theater ohne feste Schauspieler und Spielstätte.

»Du beschäftigst dich den ganzen Tag mit Forensik?«, wunderte er sich. »Da machen wir etwas draus!«

Wie es der Zufall so wollte, besuchte mich zur selben Zeit ein anderer alter Freund: Klaus Fehling, der inzwischen ebenfalls am Theater zu Hause und als freiberuflicher Theater-Autor und Schriftsteller tätig war. Ich hatte mit ihm schon am Humboldt-Gymnasium Musik gemacht und war mit ihm als »Belcanto Bene« zusammen mit unserem Leibwächter Smirnov als »Die Blonden Burschen« unterwegs – eine lustige Band, die Schlager, Punk und auch sonst einiges vermischte.

Unser Motto lautete »Geschmacklos, langweilig und

peinlich«, und wir gaben uns redliche Mühe, diesem Wahlspruch treu zu sein. Kleinere Erfolge feierten wir auf der Abiturfeier meiner Praktikantin, die später meine Mitarbeiterin wurde, auf AStA-Partys an meiner Uni und vor allem bei Auftritten in winzigen Clubs und Kneipen der näheren Umgebung. Wir sangen Lieder mit schönen Titeln wie »Holz von IKEA« (Norwegian Wood) oder »Bademädchen«. Dazu holten wir uns immer mal wieder andere Gastmusiker auf die Bühne, die bisweilen während der Auftritte verschwanden und nie mehr wiederkamen. Wir traten sogar mehrmals im Kölner »Tanzbrunnen« bei den dortigen Talent-Shows auf, wo wir zum Entsetzen der eigentlich hartgesottenen Massen »Flieg nicht so hoch, mein kleiner Freund« von Nicole sangen. Klaus schmuste dazu mit einer aufblasbaren Gummiente, bevor wir wie üblich als Höhepunkt eines jeden Konzertes unseren selbstgeschriebenen Hit »Hochverehrtes Publikum« zum Besten gaben, inklusive des schönen Refrains »Ihr seid so zum Kotzen / Oh wir halten's gar nicht aus / Ihr seid so banal / Warum bleibt ihr nicht zu Haus' / Ihr seid wirklich der allerletzte Dreck / Doch bleibt ruhig da, denn ihr seid unser Lebenszweck«. Das war schön.

Max hatte also wie gesagt einen Einfall: »Wie wäre es mit einem Theaterstück über dich, in dem du dich selber spielst, ohne dass es jemand mitbekommt?«, fragte er.

»Ach Quatsch«, sagte ich. »Wer will schon ein Stück über mich sehen? Und zweitens – wie soll das gehen?«

»Ich weiß schon, wie«, antwortete Max.

Und dann dachte er sich die prima Geschichte aus, dass von Kevin Costners Millionen-Flop *Waterworld*, der ein paar Jahre zuvor als damals teuerster Film aller Zeiten beinahe die gesamten Universal-Studios in den Ruin getrieben hatte, ein zweiter Teil gedreht worden war. Im erfundenen Film »Waterworld 2« hatte ein Schauspieler mitgespielt, der nun die Hauptrolle in *The Real Forensic* übernahm – einem Theaterstück über den deutschen Forensiker Mark Benecke, der in New York arbeitete.

»Ich schreibe den Text«, sagte Klaus, der Wortspielereien und Irrsinn dieser Art liebte. Er erinnerte sich daran, dass mein Informatiklehrer in der Schule, Herr Thulke, meinen Namen wie schon erwähnt immer falsch verstanden hatte und mich seither immer »Murat« nannte. Ich hatte Herrn Thulke nie gesagt, dass ich gar nicht so hieß, und Klaus hatte sich diese Geschichte all die Jahre gemerkt. So entstand der Name des Mannes, den ich – beziehungsweise der mich oder so ähnlich – spielen sollte: Murat Belcant, ein marokkanischstämmiger Deutschbelgier, der bereits den angesehenen Preis der Fritz-Lang-Stiftung als bester deutschsprachiger Nebendarsteller Hollywoods für seine Rollen in *Eyes Wide Shut* und *Die Hard II* erhalten hatte. Darauf musste man erst mal kommen!

Das Stück entstand zum Teil noch in New York und zum Teil schon in Köln. Nach meiner und Max' Rückkehr nach Deutschland trafen wir uns alle wieder und begannen, in einem Kursraum am Zoologischen Institut der Uni zu proben. Klaus hatte sein Skript aus Texten über mich und von mir zusammengebastelt und dazu noch einiges hinzugefügt. Unser alter Bekannter Hannes, der als »DJ Disco« auch immer mal wieder bei den »Blonden Burschen« mit dabei war, lieferte den Soundtrack. Max hatte derweil 23 Einzelbilder für die verschiedenen Szenen entwickelt und 23 Schachteln auf die Bühne gestellt, auf denen jeweils ein Schlagwort geschrieben stand. Ich sollte für die Handlung eine Schachtel nach der anderen öffnen und den Inhalt –

Fleisch, Mehlwürmer oder ein Hühnerei – herausholen und kommentieren.

Das, was wir da trieben, war wirkliche Kunst, zumindest vermutete ich das. Ich lernte meinen Text und stieg selbst nicht durch die vielen Erzähleben durch, obwohl ich als Murat Belcant die einzige Rolle verkörperte: einen Forensiker, der vor den Zuschauern ausführlich über seine Arbeit sprach, während immer wieder Ausschnitte aus echten Fernsehsendungen, Videoclips von Blattschneide-Ameisen oder ein Seziertisch nebst Musik eingespielt wurde.

Im Juni 2000 war es dann so weit: Tagsüber hatte ich noch die Tausenden wartenden »Körperwelten«-Besucher besänftigt – und abends stand ich im »Gebäude 9«, einer kleinen, zum Independent-Theater umfunktionierten Fabrikhalle, bei der Uraufführung von *The Real Forensic* auf der Bühne. Max hatte angekündigt, dass es »Blut, Sperma, Fliegen und Maden, die durch verwesendes Fleisch kriechen« zu sehen gebe, was natürlich eine Menge Wirbel verursachte und die Presse auf den Plan rief. Es lag aber auch daran, dass ich damals unfreiwillig Schlagzeilen gemacht hatte wegen eines Falles, über den ich eigentlich gar nicht mehr groß reden will, weil er schon tausendmal aus der Mottenkiste gekramt worden ist und ich auch schon ausführlich über ihn geschrieben habe. Die Aufklärung des Falles und die Verurteilung des Täters, eines Priesters, hatte die Zeitungen und das Fernsehen erstmals im größeren Stil auf mich aufmerksam gemacht.

Es ging dabei um das Tötungsdelikt an der beliebten Pastorengattin Veronika Geyer-Iwand, der jüngsten Tochter eines der bekanntesten deutschen Theologen – sie war am 25. Juli jenes Jahres verschwunden und drei Tage später von einem Jäger in einem nahe gelegenen Waldgebiet tot aufgefunden worden. Ihr Schädel war eingeschlagen, ein Ohr nahezu abgetrennt und das Gesicht durch Schläge oder Tritte zerstört. Dieses sogenannte Übertöten findet sich öfter bei Beziehungstaten. Aber niemand aus dem Umfeld des Paares mochte sich vorstellen, dass der zurückhaltende und in der Friedensbewegung engagierte Priester seine Ehefrau, mit der er zusammen Jugendgruppen betreute und sich um alte Menschen kümmerte, umgebracht hatte; schon gar nicht auf diese Weise. Dennoch fanden die Ermittlerinnen und Ermittler viele Hinweise, dass nur er die Tat begangen haben konnte, darunter sein fehlendes Alibi und die Tatsache, dass er kurz nach der Tat mit einer Freundin erwischt wurde. Das Motiv sollten Streitereien über außereheliche Affären Geyers gewesen sein, die sich nun – vor einer geplanten USA-Reise der beiden – hochgeschaukelt hatten. Es fehlte aber eine genauere räumlich-zeitlich Zuordnung des Verdächtigen zum Tatort.

Knapp ein halbes Jahr nach der Tat begann in Braunschweig der Indizienprozess gegen den Pastor. Die 1. Große Strafkammer hatte einen Psychiater bestellt, um über den nervlichen Zustand des Angeklagten Auskunft zu erhalten, und sie hörte über achtzig Zeugen, darunter Familienangehörige, Freunde, Nachbarn und Kollegen. Obwohl sogar der Schädel des Opfers gezeigt wurde, gestand der Angeklagte nicht. So kamen der Staatsanwalt und der Rechtsmediziner auf die Idee, auch die Insekten einzubeziehen und mich dazu aus New York einfliegen zu lassen.

Meine Vorträge waren auf den deutschsprachigen Tagungen für Rechtsmedizin und meine Fachveröffentlichungen zu Insekten auf Leichen unter Forscherinnen und Forschern bekannt. Da es damals fast niemanden gab, der sich mit Insekten auf Leichen auseinandersetzte, kamen die Staatsanwaltschaft und die Rechtsmedizin auf mich. In einer Maschine der Luftwaffe wurde eigens ein Kurier des Auswärtigen Amtes zu mir geschickt, der mir persönlich ein kleines Gefäß mit Larven von der Leiche überbrachte. Eine schickere Reise für ein paar Zweiflüglermaden dürfte es zuvor nicht gegeben haben.

»Na dann, alles Gute«, sagte der deutsche Kollege, drückte mir das Päckchen in die Hand und ging wieder.

Ich machte mich an die Arbeit – natürlich bis in die Nacht. Denn das, was ich da machte, war ja meine Privatsache. Ich trennte die Mundwerkzeuge aus den Tieren, damit ich die genaue Art bestimmten konnte, untersuchte ihren Magen-Füllstand und besorgte mir die Wetteraufzeichnungen des Deutschen Wetterdienstes am Auffindeort der Toten vor dem 25., 26. und 27. Juli 1998. So konnte ich das Alter meiner stillen Assistenten von der Leiche bestimmen – und damit den Ei-Ablagezeitpunkt.

Was ich nicht ahnte: Noch nie zuvor hatte ein deutsches Strafgericht Insekten eine derartige Bedeutung eingeräumt. Mein Kollege, der Görlitzer Ameisenexperte Bernhard Seifert, trug meiner Meinung nach mehr zu der Sache bei. Sowohl an der Bluse des Opfers als auch an einem Gummistiefel des mutmaßlichen Täters war jeweils eine Ameise sichergestellt worden. Seifert fand heraus, dass beide Tiere der gleichen Art angehörten: *Lasius fuliginosus*, die Glänzendschwarze Holzameise. Die gibt es zwar in ganz Deutschland, sie ist aber recht selten. Am Tatort befand sich ein Bau der Tiere, und das Besondere war, dass das Tier vom Stiefel des Pastors sich genetisch vorbestimmt nicht weit vom Nest entfernt. Damit war klar, dass Klaus Geyer sich die Ameise entweder ganz woanders oder direkt am Auffindeort der Leiche in die Sohle getreten hatte. Diese Tatsache wog schwer.

Ebenso schwer wog die zeitliche Nähe eines Telefonates, das Geyer von einer Telefonzelle nahe des Tatortes aus geführt hatte. Das Gespräch fand zu einer Zeit statt, zu der auch die Leiche dort abgelegt worden war – das hatte ich nach dem Alter der Maden berechnet. Von der Telefonzelle und dem Telefonat hatte mir vorher aber niemand etwas gesagt. Das war auch gut so. Denn wie gesagt, ist es tückisch, wenn sich im Kopf eines Sachverständigen etwas zusammensetzt, bevor die Spuren genau untersucht sind. Polizei und Gericht »lösen« Fälle, nicht Sachverständige. Wir liefern nur Mosaiksteinchen, und ob diese dann verwendet werden oder nicht, entscheidet das Gericht.

Deswegen mache ich mir auch kein Bild über die Glaubwürdigkeit von Angeklagten. Ich erklärte in meinem Gutachten nur, was ich sachlich im Bereich meiner nächtlichen Insektenuntersuchungen in New York herausgefunden hatte. Daraus ergab sich, dass Geyer für den von mir berechneten Todeszeitpunkt seiner Frau kein Alibi besaß. Die Schlussfolgerungen aus diesen objektiven Erkenntnissen musste das Gericht ziehen. Wie ich später erfuhr, verurteilte es den Pastor nach zwanzig Verhandlungstagen und dem Studium von 8500 Aktenseiten wegen Totschlags zu acht Jahren Haft. Klaus Geyer beteuerte bis zum Schluss des Verfahrens seine Unschuld. Er wurde im November 2002 wegen guter Führung vorzeitig entlassen und starb ein Jahr später an Krebs.

Weil dieser Fall einen gewaltigen Medienrummel ausgelöst und die Boulevardpresse mir seit meinen Ausführungen im Braunschweiger Sitzungssaal den Titel »Dr. Made« verpasst hatte, stand ich auf einmal in der Öffentlichkeit. Nach meiner Aussage in viel zu großem Anzug und mit vom Flug geröteten Augen sowie der Erkenntnis, dass Insekten auf einer Leiche mehr sind als seltsame Begleiterscheinungen der Fäulnis, zog ein in Deutschland nun wiederentdecktes Forschungsgebiet nicht nur die öffentliche Aufmerksamkeit auf sich, sondern führte auch innerhalb der forensischen Wissenschaft zu schönen neuen Experimenten. Es war dieselbe Zeit, als in den USA die ersten Folgen von CSI ausgestrahlt wurden. Ich habe mir davon wie gesagt nur einmal im Jahr 2006 eine Folge angeschaut – und das auch nur, weil der *stern* mich darum gebeten hatte. Was ich sah, hatte mit meinem Beruf nichts zu tun. Ich bevorzuge bei der Arbeit zum Beispiel Funktionswäsche aus Polyester, weil man Kot, Erde, Sperma und Blut schlecht aus Kaschmir-Anzügen rausbekommt. Auch habe ich noch nie einen mutmaßlichen Täter verhört, kurz nachdem ich im Labor seine DNA-Spur sichern konnte. Das sind zwei verschiedene Berufe. Aber es geht in Märchen und guten Geschichten nicht um Wahrheit. Bei *Bambi* oder *Findet Nemo* sprechen die Tiere ja auch. Trotzdem sind es sehr gute Filme. Auf einmal fanden jedenfalls Millionen Zuschauer und Zuschauerinnen die Spurensicherung super – und damit auch das, was ich machte.

Die allgemeine CSI-Mania führte dazu, dass für Deutschland neue Fernsehformate wie *Anwälte der Toten* und etwas später auch *Autopsie* und *Medical Detectives* auf Sendung gingen. Das war moderner als *Aktenzeichen XY ungelöst*, weil die Fälle bereits gelöst waren beziehungsweise vor den Augen der Zuschauer und Zuschauerinnen gelöst wurden.

Erstmals wurden nicht nur Polizistinnen und Polizisten, sondern auch Rechtsmedizinerinnen, Rechtsmediziner und andere kriminalistische Experten und Expertinnen befragt – unter anderem gelegentlich auch ich. Das Ganze funktionierte so, dass ich vorab ein paar Informationen über den jeweiligen Sachverhalt bekam. Danach kam ein freundliches Mini-Team mit einer Kamera und einem Tonkoffer bei mir im Labor vorbei, und wir drehten auf winzigem Raum oder manchmal auch an der Uni die kleinen Einspieler, die bis heute laufen. Das war jedes Mal nur eine unaufwändige Sache, machte aber wirklich Spaß und führte dazu, dass mich ein paar Menschen mehr kannten. Teilweise betrieben wir auch etwas mehr Aufwand, etwa, wenn es um Blutspuren ging. Da konnte auch schon mal der ganze Flur oder das ganze Bad im Labor unter Blut stehen. Ich habe aber gelernt, dass es beim Fernsehen nicht auf Details, sondern auf schöne Bilder ankommt. So wurde der Kameramann sozusagen das Herz und Hirn dieser Drehs – er wusste, wie es aussehen muss, um langweilige Tatsachen interessant und hübsch zu erklären.

Klar, dass sich das Interesse auch auf die Aufführungen von *The Real Forensic* übertrug: Fotografen, Fotografinnen, Reporter und Reporterinnen waren da und wollten sehen, wie ein Hollywood-Schauspieler den seltsamen Insektenforscher mit dem weißen Kittel aus dem Geyer-Prozess oder aus den Verbrechens-Erklär-Sendungen verkörperte. Ich war offiziell als »wissenschaftlicher Berater« des Stücks angekündigt worden, aber viele Zuschauer wunderten sich, wie ähnlich dieser Belcant mir doch sah – und staunten noch mehr darüber, wie aufwendig all die TV-Beiträge über mich mit ihm nachgestellt worden waren, die immer wieder zwischen seinen beziehungsweise meinen Texten eingespielt wurden. Die meisten hatten nicht erkannt, dass ich mich selber spielte und Murat eine Erfindung von Max und Klaus war. Wir spielten das Stück auch in Singapur und Berlin, und es kam manchmal dazu, dass man mir bei einem

Bier nicht mal mehr glaubte, was auf meinem Personalausweis stand.

Das war eine sehr gute Erfahrung, denn spätestens seit diesem Stück weiß ich, dass Zeuginnen und Zeugen – und auch mir selbst – nicht zu trauen ist, solange es keine Spuren gibt. Wir sehen, was wir glauben, und umgekehrt. Prima, dass ich durch Sachbeweise einen Anker in der Welt des Wahren habe.

Außerdem ermöglichte mir *The Real Forensic*, eher künstlerisch interessierten Menschen von meiner Arbeit zu erzählen. Die Brücke zur Kunst ist eine der kniffeligsten, weil vorwiegend sachlich, mehr künstlerisch oder hauptsächlich an Zwischenmenschlichem interessierte Menschen selten auf denselben Veranstaltungen zu sehen sind.

Wenn man so will, war *The Real Forensic* also ein Vorläufer dessen, was ich heute oft mache und schätze: Vorträge vor einem wild und bunt gemischten Publikum halten. Ich hatte natürlich keine Ahnung, dass sich mal so viele Menschen für meine Arbeit interessieren würden. Und ich staune auch heute noch zusammen mit dem Publikum über die immer neuen Fragen, die sich bei Gesprächen quer durch die Menschengruppen ergeben. Es ist eigentlich das schönste Geschenk für mich: neugierig und freundlich mit anderen Menschen Annahmen zu prüfen und Experimente zu ertüfteln. Dass ich durch die vielen Reisen nebenbei die Gewohnheiten, Speisen und Weltanschauungen anderer kennen lerne – über alle Bildungs-, Einkommens- und Altersgruppen hinweg –, macht mich glücklich. Und es hat mir gezeigt, dass Menschen im Kern wirklich überall gleich sind – mit allen Stärken und Schwächen. Obwohl ich schon vorher nicht geglaubt hatte, dass Menschen anderswo schlauer oder weniger klug oder mehr oder weniger gut an ihre Umwelt angepasst sind, erlebe ich es mittlerweile auch live und täglich, sozusagen experimentell, vor Ort. »Mir sin all Minsche«, wir sind alle fehlerbehaftete Menschen – so hat es schon meine dritte kölsche Oma aus Poll richtig gesagt.

BE A SHERLOCK:

Wieso ich eigentlich gar nicht arbeite
und was ich mir vom Meisterdetektiv
abgeschaut habe

Mein winziges, aber sehr anpassungsfähiges Kriminallabor befindet sich in der Kölner Südstadt. Das ist kein Geheimnis: Mein Name steht auf einem Firmenschild neben der Haustür. Ein Schildermacher – so etwas gab es bei meinem Einzug noch – um die Ecke hat es angefertigt. Dort ist die Zentrale für meine Tätigkeiten, hier habe ich meine Bibliothek, hier arbeitet mein Team – allen voran Tina, die als Diplom-Biologin schon seit 2003 an meiner Seite Fälle bearbeitet, Termine jongliert und überhaupt eine Freundin aller Spuren ist. Wenn wir mal nicht unterwegs sind, schlafen meine Frau und ich im Labor. Das sind aber nur noch maximal fünf, sechs Wochen pro Jahr. Die restliche Zeit sind wir im Einsatz.

Trotzdem muss ich eines sagen: Ich arbeite nicht. Das liegt daran, dass ich nicht zwischen Privatem und Beruflichem trenne. Ich bin immer im Einsatz, egal wo auf der Welt ich mich gerade befinde. Wenn ich mich ausnahmsweise mal in Köln aufhalte und im Supermarkt an der Kasse stehe, dann lerne ich genauso viel über Spuren wie im Labor auf den Philippinen, in einer Vorlesung an der Uni, bei einer Wahlkampfveranstaltung für die PARTEI oder in jeder anderen Lebenssituation. Kriminalfälle geschehen überall, und die Spuren stammen aus dem Alltag. Wenn wir Mageninhalte untersuchen, sind das Lebensmittel, die vorher im Supermarkt standen. Welche werden gerade verkauft? Sind

Avocados noch in oder schon out? Wie unterscheidet sich die Nummer 5 bei Nudelgrößen von der Nummer 6? Zu welcher Jahreszeit fliegen die Pollen dieses Jahr? Wann ist es trockener als erwartet? Es gibt keine spurenfreie Umgebung.

Das Umschauen sehe ich nicht als Arbeit an. Ich erledige einfach meinen Kram und fertig. Da kann schon mal einiges zusammenkommen, was womöglich 14, 15 oder 16 Stunden pro Tag beansprucht, aber so ist das eben. Ich schlafe gerne, aber wenn etwas Dringendes anliegt, dann erledige ich es. Der einzige Trick dabei ist es, die Zeit gut zu planen und zu nutzen und nicht durch Trödeln oder Verschieben die Nächte zum Tag zu machen. Außerdem habe ich erstaunt festgestellt: Mein Team und ich haben unsere Fälle im Kopf. Sowohl meine frühere Mitarbeiterin Saskia als auch Tina und ich können die Fälle mit sehr vielen kleinen Details aus dem Kopf hervorkramen. Da ich mir wie gesagt sonst fast nichts merken kann, ist das schon echt verwunderlich – und praktisch.

In New York achtete die Stadtverwaltung aus begründeter Angst vor Durchstechereien der Mafia und anderer Gruppen darauf, dass es möglichst wenige Verbindungen zwischen Abteilungen gab. Aus meiner Zeit in der Kölner Rechtsmedizin hatte ich aber einen engen Kontakt zur deutschen Polizei. Früher herrschte noch ein kollegialeres Miteinander, weil es politisch etwas weniger Gerangel gab. Die Kripo-Leute und wir begegneten uns nicht nur vor Gericht, sondern auch auf den Fluren der Rechtsmedizin oder bei Feiern im Polizeipräsidium. Ich verdanke den Kolleginnen und Kollegen sehr viel, weil sie Saskia und mir beispielsweise erlaubten, tagelang Akten aus dem Staatsarchiv, die ich nicht ins Labor mitnehmen durfte, durchzusehen. Das ging unbürokratisch und in gegenseitigem Vertrauen, und so war ich auch öfter bei Tatorten dabei, wo ich Blut und Insekten untersuchte. Ich führte Trainings durch, darunter für das Bundeskriminalamt, und hatte sogar eine Chipkarte für die Pforte des Polizeipräsidiums.

Schon damals behandelte ich alle Fälle mit der immer gleichen Herangehensweise. Egal, ob es um eine Wohnungsleiche ging, die seit Tagen bei laufendem Radio vor leeren Bierflaschen auf dem Fernsehsessel verweste, einen Suizidenten im Königsforst oder eine totgeprügelte Frau: Allen Sachverhalten näherte ich mich damals wie heute ohne Vorannahmen. Polizistinnen und Polizisten müssen sich schneller entscheiden: Natürlicher Tod oder Tötungsdelikt? Doch wer sagt, dass der substanzabhängige Tote im Stuhl nicht doch getötet wurde oder der mögliche Suizident im Wald nicht bei einem autoerotischen Unfall verunglückte?

Oder vielleicht entpuppt sich eine vermeintliche Schusswunden oder ein Einstich als Tierfraß. So geschah es bei einer jungen Frau, die von ihrem Freund umgebracht worden war und in deren Rücken man bei der Leichenschau Löcher entdeckte. Die erste Vermutung war natürlich Stichverletzung. Der Täter wäre damit von hinten, also heimtückisch vorgegangen und wurde wegen Mordes angeklagt. Ich hatte jedoch Totengräber-Käferlarven aus diesen Löchern gezogen. Somit konnten auch die Käfer Ursache der »Wunden« gewesen sein. Damit hatte sich das Mordmerkmal der Heimtücke erledigt – aber das erfuhr ich erst, als ich vor Gericht meine Aussage machte. Die Anklage war unglücklich, aber ich hatte wie immer nichts über den Fall gewusst und daher auch nichts unbewusst in eine Richtung gedreht, die vielleicht »gerechter« schien.

Vielleicht war auch das zunächst angenommene Sexualdelikt nicht geschehen, sondern ein Fuchs hatte nach dem Tod an der Kleidung des Opfers gezerrt. Vielleicht hatte ein Ersthelfer am Tatort aus Versehen die Blutspuren verändert, als er in eine Lache trat? Vielleicht übersah jemand eine langweilige, aber entlastende Spur, und ein Unschuldiger landete im Gefängnis. Es ist alles denkbar – und nur eines klar: Sichert man die Spuren nicht sofort, dann sind sie oft für immer verloren.

Wir hatten auch schon Glück. Von einer Folie, mit der Fasern vom Körper toter Personen abgeklebt wurden, haben wie einmal auch Jahre später noch Insekten heruntergeholt. Oder eine Blutspur wird zwar übermalt, lässt sich mit einer Tatortlampe aber doch noch darstellen. Doch darauf kann man nicht zählen. Das Blödeste ist, dass eine Spur, die nicht gesichert wurde, hinterher auch meist nicht vermisst wird. Es gibt nun aber unzählige Möglichkeiten, warum eine Spur als nebensächlich oder langweilig gilt und daher nicht als solche erkannt wird.

Wie die Fälle ausgehen, bekomme ich meist nicht mit. Im Gegensatz zu vielen Menschen, denen Gefühle und Gerechtigkeit wichtig sind, kann ich gut damit leben, dass die strafrechtliche Bewertung einer Tat in den Händen anderer liegt. Ich bin noch nicht einmal sicher, dass Gefängnisstrafen wirklich etwas nützen. Da sie nicht abschrecken, ziehen sie antisoziale Menschen zwar eine Zeit lang aus dem Verkehr. Aber wenn die Straftäter im Gefängnis nicht die Einsicht erleben, dass sich Verbrechen nicht lohnt, wird es danach wohl weitergehen. Würden wir richtig viel Geld in die Vorbeugung von Taten stecken, dann hätten wir garantiert weniger Verbrechen. Programme wie »Kein Täter werden« für Menschen, die sexuelle Vorstellungen mit Kindern haben, oder das Gewaltstraftäter-Programm an der Universität Hannover sind dafür gute Beispiele. Zum Glück bin ich weder Polizist noch Richter. Ich wüsste wahrscheinlich nie, ab wann nicht mehr geforscht, sondern entschieden werden muss.

Meine Arbeit folgt immer klaren Linien: Entweder stöbere ich Akten auf der Suche nach eingesammelten oder fotografierten Spuren durch. Oder ich fahre zum Tatort und fotografiere dort zunächst einmal. Das muss exakt und sparsam ablaufen, so wie ich es schon mit meiner kleinen Agfa-Kamera in Berchtesgaden gelernt hatte. Egal, ob in Ciudad Juarez, wo ich mit dem FBI-Kollegen Robert Ressler die Tötung Hunderter junger Frauen bearbeitete, oder in Köln-Porz, wo eine vereinsamte und nun tote alte Frau aufgefunden wurde. Es kann immer alles wichtig sein: nicht nur der Insektenbefall oder Blutspuren, sondern auch ein Zigarettenstummel im Aschenbecher, die Fernbedienung am Boden, die halbvolle Kaffeetasse in der Spüle, der nicht gebundene Schuh oder sogar ein Staubrand, der einen fehlenden Gegenstand abbildet.

Anhand der Fotos kann ich später im Labor die ursprünglichen »räumlichen Zusammenhänge« erkennen, aber auch Farben oder die Reihenfolge und den Winkel, in dem das eine auf dem anderen liegt. Wenn die Leiche abtransportiert oder die Wohnung durchsucht ist, dann sind viele Einzelheiten möglicherweise verändert. Ich habe schon oft erlebt, dass die Kleidung von verfaulten Suizidenten in der Verbrennungstonne landete, weil niemand an den möglicherweise daran haftenden Spuren interessiert war. Ist ja auch logisch: Bei einer Selbsttötung ist der Täter oder die Täterin verstorben und kann nicht mehr verfolgt werden.

Manchmal ist es vielleicht auch die Angst vor angeblichen Leichengiften. Doch die gibt es nicht, denn dann wären auch Schinken (Mumien-Scheibchen), Schnitzel (Leichenfleisch) oder Hartwurst (Leichenmuskel mit Leichenfett) tödlich.

Vor Ort ist es angezeigt, sich – anders als im Kino dargestellt – stark zurückzuhalten. Ich kenne beispielsweise die Lieblingsspuren der Pflanzen- oder Bodenkundler und -kundlerinnen nicht genau und möchte ihnen nicht hineintreten. Fingerabdrücke möchte ich ebenso wenig verwischen wie den Kolleginnen und Kollegen, die mit Faserspuren arbeiten, meine eigenen Kleidungsfasern unterjubeln.

Auch auf meinem eigenen Gebiet gilt für mich: Nichts ist sicher, und all meine Erfahrung nutzt mir nichts, wenn es trotzdem ganz anders gewesen sein kann. Ich begutachtete zum Beispiel einmal eine Leiche im Wald, auf der sich Käfer tummelten, die ich zuvor in dieser Menge an keiner Leiche gesehen hatte. Das hätte ich »aus Erfahrung« nun auf das einmalige Mikroklima geschoben, das am Tatort herrschte. Als bewusst unbefangener Betrachter jedoch schaute ich etwas genauer hin. Es zeigte sich, dass die Tiere einklappbare, verborgene Flügel besaßen. Mit diesen waren sie vielleicht zuvor immer weggeflogen, sobald sich jemand der Leiche näherte – was natürlich meistens passierte, bevor ich eintraf. Es konnte also gut sein, dass diese Kurzflügelkäfer viel öfter auf Leichen vorkamen – nur, dass ich sie nie vorher bemerkt hatte, weil sie jedes Mal längst davongeflogen waren. Da helfen nur Experimente mit Leichen, die wir in den Wald legen und mit Insektenfallen versehen.

Heute versuche ich oft, das Geschehen am Tatort umfangreicher aus den Spuren abzuleiten. Das ist ein wenig Detektivarbeit, beruht aber ebenfalls nur auf naturwissenschaftlichem Grundwissen. Ich vermesse dabei den Ort oder Raum und errechne, was darin passiert sein kann. Es muss vollständig mit den Spuren zusammenpassen, nicht mit dem, was ich kenne oder für vorstellbar halte.

Nicht jede Spur muss dabei eine tiefere Bedeutung besitzen. Hierzu fällt mir mein Klient Luis Garavito ein, an dessen Tatorten öfter Kronkorken der kolumbianischen Biermarke »Poker« gefunden wurden. Nun gibt es hin und wieder Beispiele von narzisstischen Verbrechern, die versuchen, der Polizei eine Botschaft zukommen zu lassen, um ihre Überlegenheit zu demonstrieren, beispielsweise der Serienmörder John Allen Muhammad und Lee Boyd Malvo, die im Oktober 2002 Karten mit Sternchen an ihren Tatorten hinterließen.

»Was wollten Sie denn mit den Kronkorken sagen?«, fragte ich Garavito bei einem unserer Gespräche im Gefängnis.

»Gar nichts«, antwortete er. »Ich habe eben immer gesoffen, wenn ich die Jungs getötet habe.«

So einfach konnte es manchmal sein.

Ich stelle mir daher ganz simple Fragen, wenn möglich, auch vor Ort: Kann man rein räumlich in dieser Position liegen, wenn man gestürzt wäre? Hätte ich mich an etwas festgehalten? Wäre ich in ein anderes Zimmer, an einen anderen Ort geflüchtet? Welchen Gegenstand hätte ich für meine Verteidigung benutzt? Anhand der Antworten, die ich vor Ort erkenne, erschließt sich besser, was sich tatsächlich abgespielt hat. Wie gesagt, es muss vollständig zu den Spuren passen. Nur dann kann es auch wahr sein.

Mittlerweile erzähle ich nicht nur meinem Team von solchen Untersuchungen, sondern manchmal auch ganz normalen Menschen oder Kindern. Dabei berichte ich nicht vom eigentlichen Fall, sondern nur von einem Detail, beispielsweise einer Blutspur. Da unbefangene Menschen keine fachlichen Annahmen machen, sehen sie manchmal andere Dinge als ich. Schon mehrmals haben »Laien« auf einem Foto eine Spur entdeckt, die mir jahrelang entgangen war.

Der Weg zum Fundort lohnt sich daher immer. Denn manchmal beeinflussen auch die Lebensumstände Spuren, auch wenn sie mit der Todesursache nichts zu tun haben. Ich erinnere mich in diesem Zusammenhang an eine ältere Frau, die verfault in ihrem Bett gefunden wurde.

»Mark, das solltest du dir mal ansehen«, sagte mir einer der Polizisten am Telefon, der gerade vor Ort war. »Das könnte interessant für dich sein!«

Zu der Zeit gab ich gerade einen Studierendenkurs für Fortgeschrittene in den Räumen der Kölner Uni, und der Fall schien tatsächlich ein prima Beispiel für Insekten auf Leichen zu sein. Wir wollten also forensische Entomologie üben und die Leichenliegezeit bestimmen. Mit Erlaubnis der Polizei trommelte ich die fleißigsten der Studierenden zusammen und nahm sie mit zum Auffindeort der Leiche, um Tiere einzusammeln. Die Wohnung war blitzsauber und gepflegt, und die Einrichtung, zumindest soweit ich das beurteilen konnte, aufwendig zusammengestellt. Ein Messie lebte hier schon mal nicht. Umso überraschter war ich, als ich das Schlafzimmer betrat.

»Was ist denn hier los?«, sagte ich.

Die vermutliche Bewohnerin, deren Gesichtszüge wir nicht mehr erkennen konnten, lag tatsächlich in ihrem Bett und diente einem Madenteppich als Nahrungsquelle. Im Wohnzimmer befand sich ein sauber geordneter Stapel leerer Pizzakartons und ein riesiger Berg aus Zigarettenstummeln. So etwas hatte ich noch nie zuvor gesehen. Die Frau hatte ganz offensichtlich in den letzten Monaten ihres

Lebens nur Pizza gegessen, geraucht und auf der Couch gesessen. Wie sich herausstellte, war sie einige Jahre zuvor von ihrem Partner verlassen worden und hatte sich fortan eingeigelt. Jetzt lag sie vor uns inmitten einer unwirklichen Umgebung.

Hätte ich nur die Detailfotos der Spuren vom Fundort gesehen, so hätte ich nicht verstanden, warum sich in der ganzen Wohnung an den unmöglichsten Stellen – an einer Lampenschnur in der Küche etwa – mögliche Blutspuren fanden. Die Spurenbilder passten überhaupt nicht zusammen – eine blitzblanke Wohnung und schräg aufgetroffenes Blut auf nur zentimetergroßen Flächen.

In Wahrheit hatten Fliegen Fäulnisflüssigkeit, die ebenfalls rot-bräunlich sein kann, aufgesaugt und andernorts wieder ausgespuckt. Dabei saßen oder »chillten« die Tiere an seltsamen Orten, beispielsweise dem Griffstück der Lampenschnur. Durch Experimente mit Fliegen, die wir im Labor züchteten und deren Speichel und Kot wir ausmaßen, konnten wir das Spurenbild endlich verstehen.

Wir veröffentlichten unsere Befunde, und unsere Methode zur Unterscheidung von Fliegenkot und -spucke mit darin enthaltenem, echtem Blut von echten Blutspritzern wird heute weltweit eingesetzt. Selbst wenn es in diesem Fall keinen Täter gab, hatte ich viel gelernt.

Ich halte mich selbst zwar weder für klug noch für besonders fleißig, aber wenn mich eine Angelegenheit einmal interessiert, dann vertiefe ich mich in sie – so wie früher in meine Chemielehrbücher und später die Akten von Jürgen Bartsch. Und wenn ich in meinem eigenen Fachgebiet die kriminalistische Literatur zu Rate zog, dann sah ich grundsätzlich ab dem Jahr 1855, dem Zeitpunkt von Monsieur

Bergerets Mottenlarven, danach, welche schon bekannten entomologischen Erkenntnisse mir unter Umständen weiterhelfen konnten. Das machte außer mir niemand: Es kostete einfach zu viel Zeit. Aber ich nahm sie mir, und mein Team nimmt meine Verrücktheit dankenswerterweise hin und unterstützt mich dabei. Tina ist beispielsweise eine tolle Forscherin nach egal wie schwierig zu beschaffenden Fachartikeln, sie fasst alles in Listen zusammen und kann wie ich Akten regelrecht verschlingen.

Meine Mitarbeit im Fall Geyer, aber auch meine kostenlose Unterstützung bei Ermittlungen, aus denen wir wissenschaftlich etwas lernen konnten, hatten sich nach einiger Zeit herumgesprochen. Jedenfalls erhielt ich die Silberne Ehrennadel des Bundes Deutscher Kriminalbeamter. Bis heute freuen mich Einladungen zu kriminalistischen und kriminalbiologischen Vorträgen und die Freude anderer an unserer Arbeit sehr, weil das Tüfteln an Taten mein echtes Kerninteresse ist, und weil ich gerade Polizisten und Polizistinnen mit der Schönheit und dem Wert von Spuren begeistern möchte. Zuletzt wurde ich auch Ehrenmitglied der Gewerkschaft der Polizei.

Ich bin Deutschlands erster öffentlich bestellter und vereidigter Sachverständiger für biologische Spuren in Kriminalfällen. Und dabei der einzige, der ein derart breites Feld abdeckt. Aber das liegt weniger an mir, als daran, dass bisher niemand dieses Fachgebiet ähnlich umfassend vertreten möchte. Keiner meiner Studierenden trat bisher in meine Fußstapfen, aber das macht nichts. Ich schreibe auf, was ich weiß, und so bleibt ein bisschen Know-how erhalten. Es ist auch manchmal gar nicht schlecht, wenn eine neue Generation ein Feld wieder neu entdeckt. Letztlich habe ich es ja auch so gemacht.

Ich war jedenfalls vollkommen ausgelastet mit dem, was mir die Polizei beziehungsweise die Staatsanwaltschaft an Fällen auftrug. Manchmal nervten meine »Hilfskräfte« – so hieß das im Gesetz – und ich sie aber vielleicht doch zu stark. Einmal wurden mein Team und ich zu einem in Fettwachs umgewandelten Toten gerufen, der eine Perücke auf dem Kopf trug und dessen Schuhe akkurat neben dem Körper abgestellt waren. Das war schon interessant. Noch interessanter war, dass in seinen Jackentaschen tote Wasserschnecken, genauer gesagt, deren Gehäuse, lagen, obwohl weit und breit kein Wasser zu sehen war. Von einem Jäger erfuhren wir schließlich, dass der Fundort – ein stillgelegter Rheinarm – einmal im Jahr überschwemmt wurde. Das fanden wir so spannend, dass eine befreundete Schneckenkundlerin und ich uns das Ganze gründlich ansahen und beschlossen, dass sich eine viel ausführlichere Untersuchung mit Experimenten vor Ort lohnen würde. Immerhin konnten die Schnecken nur im Zuge der Überschwemmung in die Taschen des Toten gelangt sein.

Doch der zuständige Staatsanwalt wollte diesen Fall nicht weiterverfolgen. Es war bekannt, dass die Gegend Heroinbenutzern und -benutzerinnen als Versteck diente, und damit war die Sache erledigt. Der Tote war in den Augen der Ermittler ein Drogenabhängiger, der auf eine unbekannte Art – vielleicht eben durch Heroin – gestorben war. Die Perücke, die Schuhe, die komische Auffindesituation, die Schnecken – das war egal, weil nun niemand mehr für das Opfer zuständig war. Es war auch niemand vermisst gemeldet, der zum Fall passte. Wäre das Opfer ein normaler Bürger, ein Kind, ein reicher Mensch oder wenigstens vermisst gewesen, wäre vermutlich das größere Besteck ausgepackt worden. Doch auch hier galt: Et is, wie et is. Für mich ist jeder Fall ein Experiment, welches das Leben geschrieben hat. Und ohne Experimente ist meine Arbeit nichts wert.

In anderen Fällen lassen sich einige Annahmen ausschließen. So herrschte einmal helle Aufregung wegen angeblich verschwundener Kinder, die auf einer Pferdekoppel im Kölner Umland vergraben worden sein sollten. Wir wussten, seit wann die Kinder von ihren Angehörigen vermisst wurden. Am vermeintlichen Liegeort der Leichen suchten meine »Hilfsperson« und ich aber nicht nach den Opfern – das war der Job der Polizei –, sondern sägten ein junges Bäumchen um. Anhand der Wachstumsringe konnten wir feststellen, dass der Boden dort seit dem Verschwinden der beiden Kinder nicht umgegraben worden war. Da der experimentelle Ausschluss von Tatsachen die wichtigste Technik der naturwissenschaftlichen Kriminalistik ist, streben wir also auch nicht danach, Täter und Täterinnen zu überführen, sondern alles so lange auszuschließen, bis die Wahrheit übrigbleibt. Was im Krimi langweilig wäre, ist in Wahrheit genau das Gegenteil: der Weg zurück in Richtung des Falles.

Die Ernennung zum öffentlich bestellten und vereidigten Sachverständigen trug dazu bei, dass mich nun alle als selbstständig ansahen. Die örtliche Polizei durfte ohnehin keine sogenannten Quereinsteiger einstellen, und so war ich nun zum »Consultant« und »Officially certified and sworn-in expert« geworden.

Ich durfte mir zwar nicht aussuchen, für welche Gutachten ich jeweils von den Ermittlungsbehörden, Angehörigen, Tätern oder Opfern angefordert wurde. Aber das wollte ich auch gar nicht. Mir ist auch nicht wichtig, ob der Fall für andere aufregend scheint – wie schon gesagt: Jeder Fall ist spannend, man muss nur genau hinsehen –, und ebenfalls, wer Geld hat oder wer nicht. Was für mich zählt, ist, ob es

Spuren gibt. Seither stelle ich kleine, feine Teams zusammen und bin nun, wenn man so will, ein freiberuflicher Detektiv, zumindest, wenn man Sherlock Holmes – er ist ja Chemiker – dafür als Beispiel ansieht.

Wir nehmen daher jeden Auftrag an – und »jeden« heißt auch jeden: Darauf und auf meine Unabhängigkeit habe ich sogar einen Eid schwören müssen. Allerdings können wir, wie gesagt, nur mit Spuren arbeiten. Wir müssen Gerichtsakten, Obduktionsbefunde und Fotos so lückenlos wie möglich einsehen. Einfach bei uns im Labor sitzen und bei einer Tasse Kaffee ein bisschen über die ganze Sache plaudern und vor allem auf andere schimpfen, so was gibt es bei uns nicht.

Viele Menschen, die sich an uns wenden, sind schwer mitgenommen. Sie haben, nur als Beispiel, den Partner durch Suizid verloren oder vermissen seit vielen Jahren ihr einziges Kind. Die daraus entstandene Belastung, verbunden mit dem Wunsch nach einer höheren Gerechtigkeit, verstellt leider manchmal den Blick auf die Tatsachen. So höre ich dann, dass sich der Partner gar nicht umgebracht haben kann, weil er in der Beziehung immer glücklich war und daher ganz sicher ermordet worden ist. Und das verschwundene Kind lebt unter einem anderen Namen an einem anderen Ort.

Als wir beispielsweise im Jahr 2004 nach dem Tsunami in Asien und Afrika einige Vermisstenfälle zu bearbeiten hatten und Eltern behaupteten, ihre Kinder seien nicht ertrunken, sondern von Unbekannten für Sexfilme entführt und später tot ins Wasser geworfen worden, beschlossen wir daher, Trauerbegleiter hinzuzuziehen. Die fotografischen Spuren, welche uns die Klienten vorlegten, waren eindrucksvoll. Wir sprachen mit den erschütterten Auftraggebern auch über die Hautveränderungen durch Vertrocknung und Gasblähung durch Fäulnis. Aber irgendwann müssen wir in solchen Fällen auch die Verneinung des Offensichtlichen anerkennen. Auch von den zugezogenen Seelsorgern der Feuerwehr und erfahrenen Psychotherapeuten haben wir in solchen Fällen viel gelernt. Eine Lehre war es, Menschen manchmal nicht stärker mit Tatsachen zu versorgen, als sie es selber annehmen können. Beispielsweise machen wir bei Katastrophen in der Regel keine Experimente und bieten auch keine Tat-Nachstellungen an.

Ich denke, dass unsere naturwissenschaftliche Herangehensweise zwar manchen die letzte Hoffnung nimmt. Aber wer zu uns kommt, will die Wahrheit erkennen. Das gibt besonders den Angehörigen wieder ihre Handlungsfreiheit zurück, weil sie keinen Geistern mehr nachjagen.

Manchmal bearbeite ich daher auch Anfragen, die sich auf ungeklärte Vaterschaften oder in der DDR verschwundene Kinder beziehen. Der verstorbene Mann, von dem man sein ganzes Leben lang geglaubt hatte, dass er der eigene Vater sei, war es gar nicht. Stattdessen stellen sich der Onkel, der eigene Bruder oder irgendeine andere männliche Person als der echte biologische Erzeuger heraus. Das Grab, in dem das Kind liegt, welches angeblich im Krankenhaus verstorben war, ist leer. Was hat das zu bedeuten? Hier hilft es, als Erstes die Tatsachen zu untersuchen und sich später Gedanken dazu zu machen, was das alles bedeutet. Andernfalls fehlt das stabile Kellergewölbe, auf dem dann alle Ableitungen und Aufbauten stehen können. Wir sind nur für die Tatsachen, also das Kellergewölbe, auf dem alles steht, zuständig.

Manchmal treffe ich auch Auftraggeber, die bereits erkannt haben, was wirklich passiert ist. Nun wollen sie noch den genauen Ablauf verstehen – nicht mehr, aber auch nicht weniger. So wie das ältere Ehepaar, das vor einigen Jahren zu uns kam und davon berichtete, dass ihr Sohn während eines Auslandsaufenthalts bei einem Sturz in die Tiefe ums Leben gekommen sei. Der Staatsanwalt habe den Tod sofort als Selbsttötung oder Unfall angesehen und keine Ermittlungen durchführen lassen.

»Wissen Sie, ein paar Dinge kommen uns daran schon komisch vor«, sagten die beiden offen, ruhig und sachlich zu mir. »Wir wollen der Sache einfach auf den Grund gehen.«

Ich fand es bemerkenswert, dass die Eltern nicht darauf beharrten, dass ihr Sohn keinen Grund gehabt habe, sich zu töten, und mir schon im Vorfeld ihre emotionale Einschätzung aufdrücken wollten, sondern unseren Untersuchungen ganz unvoreingenommen gegenüberstanden. Also fuhren wir zum sehr weit entfernten Fundort. Dort angekommen, gingen wir zu der Stelle, von der aus der Mann in die Tiefe gesprungen sein sollte. Weil er zuvor noch telefoniert und in der Hotelbar ein Bier getrunken hatte und sich die Mitarbeiterin an das hohe Trinkgeld erinnern konnte, ließ sich die Uhrzeit des Vorfalls gut festlegen. Nur: Um diese abendliche Zeit, die wir auch für unsere Begehung auswählten, war es in der Gegend derart finster, dass sich nicht einmal der Weg zur Absturzstelle ohne Lampen finden ließ. Viele Städter haben diese ländliche Dunkelheit noch nicht erlebt, aber hier herrschte sie – es war so dunkel, dass wir im wörtlichen Sinn unsere Hand nicht vor den Augen sahen. Eine Taschenlampe besaß der nun tote Mann aber nicht und weder wir noch sonst jemand fanden am Fundort eine – und übrigens auch keine Schuhe. Die standen nämlich noch im Hotelzimmer, sodass zumindest die Füße des vermeintlichen Suizidenten komplett zerschunden hätten sein müssen, wäre er barfuß und im Stockdunklen zu dem Ort gelangt, an dem er starb. Obwohl die Leiche viele Verletzungen vom Sturz aufwies, sahen die Füße aber vergleichsweise unverletzt aus, jedenfalls waren sie sicher nicht beim Gehen von Steinchen verletzt.

»Sehen Sie, das meinten wir«, sagten meine Klienten zu mir. »Wie hätte das alles so funktionieren sollen, wie es im Bericht steht?«

Ich gab ihnen recht. Wir stellten fest, dass es noch ganz andere Ungereimtheiten gab. Vor seinem Tod hatte der Mann auf eine Kontaktanzeige geantwortet. Die Frau, die er dort kennenlernte, hatte aber immer nur an einem Tag der Woche Zeit, ließ sich von unserem toten Klienten eine Wohnung kaufen und lebte ansonsten unter einer interessanten Adresse. Von dort aus betrieb eine Organisation Geldwäsche, die einen Strohmann brauchte, um im Ausland ein Hotel zu kaufen. Nachdem unser zunächst noch verliebter Mann jedoch bemerkt hatte, dass die Dame aus der Annonce es erstens nicht ernst mit ihrer Liebe meinte und zweitens der Immobiliendeal unmittelbar bevorstand, wollte er das Ganze in letzter Sekunde abbrechen. Er telefonierte mit den Kontaktleuten, doch die fanden das nicht lustig. Der Verdacht, dass ihn die Bande danach aus dem Weg räumte, weil er zu viel von ihren Plänen wusste, mehr noch aber, weil er ihnen ein Geschäft verhagelt hatte, lag nahe.

Am Abend gingen wir und die Eltern des Opfers zusammen essen.

»Wie geht's jetzt weiter?«, fragten sie mich ruhig. Ich erklärte ihnen, dass wir unsere Entdeckungen nun der Staatsanwaltschaft mitteilen würden.

»Glauben Sie denn, das bringt etwas, Herr Benecke?«

»Nein«, antwortete ich ehrlich. »Das glaube ich leider nicht. Denn viele dieser Ungereimtheiten sind sicher auch schon der Polizei aufgefallen.«

Und so kam es dann auch: Der Staatsanwalt hielt an der Selbsttötungsidee fest, vielleicht, weil er sich nicht mit der organisierten Kriminalität in seinem Zuständigkeitsbereich anlegen wollte. Oder weil er sich solche abenteuerlichen Fälle schlicht nicht vorstellen konnte. Der Fall wurde nicht weiterverfolgt.

»Dann soll das wohl so sein«, sagten die Eltern, und damit war die Sache für sie so weit erledigt, wie es eben möglich war. Sie hatten das mit der Wahrheitsfindung begriffen – und auch, dass es manchmal eben nur die Wahrheit gibt und mehr nicht.

Ähnlich verhielt es sich mit der verzweifelten Mutter, die zu mir kam, weil sie nicht mehr wusste, was sie glauben sollte und was nicht. Die Frau war an sich ziemlich gefasst angesichts der heftigen Umstände, unter denen ihr Sohn zu Tode gekommen war: Er war auf die schiefe Bahn geraten und bewegte sich in Kreisen, in denen man nicht lange fackelte, wenn jemand nicht das tat, was er tun sollte. Entsprechend unschön und gewaltsam war auch der Tod des jungen Mannes, der nicht einmal 30 Jahre alt geworden war. Trotzdem entschloss sich die Familie, ihn aufzubahren, um sich von ihm verabschieden zu können. Bei der Aufbahrung bekam die tapfere Frau jedoch beinahe einen Nervenzusammenbruch – nicht, weil sie den Anblick ihres toten Sohnes in seinem festlichen schwarzen Anzug, dem blütenweißen Hemd und der violetten Krawatte nicht ertragen konnte. Sondern weil sie klar und deutlich gesehen hatte, wie er weinte!

Sie beobachtete entsetzt, wie eine dicke Träne aus seinem Auge lief und danach die Wange herunterrann. Das Ganze wirkte wie ein Zeichen, und obwohl die Frau nicht an übersinnliche Mächte oder Untote glaubte, wollte sie von mir wissen, wie das passieren konnte. Nachdem ich die Bilder sah, die sie mitgebracht hatte, zögerte ich, ihr meine Einschätzung weiterzugeben. Aber sie wollte sie unbedingt hören, also berichtete ich ihr davon, dass Bestatter oftmals für Laien ungewöhnliche Tricks anwendeten, um die Toten würdevoll herzurichten. So werden manchmal der Mund und die Augen vernäht, geklammert oder mit Sekundenkleber verklebt, damit der Gesichtsausdruck nicht gruselig wirkt. Weil der Tote in unserem Fall vor der Aufbahrung für eine bessere Haltbarkeit der Leiche auch noch einbalsamiert wurde, also sein Blut mittels Pumpen durch eine formaldehydhaltige Lösung ersetzt wurde, war ein Tropfen des durchsichtigen Formalins durch das verklebte Auge nach außen gelangt.

»Ich verstehe«, meinte die Mutter und gab sich damit zufrieden. »Für mich ist nur wichtig, dass er nicht geweint hat, als ich ihn das letzte Mal ansah. Das hätte ich nicht ertragen. So aber haben Sie mir sehr geholfen«, sagte sie zum Abschied und ging.

Diese beiden Aufträge haben mich beeindruckt, weil die Klienten verstanden haben, dass Spuren immer weiterhelfen, sobald man das Große und Ganze beiseitelässt. So wie ich lernen musste, im Dunkeln die Grautöne zu sehen, so hatten diese Klientinnen und Klienten den Willen, im für sie schrecklichen Großen das Wahre und Kleine wertzuschätzen.

Das galt auch für jene ältere Dame, die sich eines Nachmittags aufgelöst bei uns meldete. Sie schilderte uns, dass sie zusammen mit ihrem Ehemann ein kleines Hotel besessen habe, das gut gelaufen sei. Ihr Gatte hatte knapp eine Million D-Mark auf die Seite geschafft, indem er die Einnahme mancher in bar bezahlter Übernachtung nicht verbuchte, sondern erst in seinen Tresor legte – und dann auf ein Schweizer Nummernkonto einzahlte, was damals noch problemlos möglich war.

Der Mann hatte sich vor einiger Zeit jedoch in eine andere Frau verliebt, in deren Bett er eines Morgens nach einer laut Ehefrau stürmischen Liebesnacht verstorben war. Die Ehefrau war überzeugt, dass die Geliebte danach das Nummernkonto leergeräumt hatte. Da sie, die Ehefrau, die Nummer des Kontos aber nicht kannte und auch nicht wusste, ob sie das Schwarzgeld ohne steuerliche Schwierigkeiten loseisen könnte, war sie in der Klemme.

»Und was soll ich da jetzt machen?«, fragte ich verwundert, nachdem sie mir die Geschichte ihres untreuen Gemahls mit sehr vielen Einzelheiten und gewaltigem Groll gegen die neue Freundin berichtet hatte.

»Diese Person hat meinen Mann auf dem Gewissen, da bin ich ganz sicher«, sagte die betrogene Frau und erzählte mir noch, dass sie bereits ein Ermittlungsverfahren wegen Totschlags beziehungsweise unterlassener Hilfeleistung gegen die Geliebte angestrengt hatte, weil der angeblich liebestolle Hotelier von der »Hexe« – so ihre Worte – entweder umgebracht worden oder zumindest aufgrund seiner Herzerkrankung einer solchen sexuellen Anstrengung nicht mehr gewachsen gewesen sei. Die Anzeige verlief im Sand, denn eine strafbare Handlung konnte der Freundin nicht nachgewiesen werden. Und das mit dem Schwarzgeld konnte die Ehefrau der Polizei nicht ehrlich schildern, denn dann hätte sie sich ja, wie schon angedeutet, selbst der Beihilfe zur Steuerhinterziehung bezichtigt.

»Sie müssen mir helfen, da stimmt etwas nicht«, blieb sie mit felsenfester Überzeugung bei ihrer Geschichte.

»Meinetwegen kommen Sie bei uns vorbei«, entgegnete ich damals noch leichtfertiger als heute. »Wir benötigen aber eine Akte und Spuren, sonst können wir nichts tun.«

Am nächsten Tag stand sie vor der Tür – mit einer Kiste unter dem Arm.

»Was ist das?«, fragte ich.

»Na, mein Mann«, antwortete sie und erklärte, sie habe ihn in einem Krematorium in den Niederlanden verbrennen lassen und von dort schließlich wieder mit nach Hause genommen. Das war nach dem deutschen Bestattungsgesetz nicht erlaubt beziehungsweise eine Grauzone. In Nordwestdeutschland hatte sich der Trick aber herumgesprochen, und daher hatten Menschen ab und zu die übrigens erstaunlich schweren Urnen mit der Asche ihrer Angehörigen daheim stehen. Auch hier fiel mir auf, dass die Urne ein ziemliches Gewicht hatte.

»Schauen Sie sich ihn doch mal an.«

»Ähm, wollen Sie das wirklich?«, meinte ich etwas unsicher.

»Ja, deswegen bin ich hier.«

»Na gut, das müssen Sie entscheiden«, sagte ich. Damals gab es noch Fälle, in denen die Leichen in alten Krematorien nicht genügend heiß verbrannt worden waren. Vielleicht ließ sich ja auch diesmal irgendein aussagekräftiges Stück Metall in der Asche finden, das den Tod anders erklärte als ein Herzstillstand im Schlaf oder beim Sex. Immerhin war die Leiche des Mannes tatsächlich nicht aufgeschnitten und durch eine »innere Leichenschau« auf Projektile oder Ähnliches untersucht worden.

Ich holte einen Bogen dickes Packpapier aus dem Schrank und breitete ihn auf dem Labortisch aus. Bevor ich mich versah, hatte die Frau die Urne geöffnet und umgedreht, sodass sämtliche Überreste ihres Mannes auf meinem Tisch lagen: Mehrere Kilo etwas klebriger und leicht fettiger Asche sowie ein feuerfester Schamott-Stein, der zusammen mit der Asche herausdonnerte und die Kennziffer des Verstorbenen enthielt, damit er im Krematorium nicht verwechselt werden konnte. Jetzt wusste ich auch, warum mir die Urne so schwer vorkam, denn ich hatte auch schon erlebt, dass der Stein nach der Kremierung wieder aus der Asche herausgenommen worden war.

»Und was können Sie da jetzt alles feststellen?«, fragte mich die Frau und sah mich erwartungsvoll an.

»Nichts«, antwortete ich. Wären wenigstens noch ein paar Knochenstücke enthalten gewesen, hätte man darin vielleicht noch Rückstände von Medikamenten oder Giften nachweisen können – so wie es (wenn auch letztlich erfolglos) bei der Exhumierung von Jassir Arafat versucht wurde, nachdem der Verdacht aufkam, der frühere Palästinenserführer sei mit dem radioaktiven Element Polonium umgebracht worden. Hier aber hatten die hohe Temperatur des Krematoriumsfeuers und die moderne Knochenmühle bereits ganze Arbeit geleistet. Die Frau war enttäuscht, denn im Fernsehen hatte sie gesehen, dass man als Forensiker immer etwas herausfinden konnte – und sei es aus den Rückständen eines Menschen, die nach eineinhalb Stunden bei 1200 Grad übrig blieben. Doch das war leider nicht möglich. Auch die Fotos des Toten, die der Notarzt zum Glück gemacht hatte (das ist sehr selten), führten uns nicht weiter. Zwar wies die Leiche Flecken auf, die auch ich noch nie gesehen hatte. Ein von uns hinzugezogener Facharzt für Rechtsmedizin versicherte uns aber, dass Totenflecken bei einem beleibten Mann nach einem Herztod genau so aussehen könnten. Damit endete dieser Fall – und das Schwarzgeld blieb, zumindest für die Ehefrau, verschwunden.

Ein Fall, der uns vermutlich alle bis in den Ruhestand verfolgen wird, ist der eines Vaters, der seine tote Tochter auf dem Dachboden des eigenen Hauses auffand – einer alten Schäferei, in die die Familie zwei Jahre zuvor gezogen war. Seine Tochter, die 19-jährige Heike, war auf eine ganz merkwürdige Weise umgebracht worden. Der Täter schleppte sie durch den Dachboden, schlug ihr mit einem Eisenhaken den Kopf ein, stach mehrmals in ihren Hals, band um diesen schließlich ein Hanfseil und erhängte die junge Frau daran. Der Anblick war selbst für die Ermittler aufrüttelnd, und es leuchtete ein, dass das Erlebnis für den Vater unbeschreiblich hart gewesen sein musste. Erst recht, weil die Polizei die Eltern als Verdächtige behandelte und dadurch vielen anderen möglichen Spuren gar nicht erst nachging. Der Täter hatte aber hundertprozentig seine Erbsubstanz am Tatort hinterlassen.

Nach einiger Zeit war klar, dass die Eltern nichts mit dem Verbrechen zu tun hatten. Allerdings gingen die Ermittler trotzdem davon aus, dass der Mörder aus dem familiären Umfeld stammte, weil nur wenige Menschen wissen konnten, dass Heike an diesem Tag allein zu Hause war. Die Kriminalbeamten nahmen nun den Bruder in den Blick. Doch auch da kamen sie nicht weiter. Es gab keine guten Fotos vom Fundort, und endlos lange passierte gar nichts.

Mehr als zehn Jahre nach der Tat wurden dann wir hinzugezogen – die Mutter hatte sich an mich gewandt. Wir trafen uns mehrmals, und ich besuchte das Elternpaar zu Hause. Die Mutter vermutete, dass der Ex-Freund der Tochter sie getötet habe. Mir saßen zwei gebrochene Menschen gegenüber. Die Mutter redete eindringlich, der Vater fast gar nicht. Als ich mit der Mutter allein war, sagte seine Frau zu mir etwas, das ich nicht vergessen werde.

»Wissen Sie, mein Mann hat noch nie mit anderen über den Fall gesprochen«, sagte sie.

»Noch nie?«, fragte ich.

»Nein. Kein einziges Wort. Das ist heute das erste Mal. Und noch etwas: Ein paar Monate nachdem er unsere Tochter gefunden hat, sind ihm alle Zähne ausgefallen.«

Der Mann hatte den Tod seines Kindes und erst recht die Ermittlungsumstände nie verwunden. Das war verständlich. Er hatte wie früher viele Männer versucht, mit dieser Tatsache allein umzugehen und seine Gedanken in sich hineingefressen. Ich fragte mich, ob man die Zähne aus nervlichen Gründen verlieren kann und welches Zusammenspiel der Organe so etwas bewirken kann. An diesem tragischen Beispiel erkannte ich jedenfalls, welche enormen Kräfte nach solchen Erlebnissen wirken konnten. Mit normalen menschlichen Gefühlen lässt sich das alles nicht mehr messen und verarbeiten. Viele Angehörige berichten, dass sie seit der Tat jeden Tag mehrmals, vom Aufstehen bis zum Einschlafen an das Rätselhafte und Grauenvolle denken, das ihnen oder ihren Lieben widerfahren ist.

Ich bin sicher, dass es weniger wichtig ist, den Täter oder die Täterin einzusperren, als durch die Spuren zu zeigen, wer was wann und wie beweisbar getan hat. Anders ist es fast unmöglich, in die Trauerarbeit zu gehen oder – das ist die Königsdisziplin – Ruhe in umfassender Vergebung zu finden. Was auch mich ärgert, ist, dass in diesem Fall die Spuren gar nicht einzeln hätten gesichert werden müssen. Es hätte genügt, den Fundort der Leiche erst einmal abzusperren und dann – schlimmstenfalls auch Tage später – mit Wattestäbchen, Tatortlampen und Schutzanzügen den gar nicht mal so schwierigen Fall zu bearbeiten. Denn wie schon gesagt: Der Täter hat hier so viele Spuren gelegt, dass alles Denken, Meinen und Glauben überflüssig war. Man hätte sie nur einsammeln müssen.

Nicht immer geht es bei meinen kriminalistischen Untersuchungen um den Tod. Manchmal beschäftige ich mich auch mit Kunst. Ein freundlicher, lebensfroher Klient aus Köln kam vor gar nicht so langer Zeit beispielsweise mit einer ungewöhnlich geformten, ziemlich flachen Holzkiste zu uns.

»Sie werden Augen machen«, sagte er und holte ein Ölgemälde heraus, das in Sachen Farben, Malweise und Stil Ähnlichkeit mit einem van Gogh aufwies. Ich kenne von den Hunderten verblichener Poster in den Hotelzimmern vor allem in Deutschland van Goghs Werke, aber auch einer meiner Lieblingsölmaler, mein Freund Michael, schätzt dessen Gemälde. Ich musste zugeben, dass das Bild, das da vor mir lag, zumindest für einen Laien wie mich erstaunlich aussah. Da ich aber Kunstfälschungsfälle schon seit langem sammle – sie lehren uns viel über Gier und Neid –, wusste ich, dass jedes Gemälde eine Fälschung sein kann. Man muss auch hier einfach die Spuren untersuchen.

»Das hat mein Vater auf dem Speicher entdeckt«, sagte unser Klient und erzählte, dass jener mit Kunstwerken gehandelt habe und er, sein Sohn, nun den Beruf oder zumindest das Interesse fortführe.

Nun musste man wissen, dass über die Echtheit eines van Gogh eigentlich nur eine Instanz weltweit entscheidet – und zwar das Van-Gogh-Museum in Amsterdam. Es selbst besitzt rund zweihundert Originale des Meisters, und die Fachleute, die dort arbeiten, gelten gewissermaßen als unfehlbar. Wenn das Bild, das da vor mir lag, echt war, dann befanden sich gerade grob geschätzt 50 Millionen Euro oder sogar noch mehr auf meinem Tisch. Allerdings hatten die holländischen Nachlasshüter des berühmten Malers meinem Gast bereits mehrfach mitgeteilt, dass er leider nur ein nachgemachtes oder jedenfalls nicht ein von van Gogh gemaltes Gemälde sein Eigen nannte. Sogar mehrere lange Rechtsstreite hatte es deswegen gegeben.

»Tja, ich bin kein Kunstexperte«, sagte ich.

»Sie sollen ja auch nicht das Bild an sich begutachten«, sagte mein Besucher und deutete auf eine Stelle auf der Leinwand. »Ich möchte nur, dass sie dieses Barthaar hier untersuchen.«

Nun wurde es spannend. Tatsächlich befand sich eingetrocknet in der Ölfarbe ein kleines, rötliches Haar, das durchaus von einem Bart stammen konnte. Van Gogh hatte einen roten Bart, und so saß ich wenige Minuten später mit einer Lupe und einer Pinzette in meinem Labor und versuchte, das Härchen behutsam aus der Farbe zu entfernen, ohne das gesamte Kunstwerk in Mitleidenschaft zu ziehen. Ich fühlte mich eigenartig, denn wenn das Haar wirklich von Vincent van Gogh stammte, war der Fund eine heiße Sache.

Dabei muss man wissen, dass Haare besonders tückisch sind. Sie können statisch aufgeladen sein und dann ohne Vorwarnung aus dem Sichtfeld springen. Sie werden vom kleinsten Atemzug bewegt, und wenn die Pinzette zu spitz gefeilt ist, können die Spitzen übereinanderklappen und das Haar wegschnippen. Bei längeren Haaren ist das ein kleineres Problem, aber bei einem abgetrennten Barthaar? Es sind diese Momente, in denen alles um mich vollkommen ruhig wird, egal, wie viele Menschen aufgeregt um mich herumlaufen, und egal, wie teuer oder wichtig die Sache ist. Es sind klare und reine Momente, die wie ein sauberer Brunnenschacht ganz tief verlaufen, von einer Art Mondlicht durchgossen. Ich kann es nicht anders als poetisch beschreiben. Ich liebe diese Momente der Klarheit und Wahrheit, wenn all das Geschnatter und Geplapper der Welt auf einmal bedeutungslos wird.

In den folgenden Tagen untersuchte ein leider nicht von mir beauftragtes Labor die Erbsubstanz des Haares und übermittelte dem Kunsthändler das Ergebnis. Er hatte eine Vergleichsprobe organisiert, die aus dem Speichel eines Nachkommens von Vincent van Gogh stammen sollte. Es stellte sich heraus, dass es keine DNA-Übereinstimmung gab. Doch damit gab sich der Eigentümer des Bildes nicht zufrieden. Ihm zufolge könnte der Nachkomme ja nur sozial, aber nicht genetisch mit dem Künstler verwandt sein. Ein anderes Labor bewies, dass die Grundierung des Gemäldes dieselbe Zusammensetzung aufwies wie die Leinwände des Lieferanten, von dem auch van Gogh seine Malunterlagen bezog. Das war ein erster Schritt.

»Ich habe noch ein weiteres Haar im Bild entdeckt«, teilte mir der Mann wenig später per E-Mail mit. Er kannte wirklich jeden einzelnen Pinselstrich des Gemäldes im Schlaf und sah Details in der Farbe, die ich erst unter dem Vergrößerungsgerät entdeckte.

Derzeit kümmert sich unser Klient daher um eine weitere DNA-Vergleichsprobe, diesmal von näheren Angehörigen der van-Gogh-Familie. Es bleibt also interessant, und ich bin ausnahmsweise mal neugierig, wie das Ganze ausgeht. Sollte es sich um ein Original handeln, dann freue ich mich, an solch einer spannenden und schönen Sache mitgewirkt zu haben. Auf einen Anteil habe ich aber verzichtet. Sollen andere mit Kunst Geld verdienen – mir genügt die Gewissheit, der Wahrheit ausnahmsweise mal in einem anderen Zusammenhang als mit dem Tod auf die Sprünge geholfen zu haben.

Das alles ist natürlich nur ein winziger Ausschnitt dessen, was mein Team und ich täglich bearbeiten. Ich überprüfe Spuren in sehr vielen, auch solchen privaten Fällen, bilde weltweit Kolleginnen und Kollegen aus und bin auf coolen Fachveranstaltungen wie dem Weltforensikkongress in New Orleans, dem Weltfliegenkundlerkongress in Namibia oder dem Kongress der Naturforscher und Ärzte in Greifswald, wo ich dann Vorträge hören oder halten und mich mit anderen Sonderlingen austauschen darf. Das ist für mich und glücklicherweise auch meine Frau Ines jedes Mal aufs Neue äußerst spannend – vor allem, wenn man feststellt, dass andere Menschen auch lieber über Tatsachen als über Gefühle sprechen. Wenn ich von Ermittlern und Ermittlerinnen angefordert werde, geht es natürlich meistens um ein Verbrechen.

Der größte Vorteil an meinem Beruf ist, dass ich ihn so gerne ausübe – und mich für das, was ich mache, stets brennend interessiere. Das habe ich wirklich mit Sherlock Holmes gemeinsam. Wir arbeiten nach denselben Grundsätzen – allen voran dem schon erwähnten Ausschlussverfahren. Dabei ist es gar nicht so einfach, all das durch Spuren auszuschließen, was möglicherweise dem einen oder anderen Kollegen bereits als glasklar und gegeben erscheint. Und manchmal geht es auch gar nicht, weil zu wenige oder gar keine Spuren vorhanden sind. Ich finde, dass man nie danach fragen sollte, was am wahrscheinlichsten ist, denn das führt unweigerlich zu irgendeiner »wahrscheinlichen« Grundannahme. Was aber, wenn sie zwar wahrscheinlich, aber trotzdem falsch ist? Dann kann am Ende der Gedankenkette eigentlich nichts Richtiges mehr herauskommen. Daher denke ich so ungern und experimentiere lieber.

Wenn Holmes zum Beispiel sagt: *»You see, but you do not observe«*, dann beschreibt er genau, was ich an einem Tatort versuche: Ich sehe viel, aber ich beachte die Einzelheiten, um im Meer der angeblichen Selbstverständlichkeiten das Besondere zu finden. Einmal beklagt sich der Meisterdetektiv: *»My mind is like a racing engine, tearing itself to pieces, because it is not connected up with the work for which it was built.«* Auch dem kann ich beipflichten: Mein Gehirn fühlt sich manchmal ebenfalls an wie ein Rennmotor kurz vor dem Auseinanderfliegen, deshalb muss ich immer etwas tun – und sei es, den DNA-Gehalt in Strangmarken zu überprüfen, Studien an Weinbergschnecken vorzunehmen oder in Manila ein staubiges Labor zu putzen. Letzteres ist zwar nicht ganz so befriedigend, wie Spuren zu untersuchen, aber es war immer noch viel besser, als nichts zu tun.

Holmes wusste auch: *»I confess that I have been blind as a mole, but it is better to learn wisdom late than never to learn it at all.«* So ist es: Ich war ebenfalls schon oft blind wie ein Maulwurf, hätte ich nicht mein Team oder meine Studierenden gehabt und nicht zuletzt meine Zuhörer und Zuhörerinnen – Menschen also, die aus einem ganz anderen Blickwinkel auf die Dinge schauen. Manche Verbindungen in meinem Kopf hätten sich sonst nie verknüpft.

Noch einmal: Ich glaube niemals, wirklich niemals, dass ich schlauer bin als andere, und nehme jede Meinung hin – aber eben nur als Meinung und nicht als Tatsache. Der Satz aller Sätze ist aber bei Holmes und auch bei mir: »*It is, of course, a trifle, but there is nothing so important as trifles.*« Nichts, einfach gar nichts, ist so wichtig wie Kleinigkeiten. Das beschreibt mein gesamtes Leben.

Das Verrückte an diesen Zitaten: Ich hatte gar keine Ahnung, wie Sir Arthur Conan Doyle seine Figur angelegt hatte. Als ich als Kind die Holmes-Geschichten das erste Mal las, begriff ich gar nichts davon. Erst durch meine Arbeit bei den *Annals of Improbable Research*, wo wir lustig klingende, aber echte Forschung in Harvard mit dem Ig-Nobelpreis auszeichnen, und durch die Nachfragen aus der Sherlock-Holmes-Gesellschaft wurde mir klar, dass ich mit diesem Chemiker, der sowohl für die Polizei als auch für Privatpersonen tätig war, tatsächlich viele Gemeinsamkeiten besitze. Das kam mir zunächst etwas gruselig vor – immerhin war Sherlock Holmes, so gut er auch geschrieben war, ein erfundener Detektiv, der Ende des 19. Jahrhunderts ermittelte. Sein Schöpfer nahm sich zwar einen ganz nüchtern arbeitenden Arzt als Vorbild für Holmes, aber Conan Doyle selbst glaubte an Feen und Magie.

Heute finde ich die Ähnlichkeiten zu Holmes grandios. Es fühlt sich so an, als sei ich nicht mehr allein der komische Kauz, der ständig querdenkt. Und das ist nicht schlecht, auch wenn ich mir das Pfeifenrauchen wieder abgewöhnt habe.

POST MORTEM

Nun sind wir für dieses Mal am Ende meiner Geschichte angekommen. Und um zum Ausgangspunkt zurückzukehren: Eine der Fragen, die mir besonders oft gestellt wird, ist die, was ich von meinem eigenen Tod erwarte. Die Antwort ist ganz einfach: gar nichts. Ob ich Angst vor dem Sterben habe? Nein. In meinem Beruf habe ich in den letzten dreißig Jahren viel über Vergänglichkeit gelernt: Wissen vergeht, Kulturen verwehen, Bindungen ändern sich, und Menschen wird es irgendwann nicht mehr geben. Das ist nichts Schlimmes. Wenn es vorbei ist, dann ist es halt vorbei. Dann kommen meine kleinen Freunde, die auch meine Leiche über Hunderte Meter riechen können. Je nach den vorherrschenden äußeren Bedingungen sind das vielleicht Schmeiß-, Fleisch-, Buckel- oder Käsefliegen oder ein paar Aas- oder Speckkäfer. Sie legen dann ihre Eier in meine Körperöffnungen: in den Mund, in die Nase, in die Ohren und die Augen oder in offene Wunden – falls ich welche haben sollte, was ich nicht hoffe. Später schlüpfen ihre Larven und stillen, bevor sie sich verpuppen, ihren Appetit, indem sie jeden, der frei liegt – gegebenenfalls also auch mich –, langsam, aber sicher verspeisen. Das kann bei hohen Temperaturen ein paar Tage dauern, und wenn es kühl ist, auch mal einen Monat oder länger. Deshalb habe ich gesagt, wenn schon eine Inschrift auf meinem Grabstein stehen soll, dann das Wort »Mahlzeit«. Aber das war natürlich nur Spaß.

Kürzlich war ich in Bern. Ich durfte im Naturhistorischen Museum einen Vortrag halten, lustigerweise in einem Raum, der »Skelettsaal« hieß. Aber die netten Verantwortlichen dort hatten Humor und haben mich im Rahmen ihrer aktuellen Sonderausstellung zu dem Abend eingeladen. Sie hieß »Weltuntergang – Ende ohne Ende« und befasste sich mit dem Armageddon in all seinen kulturellen und religiösen Ausprägungen. Mit Naturkatastrophen, die das Leben schon oft an den Rand des Untergangs gebracht haben. Und mit all den entsetzlichen Dingen, die wir Menschen gerne und immer wieder dazu beitragen, weil wir die Natur einfach nicht ausreichend wert- und uns gnadenlos überschätzen.

Nur ein Beispiel: Eine der wirklich dramatischsten Entwicklungen, die wir gerade selbst bewirken, ist das Insektensterben. Das liegt an landwirtschaftlichen Einheitskulturen, massenhaft eingesetzten Insektengiften und den Klima-Änderungen. Das sage ich nicht, weil ich wegen meines Berufes einen verzerrten oder befangenen Blick auf Fliegen, Käfer oder Schaben habe. Auch Kröten, Frösche, Vögel und Würmer hat es bereits hart erwischt. Dieser Artenrückgang wird eine Jahrtausend-Katastrophe nach sich ziehen. Das ist keine Schwarzmalerei, sondern aus den Daten abgeleitet. Drei von vier Insektenarten sind im letzten Vierteljahrhundert in Deutschland verschwunden. Die Menge an Insekten ist im gleichen Umfang zurückgegangen. Diese Tiere kommen nicht wieder. Nun mag man vielleicht denken, dass das alles nicht von Belang sei – weil es ja immer noch genug Stechmücken gibt, die uns im Biergarten oder am See nerven. Aber das ist ein Trugschluss.

Im Jahr 2080 werden fast die Hälfte aller Echsen verschwunden sein, weil sie kein Futter und keine Lebensräume mehr haben. Weil aber jedes Tier sein Plätzchen in der Nahrungskette hat, löst eben auch jedes Verschwinden einer Art eine Kettenreaktion aus. Es ist nicht wie ein Lämpchen, das ausgeht – was schon schlimm genug wäre. Es ist wie ein Lämpchen, das erlischt und die benachbarten Lämpchen dabei herunterdimmt. Wenn uns beispielsweise die Regenwürmer verloren gehen, dann zersetzt sich im Boden nur noch wenig. Charles Darwin hat ein ganzes Buch nur über die Arbeitsleistung der Regenwürmer geschrieben. Er wusste: Die Mikroben schaffen die Aufbereitung des toten Pflanzenmaterials – und auch der toten Tiere – nicht allein. Und um zu wissen, was passiert, wenn die Bestäubung von Pflanzen ausbleibt, muss man kein Biologe sein. Doch allein bei den Wildbienen ist die Hälfte aller Arten stark gefährdet, und bei den Hummeln sieht es nicht besser aus. Dass ein Drittel der Pflanzen von verschiedenen Fliegenarten bestäubt wird, die ebenfalls verschwinden, wissen selbst die meisten Biologinnen und Biologen nicht. Trotzdem steuern wir viel zu wenig gegen diese Entwicklung.

Um einen anschaulichen Vergleich zu bemühen: Das Ganze ist, als wenn Asien und Australien von der Erdoberfläche verschwinden würden – und niemand würde sich dafür interessieren, solange Europa noch da ist. Die schnellste Möglichkeit, wieder Platz für das wilde Leben der »Natur« zu schaffen, Wasser versickern zu lassen und die Menge von Kohlendioxid zu vermindern, wäre es, keine Tierprodukte mehr zu verwenden. Keine Eier, kein Fleisch, keine Wurst – ja, Fische und Insekten eingeschlossen. Tierzucht im großen Stil ist neben den Qualen für die Tiere auch ganz direkt für Menschen tödlich. Ganz egal, ob es sich dabei um Rinder, Hasen oder Grillen handelt.

Je länger ich mit Tieren zusammenarbeite, desto größer ist mein Respekt vor ihnen geworden. Dass Schweine und Kühe trauern können und Angst spüren, bemerkte ich schon als kleiner Junge, als ich die armen Viecher auf den bayerischen Autobahnen sah – eingepfercht im Transporter auf dem Weg zum Schlachthof. Mit meiner christlichen Jugend streunten wir später mal auf einer Wiese umher, wurden dabei todmüde und schliefen bei Kühen, die auf einer Weide herumlagen. Wir konnten uns gegen sie lehnen und friedlich schlafen – die Kühe waren völlig entspannt. Wer hat so etwas schon einmal in einer Zuchtanlage versucht? Meine klugen achtarmigen Tintenfischfreunde in Irland und später meine gruppenliebenden Fauchschaben öffneten mir die Augen dafür, dass auch wirbellose Tiere ganz normal behandelt, anstatt ausgebeutet und gegessen werden sollten.

Doch auch ohne Liebe zu Tieren gilt: Ohne Aaskäfer, Schmeißfliegen und rotbeinige Schinkenkäfer würde die Welt sofort zusammenbrechen. Leicht ersetzbar sind auf der Erde immer nur die räuberischsten Raubtiere. Und das sind derzeit die Menschen. Der Mensch ist ein kleiner, guter, freundlicher Witz der Natur. Das meine ich verdammt ernst, und das zu erwähnen, war mir in diesem Zusammenhang noch ein echtes Bedürfnis.

Aber zurück nach Bern. Neben dem Naturhistorischen Museum ist ein Museum mit einer Dauer-Ausstellung zu Albert Einstein, der in Bern gearbeitet hatte. Dort liegt seine Taschenuhr, und irgendjemand hat sie auf fünf Minuten vor zwölf gestellt. Meine Frau und ich gingen lange durch die Räume. Und je länger ich mir das alles ansah, umso mehr dachte ich, dass Einsteins naturwissenschaftliche Forschungen vielleicht gar nicht das Spannendste gewesen sind, das er uns Nichtphysikern und Nichtphysikerinnen hinterlassen hat, sondern die Gedanken, die er sich zu etwas ganz anderem machte. Nun möchte ich mich ganz sicher nicht mit Einstein oder irgendeinem anderen Forscher oder einer anderen Forscherin vergleichen. Wirklich nicht – mein Beitrag zum Großen und Ganzen ist weniger als ein Staubkorn im Wind. Aber ich stehe mit jedem einzelnen der Sätze seines »Glaubensbekenntnisses«, das ich dort von ihm gesprochen von einer Platte hörte, in völligem Einklang. Und so möchte ich es an dieser Stelle zitieren, da es perfekt beschreibt, wie auch ich mich fühle:

»Zu den Menschen zu gehören, die ihre besten Kräfte der Betrachtung und Erforschung objektiver, nicht zeitgebundener Dinge widmen dürfen und können, bedeutet eine besondere Gnade.

Wie froh und dankbar bin ich, dass ich dieser Gnade teilhaftig geworden bin, die weitgehend vom persönlichen Schicksal und vom Verhalten der Nebenmenschen unabhängig macht. Aber diese Unabhängigkeit darf uns nicht blind machen gegen die Erkenntnis der Pflichten, die uns unaufhörlich an die frühere, gegenwärtige und zukünftige Menschheit binden.

Seltsam erscheint unsere Lage auf dieser Erde. Jeder von uns erscheint da unfreiwillig und ungebeten zu kurzem Aufenthalt, ohne zu wissen, warum und wozu. Im täglichen Leben fühlen wir nur, dass der Mensch um anderer willen da ist, solcher, die wir lieben, und zahlreicher anderer, ihm schicksalsverbundener Wesen.

Oft bedrückt mich der Gedanke, in welchem Maße mein Leben auf der Arbeit meiner Mitmenschen aufgebaut ist, und ich weiß, wie viel ich ihnen schulde.

Ich glaube nicht an die Freiheit des Willens. Schopenhauers Wort: ›Der Mensch kann wohl tun, was er will, aber er kann nicht wollen, was er will‹, begleitet mich in allen Lebenslagen und versöhnt mich mit den Handlungen der Menschen, auch wenn sie mir recht schmerzlich sind. Diese Erkenntnis von der Unfreiheit des Willens schützt mich davor, mich selbst und die Mitmenschen als handelnde und urteilende Individuen allzu ernst zu nehmen und den guten Humor zu verlieren.

Nach Wohlleben und Luxus strebte ich nie und habe sogar ein gut Teil Verachtung dafür. Meine Leidenschaft für soziale Gerechtigkeit hat mich oft in Konflikt mit den Menschen gebracht, ebenso meine Abneigung gegen jede Bindung und Abhängigkeit, die mir nicht absolut notwendig erschien.

Ich achte stets das Individuum und hege eine unüberwindliche Abneigung gegen Gewalt und gegen Vereinsmeierei. Aus allen diesen Motiven bin ich leidenschaftlicher Pazifist und Antimilitarist, lehne jeden Nationalismus ab, auch wenn er sich nur als Patriotismus gebärdet.

Aus Stellung und Besitz entspringende Vorrechte sind mir immer ungerecht und verderblich erschienen, ebenso ein übertriebener Personenkultus. Ich bekenne mich zum Ideal der Demokratie, trotzdem mir die Nachteile demokratischer Staatsform wohlbekannt sind. Sozialer Ausgleich und wirtschaftlicher Schutz des Individuums erschienen mir stets als wichtige Ziele der staatlichen Gemeinschaft.

Ich bin zwar im täglichen Leben ein typischer Einspänner, aber das Bewusstsein, der unsichtbaren Gemeinschaft derjenigen anzugehören, die nach Wahrheit, Schönheit und Gerechtigkeit streben, hat das Gefühl der Vereinsamung nicht aufkommen lassen.

Das Schönste und Tiefste, was der Mensch erleben kann, ist das Gefühl des Geheimnisvollen. Es liegt der Religion sowie allem tieferen Streben in Kunst und Wissenschaft zugrunde. Wer dies nicht erlebt hat, erscheint mir, wenn nicht wie ein Toter, so doch wie ein Blinder.

Zu empfinden, dass hinter dem Erlebbaren ein für unseren Geist Unerreichbares verborgen sei, dessen Schönheit und Erhabenheit uns nur mittelbar und in schwachem Widerschein erreicht, das ist Religiosität. In diesem Sinne bin ich religiös. Es ist mir genug, diese Geheimnisse staunend zu ahnen und zu versuchen, von der erhabenen Struktur des Seienden in Demut ein mattes Abbild geistig zu erfassen.« [*]

Vielleicht wäre das ja auch eine passende Inschrift für einen Grabstein. Aber erstens wäre sie zu lang, weil es sicherlich eine Vorschrift gibt, wie viele Zeichen so ein Stein überhaupt enthalten darf. Und zweitens wäre es mir am liebsten, wenn es gar keinen Grabstein gäbe, sondern mein Körper einfach wieder in den Kreislauf der Natur zurückgeführt wird – so wie es sich gehört. Denn in Wahrheit ist das mit uns doch nur ein perfekter Recycling-Prozess: Alles, was wir Menschen aufnehmen, geben wir auch wieder ab. Die-

---

[*] Mit freundlicher Genehmigung des Albert Einstein Archivs, Hebrew University of Jerusalem, Israel.

233

ses Gleichgewicht in jedem von uns kann von einer auf die andere Sekunde zusammenbrechen. Und dann ist Schluss, rein biologisch gesehen.

Selbst wenn die Erde irgendwann einmal einfrieren sollte und spätestens dann keine Lebewesen mehr existieren, bleiben zumindest die chemischen Bestandteile oder noch kleinere Einheiten übrig. Das ist besser als nichts – und ein schöner Trost. Aber wenn es unbedingt sein muss, dass da eines Tages mal irgendwo ein kleiner Stein stehen soll, unter dem dann der Kreislauf des Lebens verdeckt seinen Gang nimmt, dann kann ja meinetwegen dieses Sprüchlein drauf: »Et is, wie et is«.

Ein kleines Stück Unsterblichkeit
oder: Ein Schlangenstern, der deinen
Namen trägt

Von Ben Thuy

Was hat Mark Benecke mit Schlangensternen zu tun? Und warum sehen diese Schlangensterne aus wie Seesterne? Eins nach dem anderen: Was ist überhaupt ein Schlangenstern? Seesterne kennt ja eigentlich jeder. Weniger geläufig ist, dass die Seesterne Verwandte mit schlanken Armen haben, und die nennt man Schlangensterne. Sie sind genauso alt (es gibt sie seit etwa 480 Millionen Jahren) und genauso allgegenwärtig in den Ozeanen wie die Seesterne. Allerdings können sie sich viel schneller bewegen.

Vor ein paar Jahren haben Forscher die Schlangensterne als vielversprechenden Modell-Organismus entdeckt, um besser zu verstehen, warum die Artenvielfalt unserer Ozeane heute so ist, wie sie ist, wie sie sich im Laufe der Erdgeschichte verändert hat und wie man sie besser erhalten kann. Diese Zusammenhänge sind so komplex, dass man sie kaum als Ganzes erfassen kann, sondern sich eine Komponente, zum Beispiel eine besonders häufige und weit verbreitete Tiergruppe wie die Schlangensterne, aussucht und diese stellvertretend für das Gesamtbild untersucht.

Im Zuge solcher Forschungen landeten der Geologe Andy Gale und der Paläontologe Ben Thuy vor einigen Jahren im Keller des Fossiliensammlers Manfred Kutscher auf Rügen. Letzterer sammelt seit Jahrzehnten die Fossilien der

Rügener Schreibkreide und achtet dabei ganz besonders auf die ganz kleinen Versteinerungen, die man nur mit dem Sieb findet und die deswegen gern übersehen werden. Andy kennt sich mit Seesternen aus und beschäftigte sich deshalb ganz genau mit Manfreds Seestern-Fossilien aus der Schreibkreide. Dabei fiel ihm eine Sammlung von kleinen Skelettteilen auf, die nicht so recht ins Bild passten. Zusammen mit der Meeresbiologin Lea Numberger-Thuy fanden sie schließlich in den dunkelsten Ecken der Fachliteratur die Antwort: Es handelte sich um einzelne Skelettteile des Schlangensterns *Astrophiura*, der oberflächlich aussieht wie ein Seestern und deswegen immer wieder für Verwirrung sorgt. *Astrophiura* lebt heute in der Tiefsee und wird nur sehr selten gefunden. Die Tiere sind klein, gut getarnt und sitzen gern auf hartem Untergrund wie Felsböden, Muschelschalen oder auch Bierflaschen. Eine Art aus der Karibik wurde tatsächlich nur deswegen entdeckt, weil sie auf dem transparent-grünen Hintergrund einer Bierflasche gut zu erkennen war.

Astrophiura markbeneckei ist der erste Fossilnachweis dieser Gattung, ja sogar der gesamten Familie der *Astrophiuridae*. Obwohl die bisher bekannten Fossilien nur aus Einzelteilen des Skeletts bestehen, leisten sie einen ganz besonderen Beitrag zur besseren Kenntnis der Schlangensterne. Wir wissen also nun, dass *Astrophiura* bereits vor 67 Millionen Jahren in den tiefen Bereichen des Kreidemeeres lebte. Warum haben Andy, Lea und Ben die Art nun ausgerechnet nach Mark Benecke benannt? Vor allem weil Mark sich auf besondere Art und Weise für Wissenschaftsvermittlung erfolgreich engagiert und sowohl Laien als auch Fachleute dazu anregt, auf das Unerwartete und das Unscheinbare zu achten. Mit seiner neuen Art hat Mark jetzt nicht nur eine starke Verbindung mit dem Meer und der Erdgeschichte, sondern auch ein kleines Stück Unsterblichkeit, denn Artennamen sind für die Ewigkeit.

In den versteinerten Stücken von *Astrophiura markbeneckei* versteckte sich eine weitere neue Tier-Art. Eine schöne Überraschung, weil die beiden Schlangenstern-Typen nicht verwandt sind, ihre Eigenschaften sich aber sehr ähnlich entwickelt haben. Bei der Benennung der versteckten, neuen Art wollten wir Mark eine Freude machen und haben unseren gemeinsamen musikalischen Nenner gewählt: Rammstein! Somit haben beide Schlangensterne nun sehr würdige Namensgeber. Und mit der neuen Gattung *Astrosombra* – »dunkler Stern« sollten wir bei euch nicht falsch liegen.

Astrophiura markbeneckei (Strich = 0,5 mm)

Von Mark zu den MARKierten

Von Katharina Müller-Sauck

Nicht selten haben mich die Leute schräg angesehen, wenn ich erzählte, dass ich schon als Kind am liebsten *Law & Order* und *Quincy* schaute und zu *Medical Detectives* eingeschlafen sei. Letzteres ist noch heute ein Ritual. Es ist nicht gerade kindertypisch, aber jeder ist eben anders seltsam.

Irgendwann trällerte mir im Halbschlaf eine besonders angenehme Stimme entgegen und weckte meine Aufmerksamkeit. Wie sich rausstellte, war es die von Doktor Mark Benecke.

Seither war dieser eine immer wieder auftretende »Randfigur« in meinem Leben. Wohin das Ganze noch führen sollte, das war mir damals allerdings nicht bewusst. Einige Bücher, Sendungen, Auftritte in Reportagen und YouTube-Videos später fand ich mich auf einem seiner Vorträge wieder, bei dem es um Mord im geschlossenen Raum ging. Ein sehr interessantes Thema. In der Pause traute ich mich tatsächlich, ihn anzusprechen. Was heute für mich geradezu lächerlich klingt, war damals eine Überwindung. Meine Intention – neben der Hoffnung auf ein Selfie plus Autogramm in einem meiner Lieblingsbücher – war hauptsächlich der Wunsch nach seiner Signatur als Tattoo. Ich hatte zuvor gelesen, dass Mark für einen guten Zweck ein paar »Trash-Tattoos« auf einer Messe gestochen hatte, und fand das einfach supercool. Und weil ich mein Leben und dessen Ereignisse gerne auf meiner Haut verewige, ähnlich wie er, dachte ich, das sei passend.

Lockerer als erwartet, verwies er mich an seine zauberhafte Frau Ines und nach kurzem E-Mail-Kontakt war ich ein paar Monate später vor der Show mit meinem Mann und den beiden Beneckes zum Tattoo-Termin verabredet. Meine anfängliche Aufregung war sofort verflogen, als Mark mir einen Schluck seines – wir sehen hier mal von Werbung ab – Brausegetränkes anbot und für meinen Mann direkt noch eines holen ging. »Der ist ja total locker«, stellten mein Mann und ich fest. Aus dem »Fantreffen« wurde irgendwie ein Plausch unter Freunden.

Und dann war es so weit, Mark nahm seinen Füller und schrieb seine Signatur sowie eine kleine feine Kritzelei auf mein Handgelenk. Während er danach im Hintergrund einen seiner nächsten Vorträge vorbereitete, stach mir Ines das soeben Geschriebene unter die Haut. Da rutschte mir plötzlich heraus: »Voll cool! Jetzt bin ich offiziell MARKiert! Wenn sich noch ein paar finden, sollten wir eine Gruppe gründen: die MARKierten.« So hatte ich in diesem unscheinbaren Moment »Die MARKierten« ins Leben gerufen. Hätte man mir damals erzählt, was daraus einmal werden würde, hätte ich womöglich laut losgelacht vor Ungläubigkeit. Aber das Leben belehrt einen ja gerne mal eines Besseren.

Kurze Zeit später erstellte ich *just for fun* die Fangruppe der MARKierten bei Facebook und beobachtete, wie sich immer mehr Menschen eine »MARKierung« verpassen ließen. Weil ich aber niemanden belästigen wollte, wies ich vorerst nicht auf die Gruppe hin. Kurze Zeit später fragte Ines auf ihrer Internet-Seite: »Wer hatte denn gleich die Idee mit der MARKierten-Gruppe?«. Nun outete ich mich.

Noch am selben Tag bekam die Gruppe ihr erstes Mitglied: Claudia, die ich direkt zur Admine machte. Ihr folgten alsbald einige weitere Mitglieder, und je größer die Gruppe wurde, desto mehr kristallisierte sich heraus, dass sie noch weitere Adminen bräuchte. Kathleen und Verena übernahmen die Aufgabe. Mittlerweile sind wir nicht nur gemeinsam Adminen, sondern auch echte Freundinnen. Ich bin den Mädels wahnsinnig dankbar. Ich kann mich auf sie verlassen, sie gehören gewissermaßen zur Familie und gehen bei mir ein und aus. Gleiches gilt für die MARKierten allgemein, sie sind jederzeit herzlich willkommen.

Geplant war ursprünglich eine kleine Fangruppe mit der Prämisse, dass die Mitglieder eben ein Tattoo mit Marks Unterschrift oder einer seiner Kritzeleien haben. Mittlerweile ist daraus mehr und mehr eine eigene kleine MARKiertenfamilie geworden. Zwar verbindet uns das Interesse an Mark und seiner Arbeit, doch die Gruppe ist mittlerweile viel mehr als nur ein Austauschort zu diesem Thema. Mit mittlerweile Hunderten von MARKierten tauschen wir uns über alles aus, was den Mitgliedern auf der Seele brennt. Wir geben einander Tipps und Ratschläge, helfen in bestimmten Situationen, und es gibt regelmäßige Treffen von Mitgliedern bei Vorträgen und einfach so. Es fehlt bei uns also besonders an einem, das vielen Facebook-Gruppen meiner Meinung nach den liebevollen und familiären Umgang so schwer macht, nämlich Anonymität. Man kennt sich, liest sich immer wieder, fragt nach, wenn mal jemand länger nichts schreibt – wir haben einfach einen Blick aufeinander, eben wie in einer Familie.

Worauf ich in der Gruppe von Anfang an viel Wert legte, war ein respektvoller, ehrlicher und liebevoller Umgang miteinander. Und das funktioniert, bis auf wenige Ausnahmen die aber schnell geklärt werden konnten, sehr gut. Fragt man die MARKierten, woran das liegt, sagen sie, dass man sich bei uns wie in einer Familie fühle. Wir alle haben so unser Päckchen zu tragen oder sind eben auf unsere Art »seltsam«, und genau das wird in der Gruppe akzeptiert. Wir sind offen, frei und vor allem freundlich zueinander. Wir versuchen, einander aufzubauen, und müssen nicht so tun, als sei immer alles gut. Die Mitglieder gehen respektvoll und verständnisvoll miteinander um, und selbst wenn es einmal gewisse Reibungspunkte gibt oder man nicht einer Meinung ist, dann wird das gemeinschaftlich, ohne Anfeindungen, Niedermachen oder Gehässigkeit geklärt. Zur Not schreitet eine der Adminen oder die »Gruppenmuddi«, wie mich alle liebevoll nennen, ein.

Wir haben zudem strenge Auswahlkriterien eingeführt. Um beitreten zu können, müssen zuerst einmal die Eintrittsfragen beantwortet werden, die leider viele ignorieren, und wir hinterfragen jeden. Das mag zu Anfang etwas seltsam wirken, und viele verstehen dies nicht so recht. Aber wir stellen damit klar, dass wirklich nur bereits MARKierte oder eben zukünftig MARKierte, die aber schon eine Anfrage bei Ines oder eben einen Termin haben, zu uns stoßen. Dadurch kennen wir jeden MARKierten bei uns zumindest ein wenig persönlich und stellen somit die familiäre Atmosphäre sicher. Einige mögen behaupten, wir würden uns »für etwas Besseres« halten, aber so ist es nicht. Wir bestehen lediglich auf unsere »Besonderheit« die MARKierung betreffend. Alle anderen Mark-Fans und Interessierte sind jederzeit herzlich in unserer zugehörigen Fangruppe willkommen. Aber mal ehrlich, man geht ja auch nicht mit einem Schäferhund zu einem Mopstreffen und beschwert sich dann, dass die anderen Halter einen nicht teilnehmen lassen. Genauso ist es eben bei uns. Es wird auch niemand gezwungen, sich ein Tattoo mit diesem Motiv stechen zu lassen. Im Gegenteil! Aber es ist wunderbar zu sehen, wie viele »Verrückte« es doch da draußen gibt, die das gerne tun und für sich entschieden haben, dass dies genau das ist, was zu ihnen und ihrem Leben passt. Darauf sind wir stolz. Es verbindet uns alle, und ja, macht uns ein wenig besonders. Wir haben sogar Mitglieder, deren allererste Tätowierung eine MARKierung war. Das ist schon eine besondere Entscheidung, wie wir finden. Nach einiger Zeit merkte auch Mark, dass es der Gruppe tatsächlich ernst ist, und es immer mehr Menschen gab und gibt, die sich eine MARKierung wünschen. Auf diese Weise kamen wir immer mehr zusammen, ich vertretend für die Gruppe, und tauschen uns seither aus. Mark schickt mir gerne gesammelte Geschenke und Dinge von sich, die er signiert und die ich dann in der Gruppe verlose, verschenke oder versteigere. Die MARKierten sind so eine verrückte, liebevolle, aber vor allem herzliche Bande, dass ein jeder sich meist liebend gerne an einer Versteigerung für einen guten Zweck beteiligt. Dieser spezielle Zusammenhalt und vor allem das Einander-Gönnen-Können finde ich ganz wundervoll. Es ist der Gedanke, in einer Welt, wo man gerade in der Anonymität des Internets oftmals so gehässig und eklig zueinander ist, einfach mal lieb und gönnend zueinander zu sein, der mir und vielen MARKierten oftmals das Herz erwärmt. Kleine Aktionen füreinander, sich mal aussprechen können und erhört zu werden oder auch die Sorgfalt, mit der wir einander begegnen, macht mich stolz. So versuche ich beispielsweise, meinen MARKierten handgeschriebene Karten zukommen zu lassen, wenn ein Kind das Licht der Welt erblickt – und wir haben schon einige MARKierten-Babys – oder jemand einen lieben Menschen verloren hat. Das ist eine Kleinigkeit, aber auch das macht uns aus. Auch das »Erhören« von Hilferufen jeglicher Art oder das Organisieren von Projekten gehört dazu.

Seit einiger Zeit habe ich auch kleinere Infos und Anfragen Mark und das MARKieren betreffend übernommen. Ich hoffe, dass es Mark und Ines hier und dort ein wenig entlastet, obgleich ich immer wieder von ihrem Organisationstalent und ihrer Vielfältigkeit fasziniert bin. Besonders Ines hat unzählige Anfragen. Wir versuchen, den Anfragenden und Interessierten die Wartezeit zu versüßen und sie Geduld zu lehren. Vermutlich hätten Ines und Mark früher auch nicht geglaubt, dass es einmal so viel Andrang bei MARKierungen geben würde.

Eine klare Regel haben wir jedoch hinsichtlich der MARKierungen. Um als Original-MARKierung durchzugehen, muss Mark die Unterschrift oder Zeichnung persönlich gegeben haben. Ob diese dann anschließend von Ines oder einem Tättowierer der Wahl unter die Haut gebracht wird, ist dann gleich. Ersteres verspricht jedoch zumindest persönliche Zeit mit den beiden vor der Show, was die Fans als außerordentlich großartig empfinden, einfach weil es etwas Besonderes ist, die beiden mal für sich zu haben und als »ganz normale Menschen« zu erleben.

Mit dem Bekanntwerden des MARKierens ist wie gesagt auch die Nachfrage gestiegen, und die Termine sind meist über viele Monate ausgebucht. Auch kann es eine ganze Zeit dauern, bis Ines auf eine Nachfrage antwortet. Wir alle finden es großartig, dass sich die beiden so viel Zeit für ihre Fans nehmen. Sie haben wahrlich so schon genug um die Ohren, was man auch im Internet verfolgen kann, und dennoch ermöglichen sie ihren Fans diese ganz speziellen und privaten Treffen. Das ist wirklich toll und allemal die Wartezeit wert.

Was wir also nicht mögen und dulden, ist das Kopieren einer MARKierung. Sprich das »Abmalen« des Tattoos aus einem Buch oder Ähnlichem. Wir finden das einfach denjenigen gegenüber unfair, die den Weg einer wahren MARKierung auf sich genommen haben und dadurch dieses »Besondere« erfahren. Zudem es ist schlichtweg eine Fälschung.

Da es viele verwechseln, sei es hier noch einmal deutlich erwähnt: Eine MARKierung ist ein Tattoo mit der Unterschrift oder Zeichnung von Mark. Keine Signatur in einem Buch oder Ähnliches.

Ansonsten gibt es gruppenintern kaum Einschränkungen. Alle Themen sind so weit erlaubt, wie sie keinem auf die Füße oder Nerven fallen oder persönlich angreifen. Man darf sich über alles austauschen, auch mal übertrieben rumwitzeln, nörgeln oder seinen tiefschwarzen Humor raushängen lassen. Wenn man ein Symbol dafür bräuchte, dann wären es vermutlich Schädel (düster) und Glitzer (freudig). Ja, das beschreibt es schön.

Aber warum zur Hölle lassen sich hunderte von Menschen von Mark Unterschriften und Krakel-Tierchen auftätowieren? Nun, die Zeit der Fanposter und Co. ist seit den Neunzigern passé. Daher suchen sich die Menschen immer ausgefallenere Arten, ihr Fandasein zu zelebrieren. Und was läge da näher als ein Tattoo des Idols. Auch wenn ich denke, dass Mark sich nicht gerne als solches sieht. Seine Fans und Freunde verehren ihn tatsächlich auch weitaus mehr für seine offene und authentische Seite. Für seine Art, Dinge so zu erklären, dass selbst Laien sich für ein paar Stunden wie Kriminalbiologen fühlen. Und für den Lebensstil, den viele von uns gerne verfolgen: wild, mit dieser kindlichen Neugierde und authentisch frei.

Eine MARKierung zu haben steht also nicht nur für das Fansein. Es steht vielmehr für eine Lebenseinstellung, der wir hier und dort nacheifern, und eine Gemeinschaft, die daraus entstanden ist. Aber ja, so manches Mal ist es auch einfach nur »aus Spaß«, cool oder albern. Aber wen stört das schon? Uns MARKierte zumindest nicht.

Es ist faszinierend zu beobachten, wie sich die anfänglich sehr ähnlichen, eben Mark-typischen Symbole und seine Signatur umgewandelt haben zu kleinen Meisterwerken. Da gibt es Einhörner, Vampirhasen, Vampirflöhe, Fledermäuse, Kätzchen, Schriftzüge und gerne auch Marks Schädellogo. Dabei sind Marks Kreativität und dem Einfallsreichtum der zukünftig MARKierten keine Grenzen gesetzt.

Ja, aber spinnen die denn eigentlich alle? Ich meine, wer lässt sich schon irgendwelche Kritzeleien und eine Unterschrift eines forensischen Biologen aufstechen? Das müssen doch alles Freaks sein, Grufties und seltsame Menschen, oder? Ja und nein. Wir sind auch nicht anders als andere. Vielleicht leben wir es einfach aus. Und warum? Na, weil es geht und wir es zulassen. Wichtig ist uns, dass niemand verurteilt wird, nur weil er auf etwas steht, das wir eventuell nicht so sehen oder nicht nachvollziehen können. Andere Menschen sind Fans von Schlagerikonen oder Autoren, wir haben halt den Mark. Wobei seine fachlichen Werke von vielen von uns regelrecht verschlungen werden. Das bedeutet aber nicht, dass wir alle in die Forensik involviert sind oder es nur Mark für uns als Thema gibt. Das ist so vielfältig wie die Leute bei uns. Da treffen so viele unterschiedliche Charaktere aufeinander, dass es eine Studie wert sein könnte. Von den Introvertierten hin zu den bunten Vögeln, stille, laute, auffällige, schüchterne, ältere, unsichere, hibbelige, mal traurige, mal überglückliche, Normalos und humorvolle Menschen. Ich glaube, das Witzigste ist: Wir sind alle so unterschiedlich, dass wir auf der Straße aneinander vorbeilaufen würden, ohne uns zu erkennen.

Auffällig ist, dass viele von uns in Gesundheitsberufen tätig sind. Zudem verbindet uns das Interesse für Kriminalistik, Forensik und auch gerne Morbides. Als Interesse und Hobby ist es schon spannend. Das können sicher auch die anderen Besucher von Marks Vorträgen und Internetseiten nachvollziehen. Auf Vorträgen findet man übrigens häufiger »welche von uns«. Seien es die NeuMARKierten, aber auch die alten Hasen. Wenn ihr uns seht – manchmal tragen wir unsere MARKierten Shirts und Jacken –, sprecht uns ruhig an, wenn ihr mögt. Wir beißen nicht. Die meisten von uns sind sehr offen und suchen den Kontakt.

Heute habe ich drei MARKierungen und eine original INESierung und noch lange nicht genug. Es ist faszinierend, wie eine wunderbare Freundschaft entstanden ist. Mark und die MARKierten begleiten mich durchs Leben. Es gibt so viele Momente, in denen ich denke: »Mensch, das musst du Mark erzählen«, und es dann auch tue. Ich glaube, Mark weiß mittlerweile mehr von mir als manch anderer. Sofern möglich, treffen wir uns in meiner Heimatstadt vor den Shows, und ich liebe es, die neusten MARKierten dort persönlich in der Familie willkommen zu heißen.

Vor einer Weile hat das Leben mit der vollen Breitseite bei uns zugeschlagen, und die MARKierten haben sich alle geschlossen in den Sturm gestellt und uns unterstützt. So eine Gemeinschaft und einen Zusammenhalt habe ich noch nie erlebt. Ich bin unheimlich dankbar dafür und denke, das zeichnet uns aus, weil ich es bei uns so oft erlebt habe. In solchen Fällen ist es egal, ob es um Mensch, Tier oder Natur geht. Alles hat denselben Stellenwert bei uns.

Warum leite ich diesen Sack Flöhe eigentlich? Nun, was anfänglich als bloße Idee begann, hat sich gefestigt und macht mich wahnsinnig stolz. Klar ist es manchmal anstrengend, besonders wenn viele gleichzeitig auf mich einreden, die Anfragen zunehmen, es Redebedarf gibt, die MARKierten mal wieder eine wahnwitzige Idee haben oder es ein Event, eine Verlosung oder Versteigerungen zu organisieren gibt. Auch der Gegenwind, den wir hier und da erfahren, meist von Menschen, die unsere Sache einfach nicht verstehen wollen, ist anstrengend, lässt sich aber zumeist mit etwas Fingerspitzengefühl gut beherrschen. Wichtig ist mir dabei, liebenswert und ruhig zu bleiben. Argumentieren oder im Zweifel freundlich die Meinung sagen und dann ignorieren hilft meist am besten. Wer uns verstehen will, tut es und der Rest eben nicht. Das ändert ja nichts an unserer Freude an dem Ganzen.

Aber neben Anstrengendem gibt es genauso viel Spaß und Freude. Ich habe einen Mutterinstinkt und kümmere mich gerne um meine »schwarzen Engel«. Den Titel »Gruppenmuddi« bekam ich nicht ohne Grund, auch wenn Mark mich gerne als »Gruppenchefin« vorstellt. Das ist witzig und erfreut mich.

Aber warum lest ihr das hier eigentlich? Und was hat das mit Mark zu tun? Ich glaube, alles! Denn ohne Mark gäbe es keine MARKierten. Wir hätten uns vielleicht nie zusammengefunden und keinen gemeinsamen Nenner, der uns zu dieser wunderbaren Gemeinschaft vereint hätte. Wenn man also über Marks Leben und Sein spricht, muss man zwangsläufig auch die MARKierten erwähnen, finden wir.

Ich hoffe also, dass ich euch einen kleinen Einblick geben konnte, der auch ein wenig erklärt, weshalb bei den Vorträgen diese ganzen verrückten Menschen sitzen und sich über die Unterschriften und die Tattoos freuen, die sie von Mark und Ines bekommen haben. Egal, ob man das gut oder schlecht, nervig oder lächerlich findet, das sind eben die, für die das toll und fetzig, einzigartig und erfreulich ist. Genau das sollte man den Leuten lassen und seine möglichen negativen Kommentare oder seine Verwunderung für sich behalten. Das wäre sehr schön.

Nun wisst ihr, was es mit den MARKierten auf sich hat, wer wir sind, was wir so tun und weshalb das fest mit Herrn Doktor – ich weiß, an der Stelle schmunzeln nun einige, weil sie den Insider-Witz verstehen – Mark Benecke verankert ist, der auch gerne die Videos von und mit MARKierten sowie die Gruppe teilt. Kommt zu uns, wenn ihr mögt und auch eine MARKierung habt. Ansonsten, bleibt einfach wild, frei, interessiert und lieb zueinander.

Meine Lieblingscomics:

Joann Sfar: ASPIRINE (2014) / VAMPIR (2013) / PROF. BELL
  (ab 2008)
Jeph Loeb & Tim Sale: BATMAN: THE LONG HALLOWEEN
  (1996–1997)
Sean Murphy & Matt Hollingsworth: BATMAN: WHITE
  KNIGHT (2018)
Brian Azzarello, Lee Bermejo, Amanda Conner, Darwyn
  Cooke, John Higgins, Adam Hughes, J.G. Jones, Jae Lee,
  Andy Kubert, Joe Kubert, Eduardo Risso, Steve Rude, J.
  Michael Straczynski, Len Wein: BEFORE WATCHMEN
  (2012)
Charles Burns: BLACK HOLE (1995–2005)
Manu Larcenet: BLAST (2013–2015)
Garth Ennis & Darick Robertson: THE BOYS (2006–2012)
Jeph Loeb & Tim Sale: CATWOMAN: WHEN IN ROME
  (2004)
Jim Woodring: FRAN / FRANK (ab 1996)
Chris Ware: JIMMY CORRIGAN (1995–2000)
Elzie Crisler Segar: POPEYE (1929–1939)
Mike Allred: MADMAN (1990)
Simon Hanselman: MEGG, MOGG & OWL (ab 2014)
Jeph Loeb & Tim Sale: SPIDER-MAN: BLUE (2002–2003)
Alan Moore & Dave Gibbons: WATCHMEN (1986–1987)

Gesamtwerk:

Carl Barks (1901–2000)
Daniel Clowes (*1961)
Will Eisner (1917–2005)
FiL (Philip Tägert) (*1966)
Steff Murschetz (*1966)
Seth (Gregory Gallant) (*1962)
Jacques Tardi (*1946)

Einige Kino-Filme, die ich gerne sehe:

Stephen Spielberg & Stanley Kubrick: A.I. – Artificial Intelligence (2001)
Luc Besson: Les Aventures extraordinaires d'Adèle Blanc-Sec (2010)
Ethan und Joel Coen: The Big Lebowski (1998)
Ridley Scott: Blade Runner (1982)
Denis Villeneuve: Blade Runner 2048 (2017)
David Lynch: Blue Velvet (1986)
Francis Ford Coppola: Bram Stoker's Dracula (1992)
Tim Burton: Corpse Bride (2005)
Richard Kelly: Donnie Darko (2001)
David Lynch: Dune (1984)
Richard Stanley: Dust Devil (1992)
Caspar Noé: Enter the Void (2009)
David Cronenberg: eXistenZ (1999)
Alex Garland: Ex Machina (2015)
Stanley Kubrick: Eyes Wide Shut (1999)
David Yates: Fantastic Beasts and Where to Find Them (2016)

Dean DeBlois: How to Train Your Dragon: The Hidden
 World (2019)
Christopher Nolan: Inception (2010)
Caspar Noé: Irréversible (2002)
Nimród Antal: Kontroll (2003)
Krzysztof Kieślowski: Krótki film o zabijaniu / o milosci
 (1988)
Robert Altman: McCabe & Mrs. Miller (1971)
Lars von Trier: Melancholia (2001)
Steven Spielberg: Minority Report (2002)
Тимур Бекмамбетов: Ночной Дозор / Дневной Дозор
 (2004/06)
Michael Rymer: Queen of the Damned (2002)
Jim Sharman/Richard O'Brien: Rocky Horror Picture Show
 (1975)
Danny Boyle: Trainspotting (1996)
Krzysztof Kieślowski: Trois couleurs / Trzy kolory (1993/94)
Len Wiseman, Anna Foerster, Måns Mårlind, Björn Stein:
 Underworld 1–5 (2003–2016)
Alan Parker: The Wall (1982)
Zack Snyder: Watchmen (2009)
David Lynch: Wild at Heart (1990)
Robert Kurtzman, Jack Sholder, Chris Angel: Wishmaster
 1–3 (1997–2001)
Bryan Singer, Brett Ratner: X-Men 1–3 (2000–2006)

Benennung von *Astraophiura markbeneckei*:
Ben Thuy, Andy Gale, Lea Numberger-Thuy (2019) Brittle
stars looking like starfish: the first fossil record of the As-
trophiuridae and a remarkable case of convergent evolution
(*Astrophiura markbeneckei* and *Astrosombra rammsteinensis*).
PeerJ 7:e8008 DOI 10.7717/peerj.8008

REGISTER

253

Q. b. f. f. f. q. s.

Sub auspiciis rectoris magnifici universitatis Coloniensis
Jens-Peter Meincke
doctoris iuris prudentiae
iuris civilis professoris
e decreto ordinis medicorum promotor legitime constitutus
Gerhard Richard Franz Krueger
decanus doctor pathologiae et immunopathologiae professor

viro doctissimo cui nomen est

Mark Benecke

patria Rosenheim

exhibita dissertatione

„Individualidentifikation biologischer Spuren mittels DNA-Typisierung unter besonderer
Berücksichtigung von Urinproben: Experimentelle Darstellung und Etabilierung
zweier Simultanamplifikationen mit den humanen short tandem repeat (STR) DNA-
Polymorphismen DHFRP2, D8S306 und CD4 sowie des Triplexsystems AmpFISTR blue"

et examine die XXIV. mensis Novembris anni MCMXCVII

SUMMA CUM LAUDE

superato
doctoris rerum medicinalium gradum iura privilegia rite contulit.
Id quod publico hoc diplomate declaratur.

Coloniae Agrippinae die XXIV. mensis Novembris anni MCMXCVII

ordinis medicorum h. t. decanus

Meine Doktor-Urkunde: noch traditionell auf lateinisch verfasst.